U0552661

学术顾问 赵馥洁

中华优秀传统文化精讲

俞秀玲 主编

中国社会科学出版社

图书在版编目 (CIP) 数据

中华优秀传统文化精讲 / 俞秀玲主编. —北京：
中国社会科学出版社，2022.7（2023.8 重印）
ISBN 978-7-5227-0183-7

Ⅰ.①中… Ⅱ.①俞… Ⅲ.①中华文化—高等学校—教材 Ⅳ.①K203

中国版本图书馆 CIP 数据核字（2022）第 079140 号

出 版 人	赵剑英
责任编辑	韩国茹
责任校对	张爱华
责任印制	张雪娇

出　　版	中国社会科学出版社
社　　址	北京鼓楼西大街甲 158 号
邮　　编	100720
网　　址	http://www.csspw.cn
发 行 部	010-84083685
门 市 部	010-84029450
经　　销	新华书店及其他书店

印刷装订	北京市十月印刷有限公司
版　　次	2022 年 7 月第 1 版
印　　次	2023 年 8 月第 3 次印刷

开　　本	710×1000　1/16
印　　张	17.25
插　　页	2
字　　数	283 千字
定　　价	66.00 元

凡购买中国社会科学出版社图书，如有质量问题请与本社营销中心联系调换
电话：010-84083683
版权所有　侵权必究

目　录

绪　论 …………………………………………………………………… 1

第一章　中华传统文化与民族精神 …………………………………… 5
　　第一节　自强不息的奋斗精神 ………………………………………… 5
　　第二节　孝悌忠信的传承精神 ………………………………………… 9
　　第三节　推己及人的仁爱精神 ………………………………………… 15
　　第四节　奋斗、传承、仁爱之民族精神的现代意义 ………………… 22

第二章　中华传统文化的生命精神 …………………………………… 28
　　第一节　中华传统文化是有关生命的学问 …………………………… 28
　　第二节　"体仁继善，尊道崇德"的道德观念 ……………………… 34
　　第三节　"外师造化，中得心源"的艺术理想 ……………………… 37
　　第四节　"仁民爱物，善为能藏"的生命理想 ……………………… 43

第三章　中华传统文化的审美境界 …………………………………… 52
　　第一节　中华传统文化审美境界的生成 ……………………………… 53
　　第二节　中华传统文化审美境界的内涵 ……………………………… 58

第四章　中华传统文化的家国情怀 …………………………………… 94
　　第一节　中华传统文化家国情怀意识的形成 ………………………… 94
　　第二节　家国同构思想体系的形成 …………………………………… 101
　　第三节　中华传统文化家国情怀的历史内蕴 ………………………… 104
　　第四节　中华传统文化的家国情怀与社会主义核心价值观 ………… 109

  第五节 中华传统文化的家国情怀是中华民族精神的本源 …… 113
  第六节 中华传统文化家国情怀的现代价值 …… 116

第五章 中华传统文化的社会关爱意识 …… 126
  第一节 中华传统文化社会关爱意识的主要内容 …… 126
  第二节 中华传统文化社会关爱意识的当代意义 …… 135
  第三节 社会关爱意识的培育 …… 142

第六章 中华传统文化的德治法治理念 …… 153
  第一节 儒家的德治论 …… 153
  第二节 法家的法治论 …… 161
  第三节 "礼法之争""王霸之辩"下德治与法治的融合 …… 169
  第四节 传统治道中德治法治结合的治理智慧及其现代转化 …… 173

第七章 中华传统文化的礼制礼仪文明 …… 178
  第一节 "礼"文明的源起 …… 178
  第二节 "礼"文明的表征 …… 187
  第三节 "礼"文明的当代价值 …… 204

第八章 中华传统文化与社会主义核心价值观 …… 212
  第一节 社会主义核心价值观 …… 213
  第二节 中华优秀传统文化与社会主义核心价值观的关系 …… 216
  第三节 培育和践行社会主义核心价值观的途径 …… 238
  第四节 社会主义核心价值观的理论反思 …… 240

第九章 中华传统文化的现代价值 …… 244
  第一节 中华传统文化是建构中华民族精神家园的源头活水 …… 244
  第二节 中华传统文化是马克思主义中国化的文化桥梁 …… 250
  第三节 中华传统文化对世界文明发展的独特贡献 …… 259

后 记 …… 272

绪　论

源远流长的中华文化是中华民族在五千多年文明发展历史中智慧的结晶和精神风貌的体现。党的二十大报告指出："中华优秀传统文化源远流长、博大精深，是中华文明的智慧结晶，其中蕴含的天下为公、民为邦本、为政以德、革故鼎新、任人唯贤、天人合一、自强不息、厚德载物、讲信修睦、亲仁善邻等，是中国人民在长期生产生活中积累的宇宙观、天下观、社会观、道德观的重要体现，同科学社会主义价值观主张具有高度契合性。"报告还指出：过去十年来，"中华优秀传统文化得到创造性转化、创新性发展，文化事业日益繁荣"。[①] "创造性转化、创新性发展"就是要将马克思主义的主旨精神和中华优秀传统文化的思想精华贯通起来，推动社会主义先进文化的发展。我党有很多的理论就是来源于中国优秀传统文化，中国优秀传统文化中的很多观念与科学社会主义的主张也是相契合的。

中华民族有着五千多年的历史文化，在这个悠久的文化中，更有历久弥新的优秀成分存留至今，而这些优秀的成分和要素，就成为我们今天习惯性表述的"优秀传统文化"。文化是一个国家、一个民族的血脉，是浸润一个民族的特有基因，更是一个民族区别于另一个民族的独特标识，是所有民众的精神家园。中华民族在漫长的历史发展进程中创造了辉煌灿烂的历史文化，并一度处于世界领先地位。回望五千多年的文明发展历史，我们有过"诸子百家，百家争鸣"的文化繁荣，更有过雍容华贵、大气磅礴的盛唐气象，还有过万国来朝、四夷宾服的无限荣光……正是在这样的积淀中，中华传统文化以其独特的思想理念和智慧及所涵具的气度、神韵，赋予了中华民族泱泱大国的文化气度。然而，鸦片战争揭开了中华民族受苦受难的历程，在沦为

[①] 习近平：《高举中国特色社会主义伟大旗帜　为全面建设社会主义现代化国家而团结奋斗——在中国共产党第二十次全国代表大会上的报告》，《人民日报》2022年10月26日第二版。

半殖民地半封建社会以后，传统文化也随之经历了西学东渐、五四新文化运动等一系列冲击，国民对中华传统文化的自信受到重创，中华文化进入其发展的低谷。后来，随着新中国的成立，20世纪80年代初的改革开放让中国进一步开放了门户。在这一开放门户政策中，迎来了中西文化讨论的热潮，一直至今。① 今天，随着世界多极化的进一步深化发展，国家与国家之间的较量也更多地体现在文化软实力的竞争上。

历史上，中华民族对于中华优秀传统文化均有高度的自觉和认同，而自鸦片战争以来，这一自觉认同遭遇了极大挑战，有识之士也多有记述。其中，最让人怦然心动并产生强烈共鸣的，是民国时期著名思想家梁启超先生在其著作《论中国学术思想变迁之大势》中写下的这段文字：

> 生此国，为此民，享此学术思想之恩泽，则歌之舞之，发挥之广大之，继长而增高之，吾辈之责也。而至今未闻有从事于此者何也？凡天下事必比较然后见其真，无比较则非惟不能知己之所短，并不能知己之所长。前代无论矣。今世所称好学深思之士，有两种：一则徒为本国思想学术界所窘，而于他国者未尝一涉其樊也；一则徒为外国学术思想所眩，而于本国者不屑一厝其意也。夫我界既如此其博大而深赜也，他界复如此其灿烂而蓬勃也，非竭数十年之力，于彼乎，于此乎，一一撷其实、咀其华，融会而贯通焉，则虽欲歌舞之，乌从而歌舞之……
>
> 且吾有一言，欲为我青年同胞诸君告者：自今以往二十年中，吾不患外国学术思想之不输入，吾惟患本国学术思想之不发明。夫二十年间之不发明，于我学术思想必非有损也。虽然，凡一国之立于天地，必有其所以立之特质。欲自善其国者，不可不于此特质，淬厉之而增长之。今正当过渡时代苍黄不接之余，诸君如爱国也，欲唤起同胞之爱国心也，于此事必非可等闲视矣。不然，脱崇拜古人之奴隶性，而复生出一种崇

---

① 与激烈反传统的思维趋向相反，中西文化遭遇中也出现了维护传统文化、弘扬"国粹"，并力图用传统文化来与传入中国的西方文化抗衡的文化保守主义思潮。新文化运动以来，出现的文化局面以全盘西化、马克思主义和文化保守主义三股文化思潮的相互对抗和激荡为主要标志。三股思潮在传统思想与现代文明、本土文化与西方文化如何发生并发展的关系上作出了截然不同的价值判断。而这一激荡，最终凸显出了分歧的焦点，那就是，如何评判中华传统文化的价值系统，如何让中国进入和实现现代化，以及实现什么样的现代化。参阅李宗桂《中国文化导论》（修订版），中山大学出版社2021年版，第3页。

拜外人蔑视本族之奴隶性，吾惧其得不偿失也。且诸君皆以输入文明自任者也，凡教人必当因其性所近而利导之，就其已知者而比较之，则事半功倍焉。不然，外国之博士鸿儒亦多矣，顾不能有裨于我国民者何也？相知不习，而势有所扞格也。若诸君而吐弃本国学问不屑从事也，则吾国虽多得百数十之达尔文、约翰·弥勒、赫胥黎、斯宾塞，吾惧其于学界一无影响也……①

梁启超先生深情款款，从中我们能够读出他对民族文化的热爱以及文化学术不传的担忧。习近平总书记在党的十九大报告中更强调指出："文化兴国运兴，文化强民族强。没有高度的文化自信，没有文化的繁荣兴盛，就没有中华民族的伟大复兴。"② 习近平总书记高度重视中华优秀传统文化，并将传统文化上升至中华民族精神命脉的高度，认为它是民族精神的源头和"老根"。

中华民族在漫长的历史发展进程中，以旺盛的生命力、强大的凝聚力得以薪火相传，在"我注《六经》，《六经》注我"的经典传承中形成中华民族特有的传统文化。伴随着中华民族的崛起，我们的经济持续增长，国家软实力不断提升，中华民族的自豪感和文化自信心也由此得到不断加强，国人研究和学习中华传统文化的热情也随之日渐增长，社会上出现了诸多编纂和研究传统文化的刊物、著作，相关研究真可谓林林总总、举不胜举。然而，在这一时代背景之下出现的"文化热"，其实只是全球化浪潮中文化潮流的一种表现。在某种意义上来说，"文化热"其实也是国人对中华文明发展历史和中华文化的认同，是对中华传统文化的正面审视。

可以说，中华优秀传统文化是润养中华民族精神的根脉和命脉，其中所蕴含的思想观念、人文精神以及道德规范要求等要素，不仅是中华儿女思想和精神得以浸润的内核，同时对当前人类社会发展中出现的诸多问题的解决也有重要的启迪意义和作用。在实现中华民族伟大复兴"中国梦"的进程中，非常有必要充分挖掘中华优秀传统文化的文化底蕴和积极价值，展现中华文化的独特魅力，把优秀传统文化的精神标识提炼、展现出来，将其中具有当

---

① 梁启超：《论中国学术思想变迁之大势》，上海古籍出版社2001年版，第5—6页。
② 习近平：《决胜全面建成小康社会 夺取新时代中国特色社会主义伟大胜利——在中国共产党第十九次全国代表大会上的报告》，《人民日报》2017年10月19日第一版。

代价值、世界意义的文化精髓提炼、展示出来,这是中华民族建立有中国特色社会主义现代化强国、维护国家文化安全的重要策略和前提。如何进行中华优秀传统文化的创新性继承和发展也就摆在了我们面前。

正是在这一契机下,根据教育部《完善中华优秀传统文化教育指导纲要》的精神,西北政法大学特组织长期致力于中国传统文化教学与研究方面的专业教师组建团队编写了《中华优秀传统文化精讲》教材。该教材一改以往相关图书从历史发展阶段的维度采取贯穿式的编写体例对中华传统文化进行分析和阐述的做法,采用专题形式以问题意识来强化和突出中华优秀传统文化在当今文化转型中所具有的引导作用,凸显中华优秀传统文化的民族精神、生命精神、审美境界、家国情怀意蕴及社会关爱意识,揭示中华优秀传统文化与社会主义核心价值观的文化传承关系,厘清中华传统文化的法治与德治理念之间的关系、中华传统文化的礼制礼仪文明所具有的现实指导意义,彰显中华传统文化在当今文化转型中所具有的现代价值。中华优秀传统文化作为中华民族的精神瑰宝和坚实根基,加强和深化中华优秀传统文化教育,有助于进一步加强青年学生对她的学习、传承,落实立德树人的根本任务,尤其在完善大学生道德修养品质、培育健康人格、提升文化素养,以及加强新时代大学生的民族文化自信心、培育和厚植其家国情怀意识等方面具有重要的价值引领作用。

可以说,教材《中华优秀传统文化精讲》是专门针对中华传统文化进行研究的一部教材。该教材由陕西省社科联名誉主席、西北政法大学资深终身教授赵馥洁先生担任学术顾问并确定总体写作思路,由团队主编和参编学者专门按照各自研究专长负责并撰写。教材全篇共分九章,从中华传统文化与民族精神、中华传统文化的生命精神、中华传统文化的审美境界、中华传统文化的家国情怀、中华传统文化的社会关爱意识、中华传统文化的德治法治理念、中华传统文化的礼制礼仪文明、中华传统文化与社会主义核心价值观及中华传统文化的现代价值九个方面进行论述。教材简易明了、思路清晰,不仅可以面对高等院校的青年大学生,帮助他们梳理清楚中华传统文化的创新、现代转型及其现代价值,同时,也可以作为社会上具有高中以上文化程度的读者积极学习和了解中华传统文化的参考书籍,从而帮助大学生以及有识之士了解中华传统文化的思想内蕴和主旨精神,以进一步提高他们的人文素质,帮助他们树立高远志向,增强民族自信心、自尊心和自豪感,培养爱国主义情操,构建"富贵不能淫,威武不能屈,贫贱不能移"的大丈夫人格。

第一章 中华传统文化与民族精神

民族精神是一个民族生命力、创造力和凝聚力的集中体现,是一个民族赖以生存和发展的灵魂。民族精神由民族意识、民族文化、民族习俗、民族性格、民族信仰、民族宗教、民族价值观念等因素共同构成。民族精神的形成不是一蹴而就的,是在历史长期发展过程中逐渐形成的。以勤劳善良勇敢而著称的中华民族,其民族精神的塑造深深根植于中华传统文化之中。习近平同志曾提出:"中华优秀传统文化是中华民族的文化根脉,其蕴含的思想观念、人文精神、道德规范,不仅是我们中国人思想和精神的内核,对解决人类问题也有重要价值。"① 因此,不断发掘中华传统文化中的优秀品格,有助于中华民族精神的塑造和和谐社会的构建。

第一节 自强不息的奋斗精神

《周易·乾·象传》中提道:"天行健,君子以自强不息。"这句话是讲,君子应如天体一般周而复始永不停息地自我鞭策进步。中华民族正是在这种"自强不息"精神的指引下,不断自我激励,走出困苦,勇往直前。在不同时期,"自强不息"的侧重点又有所不同。

一 封建时期——自强不息的个人品格历练

古时"自强不息"多侧重指个人品格修养,是一个人"自律"精神的体现。这种"自强不息"精神包括两方面的内容。一方面,指求学时孜孜不倦

---

① 习近平:《习近平谈治国理政》第三卷,外文出版社2020年版,第314页。

的勤奋好学精神。如孔子就这样评价自己:"叶公问孔子于子路,子路不对。子曰:'女奚不曰,其为人也,发愤忘食,乐以忘忧,不知老之将至云尔。'"(《论语·述而》)有一天叶公问子路孔子是什么样的人,子路没有回答。孔子听说后对子路说,你不如这样回答他,孔子是这样一个人:他发愤用功,连吃饭都忘了,快乐得把一切忧虑都忘了,连自己快要老了都不知道。宋代的杨简这样评价孔子:"发愤乃孔子自发愤,学乃孔子自学,忘食不厌,即孔子之自强不息。"(《杨氏易传》卷一)孔子虽然已属聪颖之人,但还很谦逊地说自己只是好学而已并不聪明。"子曰:'我非生而知之者,好古,敏以求之者也。'"(《论语·述而》)"子曰:'十室之邑,必有忠信如丘者焉,不如丘之好学也。'"(《论语·公冶长》)朱熹也曾提到求学之人应不断求索积累,方可学有所成。"学者自强不息,则积少成多;中道而止,则前功尽弃。其止其往,皆在我而不在人也。"(《论语集注》)"自强不息"精神的另一方面指的是对个人品格的修养,对欲望的限制。人都有好逸恶劳的惰性,都有掩过饰非的虚荣心,都有贪财好色的自私心,等等。"自强不息"精神并不是要超越别人,而是要能够战胜个人的这些不良习性,做一个温良恭俭让的人。正如《周易·文言》中所言:"'君子终日乾乾,夕惕若厉,无咎。'何谓也?子曰:君子进德修业,忠信,所以进德也。修辞立其诚,所以居业也。知至至之,可与言几也。知终终之,可与存义也。是故居上位而不骄,在下位而不忧。故乾乾因其时而惕,虽危无咎矣。"这就是讲君子要每日进德修身,永不间断,不断完善自身的品德修养。

总之,"自强不息"的精神在中国古代更侧重于个人修养方面。这种修养一方面指勤奋好学的进取精神,另一方面指克制欲望的德行修养。这种"自强不息"精神所蕴含的自律进取是一个人在社会上立足的基本要求。

二 近现代——自强不息的救亡图存抗争

近现代中国,民族危机日益严重,无数仁人志士为了"救亡图存",进行着艰苦卓绝、顽强不屈的抗争,不断探索着救国救民的途径。"自强不息"也逐渐具有了国家民族情怀。正如张岂之先生所言:"在我国,古人解释自强不息的意思,虽然间或涉及国家的自强问题,但更多地偏重于个人的自强修养;与此不同,近代以来由于民族国家危机,虽然也不排除讲个人的自强,但更多地偏重于国家的富强建设。"① 可见，随着民族危亡的出现，个人的命运和民族国家的存亡紧密连接在了一起。"自强不息"不再仅仅是个人修养的需要，更是关系到国家民族存亡问题。正如张岱年先生所言："自强不息，就是要坚持民族独立性，决不向外力屈服，对外来的侵略一定要抵抗，保持民族的主权和独立。"②

从洋务运动、戊戌变法、辛亥革命，再到五四新文化运动，最后到中国共产党领导的新民主主义革命，都充分体现了中华民族自强不息、自救图强的抗争精神。旧民主主义革命时期，虽然受自身局限性的影响，我国资产阶级也有过几次不成功的尝试，但也体现了"天下兴亡，匹夫有责"的担当精神。在面对民族危亡时，国人都在尽己所能，试图力挽狂澜。俄国十月革命一声炮响给中国送来了马克思列宁主义，五四运动后，马克思列宁主义得到了广泛传播，并与中国工人阶级相结合，产生了伟大的中国共产党，由此为中华民族自强之路开辟了广阔道路。在新民主主义革命中，毛泽东同志把儒家自强不息的理念与马克思主义基本原理相结合，使之获得了全新的理论形态，发展成为无产阶级的革命精神。中国人民正是在中国共产党的带领下，发扬自强不息的革命主义精神，抛头颅、洒热血，经过艰苦卓绝的革命战争，最终赢得新民主主义革命的胜利，建立了新中国。

回顾历史可知，在中华民族面对内忧外患的时候，正是在这种"自强不息"奋斗精神的支撑下，中国人民才能够不畏艰险，勇于尝试，团结一心，最终获得了民族的解放和独立，建立了属于人民的新中国。

三　现当代——自强不息的社会主义现代化建设

虽然现代化似乎是近代才提出的议题，但其实早在鸦片战争结束后，心怀救亡图存的中国先进知识分子就已经开始探索中国现代化的道路。清朝末期一些有识之士就提出"师夷长技以制夷"的口号，希望通过向西方学习来提升国力实现中国的现代化。但由于清政府的腐败无能，这条道路没能行得通。随后孙中山先生领导的民主革命，虽然推翻了清政府这座大山，但由于

---

① 张岂之：《中华优秀传统文化核心理念读本》，学习出版社2012年版，第102页。
② 《张岱年全集》第六卷，河北人民出版社1996年版，第137页。

资产阶级的软弱性，并没能带领中国走上振兴的道路。十月革命一声炮响，给中国送来了马克思主义，中国革命有了强有力的理论指导。1921年中国共产党成立，确立了新民主主义革命的正确路线，让身处苦难的中国人民看到了希望，有了依靠。中国共产党认为中国要想摆脱当时贫穷落后的状况，必须先要扫清现代化的制度障碍，推翻旧的国家政权，建立新的人民民主政权，然后在新制度的基础上发展经济，革新政治，繁荣文化，才能从根本上实现中国的现代化。中国共产党制定的新民主主义路线完美诠释了中国传统文化中自强不息的精神。不像清末知识分子寄希望于西方列强，也不像旧民主主义革命的小资产阶级寄希望于军阀，而是依靠广大的工农大众，先建立一个独立自主的国家，再尽快实现中国的现代化过程。

1949年新中国成立，中国共产党带领中国人民开启了中国工业化、现代化的历史进程。1949年3月七届二中全会上，毛泽东提出"迅速地恢复和发展生产，使中国稳步地从农业国转变为工业国"的现代化任务。1964年第三次全国人民代表大会上，周恩来的政府工作报告又进一步提出了分两步走、在20世纪末实现"四个现代化"的目标。尤其自1978年十一届三中全会以来，建设富强、民主、文明的社会主义现代化国家成为我党在社会主义初级阶段的宏伟目标。党的十五大，确定了发展社会主义市场经济，将建设有中国特色的社会主义现代化事业推向21世纪的重要战略部署。在这个过程中，我们没有前人可以借鉴，只能依靠自己不断探索前行。就是秉承这种自强不息的精神，在现代化建设中我们取得了一个个令世界瞩目的成绩：如中国的国民生产总值从1979年到2006年，由0.40382万亿元增加到20.94万亿元，经济总量已经居世界第四位，进出口贸易总额跃居世界第三位，外汇储备居世界第一位，俨然已经成为世界经济重要的组成部分。

从向西方学习，改革政治，发展实业教育，到资产阶级民主主义革命，到新民主主义革命、社会主义革命，以至今天的改革开放，建设有中国特色社会主义的不同看法和主张，表现了不同时期的中国人对现代化的理解，也反映出中国人对现代化认识的一个漫长而复杂的过程，这是一个从自觉走向成熟的过程，也是不畏艰险、勇于探索自强不息精神的集中体现。

习近平总书记在党的十九大报告中提出：我们既要全面建成小康社会、实现第一个百年奋斗目标，又要乘势而上开启全面建设社会主义现代化国家新征程，向第二个百年奋斗目标进军。从 2020 年到本世纪中叶可以分两个阶段来安排：从 2020 年到 2035 年"基本实现社会主义现代化"；从 2035 年到本世纪中叶"建成富强民主文明和谐美丽的社会主义现代化强国"。这一战略安排，完整勾画出我国社会主义现代化建设的时间表、路线图，不仅把基本实现社会主义现代化的时间提前了 15 年，而且提升了第二个百年奋斗目标的内涵和要求，从我国实际出发提出了更加振奋人心的发展目标。相信在中国共产党的带领下，中国将会拥有美好的未来。

第二节 孝悌忠信的传承精神

正如费孝通先生所讲，中国传统社会是一种"差序格局"。[①] 而这种差序格局的核心就是从家庭孝道出发，随后层层向外扩散的一种模式，也就是儒家所讲的"五伦"关系即"父子有亲，君臣有义，夫妇有别，长幼有序，朋友有信"。中华民族文化之所以千年未断，正是依托于这种人与人之间紧密而和谐的关系。

一 孝悌以齐家

在"五伦"关系中"父子有亲"是基础。首先，从客观存在而言，父母给予了我们生命。亲子关系是人来到世间的第一层社会关系。其次，从生命成长而言，父母养育我们成人。如果没有父母的养育，我们是不可能存活于世间的。所以作为个体存在，人首先应该感恩的就是父母。由此，儒家认为"孝悌"是"仁"的根本。"孝悌也者，其为仁之本与！"（《论语·学而》）

那么什么是"孝"呢？也就是怎么做才算是孝呢？要回答这个问题，需要从两方面来分析。一是从微观的个人角度。另一个是从宏观的社会角度。首先来看一下何为"孝"。从字形来看，"孝"字由"老"和"子"两部分组成，《说文解字》中对"孝"的解释是："孝，善事父母者，从老省，从子，子承老也。"也就是讲"孝"是子女对老人的赡养和孝敬。

从微观角度来讲，子女对老人的孝顺一般要做到两点：第一，赡养尊敬

[①] 费孝通：《乡土中国》，北京出版社 2005 年版，第 35 页。

父母。赡养父母，给父母提供基本的生活需要，让父母衣食无忧。这是"孝"最基本的要求。更重要的还要对父母恭敬。也就是说不仅要满足父母的物质需要，还要对其恭敬，让其有受尊重的感觉。"子游问孝。子曰：'今之孝者，是谓能养。至于犬马皆能有养；不敬，何以别乎？'"（《论语·为政》）也就是讲，如果仅满足父母的物质需要，那么就和动物没什么差别了。更重要的是对父母的尊敬。"子夏问孝。子曰：'色难。有事，弟子服其劳；有酒食，先生馔，曾是以为孝乎？'"（《论语·为政》）这也就是讲，比起提供给父母物质供养，对父母和颜悦色是更难的一件事。《论语》中这些说法都是讲要对父母尊敬。尊敬父母一方面是感恩其对自己的养育之恩；另一方面也是对弱者的爱护。因为随着年龄的增长，子女越来越健壮，而父母则逐渐变得衰弱。随着生理的衰老，人的内心也在慢慢发生变化。会觉得自己不再有用，有一种被淘汰的感觉。作为子女应该尽量照顾父母这种被需要的心理，对其保持恭敬的态度。第二，还要能够对父母进行规劝。虽然要孝养恭敬父母，但在父母犯错误的时候也要对其进行劝诫。因为如果看父母犯错误而不对其进行规劝，就会陷父母于不义之中，这也是一种不孝。《孝经》提道："父有争子，则身不陷于不义。故当不义，则子不可以不争于父，臣不可以不争于君；故当不义，则争之。从父之令，又焉得为孝乎！"（《孝经·谏诤》）但是，在劝诫父母的过程中也依然要保持和悦的态度，不可恶语相向。也就是要做到《礼记》中提到的"父母有过，谏而不逆"（《礼记·祭义》），"父母有过，下气怡色，柔声以谏"（《礼记·内则》）。《论语》中孔子也曾提道："子曰：'事父母，几谏，见志不从，又敬不违，劳而不怨。'"（《论语·里仁》）

  微观个人层面对"孝"的理解特别要说明的一点是，对父母的这种孝敬供养不仅是在父母活着的时候，在其去世后也要对其进行追思。"孝子之事亲也，居则致其敬，养则致其乐，病则致其忧，丧则致其哀，祭则致其严。五者备矣，然后能事亲。"（《孝经·纪孝行》）可见"孝"是一个人一生的功课。

  从宏观角度来讲"孝"是中国传统社会的治国理念。"夫孝，天之经也，地之义也，民之行也。天地之经，而民是则之。则天之明，因地之利，以顺天下，是以其教不肃而成，其政不严而治。先王见教之可以化民也，是故先之以博爱，而民莫遗其亲；陈之以德义，而民兴行；先之以敬让，而民不争；

导之以礼乐，而民和睦；示之以好恶，而民知禁。《诗》云：'赫赫师尹，民具尔瞻。'"（《孝经·三才》）可见，孝道不仅是个人行为，更是建立和谐社会的基础。因为社会是以家庭为基本单位的，家庭和谐了，整个社会才能和谐。正如《论语》中所言："其为人也孝弟，而好犯上者，鲜矣；不好犯上而好作乱者，未之有也。"（《论语·学而》）"事亲者，居上不骄，为下不乱，在丑不争。"（《孝经·纪孝行》）所以一个孝顺的人必定是一个遵纪守法的人，那么推行"孝"是有利于社会和谐稳定的。一个孝顺的人也必定是一个对社会有用的人。"故以孝事君则忠，以敬事长则顺。忠顺不失，以事其上，然后能保其禄位，而守其祭祀。"（《孝经·士》）另外，作为领导者，要主动践行孝道，才能培养仁爱之心，爱护百姓。"爱亲者，不敢恶于人；敬亲者，不敢慢于人。爱敬尽于事亲，而德教加于百姓，形于四海。"（《孝经·天子》）

由此可见，孝道思想不仅是个人的事情，还关系到国家的稳定。

"悌"主要指的是兄友弟恭的兄弟姊妹之情，也就是一种次序。要注意的是，传统文化中的"孝"与"悌"并不是狭隘的小团体主义。有些学者认为中国传统文化注重"私德"而没有"公德"，事实并非如此。儒家的这种"孝悌"是一种推己及人的道德情感，而非一种狭隘的小团体主义。如孟子说："老吾老以及人之老，幼吾幼以及人之幼。"（《孟子·梁惠王上》）兄弟手足之情也并非仅依靠血缘，以道义结交者皆可为兄弟。正如《论语》中子夏所言："司马牛忧曰：'人皆有兄弟，我独亡。'子夏曰：'商闻之矣：死生有命，富贵在天。君子敬而无失，与人恭而有礼，四海之内皆兄弟也。君子何患乎无兄弟也？'"（《论语·颜渊》）

二　忠信以治国

忠信是一个人立身、处事的基础，也是一个人应当具备的最基本的道德品格。孔子在教育中重视四种品格：文、行、忠、信，把忠、信放在非常重要的位置。因而忠信之道是道德修养的重要内容，是中华优秀传统文化的重要组成部分。

（一）忠的本质规定

一提到"忠"，人们往往会有一种误解，认为"忠"是一种没有原则的顺从。但事实并非如此。《说文解字》对"忠"的解释是："忠，敬也，从心，中声。"也就是讲"忠"是一种由内向外发出的敬意。这种敬意可以从两个方面来进行解读：一个是从道德主体的角度；另一个是从客体的角度。

第一，从道德主体角度来看，"忠"首先是忠于自己，也就是按本分做到自己应做的，即曾参所领悟到的孔子"忠恕"之道中的"忠"。"子曰：'参乎！吾道一以贯之。'曾子曰：'唯。'子出，门人问曰：'何谓也？'曾子曰：'夫子之道，忠恕而已矣。'"（《论语·里仁》）朱熹对孔子"忠恕之道"的"忠"的注解是"尽己之谓忠"。另外朱子还在《朱子语类》中提道："忠者，尽己之心，无少伪妄。"① 这些都是在讲，"忠"是尽力而为的行为。那么"忠"如何具体表现在事情上呢？在《论语》中令尹子文的行为被孔子认为是"忠"。我们来看一下令尹子文的哪些行为被孔子认为是"忠"的表现。"子张问曰：'令尹子文三仕为令尹，无喜色；三已之，无愠色。旧令尹之政，必以告新令尹。何如？'子曰：'忠矣。'"（《论语·公冶长》）这段话是讲，孔子的学生子张问孔子，楚国令尹子文三次被任命，没有表现出喜色，三次被罢免，也没有显示出怒色，每次都会把事务给新任官员交代清楚。他的这种行为，您认为怎么样？孔子回答子张讲，他做到了忠。也就是做到了自己应做的本分。

第二，从客体角度来谈忠，就是要求办好别人交代的事情。"樊迟问仁。子曰：'居处恭，执事敬，与人忠。虽之夷狄，不可弃也。'"（《论语·子路》）如果这个客体是领导者，那么就是常提到的"忠君"。提到儒家的"忠君"思想，一定不要认为是无原则地听从上级领导的指示。儒家的"忠君"可以从两个维度加以理解。一方面这是一种双向关系。也就是讲，并不是仅仅要求下级对上级"忠"，同时要求上级对下级要"敬"。"季康子问：'使民敬、忠以劝，如之何？'子曰：'临之以庄，则敬；孝慈，则忠；举善而教不能，则劝。'"（《论语·为政》）可见，只有领导者先能做到"孝慈"，才能使百姓忠心于他。"定公问：'君使臣，臣事君，如之何？'孔子对曰：'君使臣以礼，臣事君以忠。'"（《论语·八佾》）可见，领导者先要礼敬下属，下属才会反过来忠心于领导者。另一方面下级也要对领导者进行劝诫。"子曰：'爱之，能勿劳乎？忠焉，能勿诲乎？'"（《论语·宪问》）"天子有争臣七人，虽无道，不失其天下。"（《孝经·谏诤》）

---

① （南宋）黎靖德编，王星贤点校：《朱子语类》，中华书局1986年版，第692页。

（二）信的内在要求

"信"也是儒家的一个重要概念。《说文解字》对"信"的解释是："信，诚也。从人从言，会意。"又释"诚"曰："诚，信也。从言，成声。"可见，"信"与"诚"的意思类似，所以也常常"诚信"连用。从"信"字的构成来看，其是与言语相关的品德，指能够践行说出的承诺，言行一致。

首先，对个人而言，信是一个人能否在社会上立足的关键。"子曰：'人而无信，不知其可也。大车无輗，小车无軏，其何以行之哉？'"（《论语·为政》）也就是讲，"信"对于人而言就相当于輗軏之于车子，由此可见"信"的重要性。另外，"信"是个人品德的重要构成部分。"子夏曰：'贤贤易色；事父母，能竭其力；事君，能致其身；与朋友交，言而有信。虽曰未学，吾必谓之学矣。'"（《论语·学而》）可见，儒家所谓的"学问"并非单纯指知识方面的博学，更指品格的修养，而"信"就是其中重要的一项品格。"孔子曰：'能行五者于天下为仁矣。'请问之，曰：'恭、宽、信、敏、惠。'"（《论语·阳货》）可见，孔子认为"信"是很接近"仁"的一种道德情操。"信"还是君子必备的一项品格。"子曰：'君子义以为质，礼以行之，孙以出之，信以成之。君子哉！'"（《论语·卫灵公》）"君子不动而敬，不言而信。"（《中庸》）

其次，从治国角度来看，"信"也是为政者必备的品格。"道千乘之国，敬事而信，节用而爱人，使民以时。"（《论语·学而》）子贡问政时孔子强调"足食、足兵、民信"，如不得已必去之则先去掉足食足兵而保留民信，也可见"信"对于国家治理的重要性。"上好礼，则民莫敢不敬；上好义，则民莫敢不服；上好信，则民莫敢不用情。夫如是，则四方之民襁负其子而至矣，焉用稼？"（《论语·子路》）孔子还总结出历代圣明君主治国的经验是重在宽厚、诚信、勤敏和公允，而统治者如果守信就会得到老百姓的信任："谨权量，审法度，修废官，四方之政行焉。兴灭国，继绝世，举逸民，天下之民归心焉。所重：民、食、丧、祭。宽则得众，信则民任焉，敏有功，公则说。"（《论语·尧曰》）

由以上分析可知"忠"与"信"都是儒家所提倡的重要品德。另外，"忠"与"信"还常常连用，用以表示一种品格。"子曰：'言忠信，行笃敬，虽蛮貊之邦行矣。'"（《论语·卫灵公》）何谓忠信？邢昺在《论语注疏》中指出："中心无隐谓之忠。人言无欺谓之信。"也就是讲，"忠"与"信"是一种互为"表里"的关系。"忠"是内心的诚信,"信"是行为言语的诚实。两者是密不可分的关系。

三 孝悌忠信的当代意义

中国的"孝悌忠信"文化建立在传统农耕文明的基础之上。在传统社会中,家庭以大家族的模式存在,人与人之间有着严格的等级规定。但现代化的今天,经济基础已发生改变,家庭存在模式也发生了变化,人与人之间是一种平等的关系。但是以血缘为纽带的亲情关系并没有改变,人与人之间以礼相待的交往原则也没有改变。因而"孝悌忠信"文化依然有其社会价值与意义。

（一）"孝悌"是建立和谐家庭的基础。"孝"是赡养父母的道德要求,"悌"是兄弟姐妹之间和谐共处的美德要求。以"孝悌"为先倡导和谐家庭的建立,能够更好地解决养老问题。和谐家庭的创建对于顺利实现和谐社会的共同目标具有重要的意义,安排好老年人的生活,解决好家庭矛盾,有利于社会稳定和更好地发展,有利于让每个老年人都能实现"老有所养,老有所医,老有所乐"的理想生活。目前,要加强建立老年人社会保障体系,让和谐体现于家庭之中,进而推广到社会之中。以"孝"为德,以"悌"为美,创建和谐家庭,为和谐社会提供强有力的保障。

（二）"孝悌"是应对老龄化问题的文化支撑。中国不仅是世界上人口最多的国家,而且已经开始出现老龄化趋势。老龄化问题已成为老年社会工作急需面对解决的重要问题。在老年人的养老问题上,无论采用家庭养老、社区养老还是养老院养老,养老的主要问题是赡养者的心态和意愿。在完善老年社会工作的同时,要强化老年社会工作者的职业道德教育,发扬"孝悌"文化美德,倡导"孝"道的道德风尚,弘扬中华民族的传统美德,把养老工作做好,让老年人在和谐社会中真正体会到幸福安康的晚年生活。在一个老龄化社会里,所有的老人都能得到物质上的照料和精神上的尊重无疑是和谐社会的重要体现。

（三）"忠信"是社会稳定的基础。当今社会,社会成员之间需要相互信任,只有彼此相互信任,才能在庞大复杂的社会关系中建立起共同的价值基础。只有这样人与人之间才能平等和谐相处。若人与人之间都为保护自身利益而互相猜忌、处处提防，每一个行为都被认为有欺诈企图，那么社会将陷入混乱与无序的状态。因此，每个人都从细微处忠于所说所做的一言一行，用行动表明自身的诚信，人人都以忠信为准则，整个社会才能形成以忠信为标准的人际交往准则。这样，人际关系才能和谐，社会才会稳定。有了稳定的社会环境，才可以为经济发展、民族振兴提供坚实的支撑。

（四）"忠信"是市场经济正常运行的保障。在社会主义市场经济中，忠信不仅应作为个体的重要品格，更是维护我国社会主义市场经济健康有序发展的重要保证。以等价交换为基础的市场经济是以契约方式进行的，一切交易均建立在交易双方信守承诺的基础上，只有交易双方都忠于承诺履行共同签订的契约，交易才能完成。如果有任何一方违背诺言，那么就等同于撕毁了代表平等市场交易的契约。没有正常的经济交易，发展公正有序的社会主义市场经济也就无从谈起。并且在法制日益完善的今天，违背忠信原则的代价越来越大，不守信用不仅会带来经济上的重大损失，更有可能受到法律的严厉制裁。因此，"忠信"文化的建设在社会主义市场经济中同样具有重要的价值。只有使每个参与者在市场经济活动中信守承诺、诚实守信，才可能维护社会主义市场经济健康有序运行。

由以上分析可知"孝悌忠信"虽为我们传统文化中的重要品格，在社会主义现代化建设的今天依旧发挥着重要作用。

第三节 推己及人的仁爱精神

"仁"是中国传统文化特有的一个概念，也是中国文化人道主义精神的集中体现。下面将从三个维度对儒家"仁"的观念进行阐释。

一 修身以为仁

"仁"是儒家思想里面的一个核心概念。通俗意义上认为"仁"是一种仁爱之心。那么我们又将如何培养这种仁爱之心呢？虽然孔子对颜回"何为仁"的提问回答以"一日克己复礼，天下归仁焉"，"非礼勿视，非礼勿听，非礼勿言，非礼勿动"（《论语·颜渊》），突出了"仁"与"礼"的关系，要通过"礼"的践行来培养"仁"，但实际上对"礼"的践行仅是修身的一部分。因为

"礼"作为处理社会关系的规则，是在有人监督之下对行为的一种约束。在没有人监督情况下的自我约束如何实现呢？每个人都有虚荣心，所以在众人的监督之下遵守规则、保持修养是比较容易做到的。但在众人看不见的情境之下依然能保持修养，这就比较难了。但只有表里如一才可被称为真君子，否则就是人前一套、背后一套的伪君子。那么如何能够成为真君子呢？儒家提出要通过修身。

修身的观念在《五经》中就已经出现，如《书经·皋陶谟》《逸周书·周书序》就提到"慎厥身修""修身观天""修身敬戒"等说法。《大学》中也明确提出修身的重要性，"自天子以至于庶人，壹是皆以修身为本。其本乱而末治者否矣。其所厚者薄，而其所薄者厚，未之有也"；甚至把修身与治国联系起来，"物格而后知至，知至而后意诚，意诚而后心正，心正而后身修，身修而后家齐，家齐而后国治，国治而后天下平"。其中"格物""致知""诚意""正心""修身""齐家""治国""平天下"，被称作"八条目"。在这"八条目"之中，"修身"处于核心位置，起到连接作用。"齐家""治国""平天下"，只不过是"修身"的向外推衍。由此可见修身之重要性。《中庸》也把修身放在非常重要的地位："凡为天下国家有九经，曰：修身也，尊贤也，亲亲也，敬大臣也，体群臣也，子庶民也，来百工也，柔远人也，怀诸侯也。修身则道立。"这里的"九经"是指治国平天下需要遵循的九条原则，其思路与《大学》中十分类似，都是由内向外的一个推衍过程，根本都是"修身"。孟子也十分重视修身："天下之本在国，国之本在家，家之本在身。"（《孟子·离娄上》）由此可见"修身"对于个人及国家之重要性。正如杜维明先生所言："修身在自我与形形色色的政治、社会、文化团体构成的社群的链环中居于中心地位。就个人方面而言，修身涉及复杂的经验学习与心智锻炼过程。就人类总体发展而言，修身则为家庭稳固、社会有序和世界和谐的基础。""修身的核心地位促使中国思想家们将伦理付诸实施，将审美作为经验，将形上学转化为智慧，将认识论运用于沟通。"[①]

那么作为个体又将如何修身呢？也就是修身的路径是什么呢？依据《大学》格物、致知、诚意、正心、修身、齐家、治国、平天下这"八条目"来

---

① 杜维明：《修身》，《杜维明文集》第四卷，武汉出版社2002年版，第614—615、628—629页。

看，要通过格物、致知、诚意、正心这四个环节，才能达到修身。而在这四个环节当中"正心"又是其关键。正所谓"修身在正其心"（《大学》）。朱熹也曾提道："心者，一身之主宰。"（《朱子语类》卷五）可见，"修身"之根本在于"修心"。"心"在传统文化之中不单单指客观存在的心脏，更是指其意识官能，正如孟子所言"心之官则思"（《孟子·告子上》）。而这个心之官能是有向善的能动性的。孟子把其总结为"四心"，即恻隐之心、羞恶之心、辞让之心和是非之心。"恻隐之心，人皆有之；羞恶之心，人皆有之；恭敬之心，人皆有之；是非之心，人皆有之。恻隐之心，仁也；羞恶之心，义也；恭敬之心，礼也；是非之心，智也。仁义礼智非由外铄我也，我固有之也。"（《孟子·告子上》）孟子认为人本能地具备这"四心"，并且这"四心"是"仁义礼智"的萌芽。而当人们展示出来的是恶而非善的时候，善并不是消失了，而是被蒙蔽了。所以孟子提出"求其放心"（《孟子·告子上》），即把蒙蔽了的善心找回来。"人有鸡犬放，则知求之；有放心，而不知求！学问之道无他，求其放心而已矣。"（《孟子·告子上》）《大学》中也提到"心"会在情绪的影响下产生偏颇，所以要时常对其进行纠正，也就是"正心"。"身有所忿懥，则不得其正；有所恐惧，则不得其正；有所好乐，则不得其正；有所忧患，则不得其正。心不在焉，视而不见，听而不闻，食而不知其味。此谓修身在正其心。"（《大学》）

君子正是通过不断"修心"来完成"修身"，最终达到孔子所言"君子无终食之间违仁，造次必于是，颠沛必于是"（《论语·里仁》）的状态。当然这一过程是艰难的，因为人最难战胜的往往是自己的恶习，但通过不断战胜自己的弱点也才能体会到"学而时习之，不亦乐乎"和"苟日新日日新"之欣喜。

二　爱人以成仁

"仁"的培养不仅仅止于修身。修身并不能脱离生活，在生活中修身才是真正的修身。因而能够以仁爱之心待人接物也是修身培养仁爱之心的一部分。

"樊迟问仁。子曰：'爱人。'"（《论语·颜渊》）可见"仁"是通过"爱"来体现的。这个"爱"的培养是有次第顺序的。儒家认为这个仁爱之心的起点应是对父母兄弟的爱。所以仁爱之心的第一层是"孝"。"孝弟也者，其为仁之本与!"(《论语·学而》)"孝悌"是"为仁"的基本要求,其中"孝"指对父母的孝敬、顺从,"悌"指对兄长的恭敬。皇侃对此句的注疏言:"先能事父兄,然后仁道可成也。""此更以孝悌解本,以仁释道也。言孝是仁之本,若以孝为本,则仁乃生也。"① 北宋邢昺也认为:"君子务修孝悌,以为道之基本。基本既立,而后道德生焉。"② 可见,践行"孝"道是培养仁爱之心的起点。虽然我们习惯于把道德做抽象化研究,但道德始终是社会的产物,不能脱离特定的社会关系而单独存在。道德的产生与培养基于一定的社会基础。"道德不是从律令规范肇端的。道德的开端是紧密相连的某一群体,诸如家庭、民族中的相互信任的关系。道德的行为就是去做像父母子女之间或者像民族成员之间自然而然地相互对待那样的事情,这也就是尊重别人所赋予你的信任。"③ 在孔子那里,培养仁爱之心这一道德的基础环境就是家庭,而方式就是对父母的孝顺。

那为何以"孝"作为培养仁爱之心的起点呢?首先,是由天然的血缘关系所决定的。不论从空间距离性而言还是从血缘关系而言,父母都是距离自己最亲近的。每日的朝夕相处最容易培养起情感的关联性,因而父母与子女之间的情感是最自然而然地建立起来的。因而子女对父母的爱自然会表露为"孝"。其次,是由感恩之心所决定。大部分父母都是无条件地为子女付出的,如若没有父母的养育,我们就不可能存活于世间。因而出于对父母给予生命并把我们抚育成人的恩情,我们应回馈给他们相应的爱即"孝"。

"孝"是培养仁爱之心的起点,但并不是仁爱之心的全部。正如王阳明在《传习录》中所言:"明道云'行仁自孝悌始。孝悌是仁之一事,谓之行仁之本则可,谓是仁之本则不可',其说是矣。"(《传习录》)因为儒家虽讲孝道,但孝只是基础,其最终目标是惠及全社会的大爱。因此"爱人"的第二个层次就是"泛爱众"。"弟子,入则孝,出则悌,谨而信,泛爱众而亲仁。"(《论语·学而》)因此,儒家的仁爱虽始于孝,但并不止于家庭这个小团体,而是要培养感同身受的普遍爱心。正如郭齐勇先生在其文章中所言:"爱敬父母为

---

① (三国)何晏集解,(南朝梁)皇侃义疏:《论语集解义疏》,商务印书馆1937年版,第3—4页。

② (三国)何晏注,(北宋)邢昺疏:《论语注疏》,中华书局1982年版,第2457页。

③ [德]康德:《道德形而上学原理》,苗力田译,上海人民出版社2002年版,第68页。

孝，爱敬兄长为悌。爱我们的亲人，是爱社会上其他人的基础。"① 这种状态也就是孟子所言："老吾老以及人之老，幼吾幼以及人之幼。"(《孟子·梁惠王上》) 人与人之间都能相亲相爱，才能达到整个社会的和谐。"这要求人们要像爱自己的亲人一样爱天下所有的人。基于这种普遍化的情怀，人们才产生了天下一家、四海之内皆兄弟的观念。"②

那么如何才能做到对待别人如同对待自己的亲人一般呢？孔子认为应通过"己所不欲，勿施于人"的感同身受的能力。"子贡问曰：'有一言而可以终身行之者乎？'子曰：'其恕乎！己所不欲，勿施于人。'"(《论语·卫灵公》)《大学》中将"己所不欲，勿施于人"进行了细化："所恶于上，毋以使下；所恶于下，毋以事上；所恶于前，毋以先后；所恶于后，毋以从前；所恶于右，无以交于左；所恶于左，无以交于右：此之谓絜矩之道。"也就是要设身处地为他人着想，或者通俗意义上我们所讲的换位思考。人作为社会性存在，其行为不能脱离社会关系而单独存在。"每个人都存在于与他人的共在关系中，每个人都不可能先于共在而具有存在的意义……人自身虽不能自证其目的，却能在做事中创造目的；人在做事中请入他人而互相做证。人不是因为自身有意义才做事，而是因为做事才有了意义；做事所创造的共在关系使每个人的存在意义获得互相印证，而互相印证的循环性表明了人的意义内在于生活的在世绝对性。"③ 因而在与人交往中能够换位思考，设身处地为他人考虑才能够在社会交往中与他人建立良好的关系。

仁爱之心的第三层是"仁政"。孔子特别强调道德在为政中的重要性。"子曰：'为政以德，譬如北辰，居其所而众星拱之。'"(《论语·为政》) 也就是讲，能够实施仁政者才是众望所归的领导。"道之以政，齐之以刑，民免而无耻；道之以德，齐之以礼，有耻且格。"(《论语·为政》) 也就是讲，刑法只能让百姓屈于淫威，而道德才能够让民众真正信服。并且孔子还特别强调统治者要以身作则。"季康子问政于孔子，孔子对曰：'政者，正也。子帅以正，孰敢不正？'"(《论语·颜渊》)"子曰：'其身正，不令而行；其身不正，虽令不从。'"(《论语·子路》) 也就是讲，统治者自身的德行对政策能否执

---

① 郭齐勇：《儒墨两家之"孝"、"丧"与"爱"的区别和争论》，《哲学研究》2010年第1期。
② 彭富春：《论孔子》，人民出版社2016年版，第412页。
③ 赵汀阳：《共在存在论：人际与心际》，《哲学研究》2009年第8期。

行起着至关重要的作用。到了孟子那里,其对"仁政""爱民"思想做了进一步升华。

(一)在经济方面,孟子提出了"制民之产"的理论。也就是要保证百姓的物质生活得到基本满足。"是故明君制民之产,必使仰足以事父母,俯足以畜妻子,乐岁终身饱,凶年免于死亡。"(《孟子·梁惠王上》)"民之为道也,有恒产者有恒心,无恒产者无恒心。苟无恒心,放辟邪侈,无不为已。"(《孟子·滕文公上》)也就是讲,人们只有先解决了生存需要,社会才能够安定。

(二)在政治方面,孟子提出了"民贵君轻"的理念。"民为贵,社稷次之,君为轻。"(《孟子·尽心下》)孟子认为能够把百姓放到第一位的统治者才是合格的。人民的意愿才是统治合法性的基础。"域民不以封疆之界,固国不以山溪之险,威天下不以兵革之利。得道者多助,失道者寡助。"(《孟子·公孙丑下》)善待百姓的统治者才会得到百姓的爱戴。"君之视臣如手足,则臣视君如腹心;君之视臣如犬马,则臣视君如国人;君之视臣如草芥,则臣视君如寇仇。"(《孟子·离娄下》)

(三)在文化方面,孟子提出了"与民同乐"的观念。孟子对齐王说:"今王鼓乐于此,百姓闻王钟鼓之声,管籥之音,举欣欣然有喜色而相告曰:'吾王庶几无疾病与,何以能鼓乐也?'今王田猎于此,百姓闻王车马之音,见羽旄之美,举欣欣然有喜色而相告曰:'吾王庶几无疾病与,何以能田猎也?'此无他,与民同乐也。"(《孟子·梁惠王下》)孟子劝诫统治者要把自己的喜怒哀乐与百姓的喜怒哀乐联系起来,喜民之所喜,乐民之所乐,忧民之所忧。只有这样才能够获得百姓的爱戴。

总之,儒家所提倡的仁爱之心是以"孝"为起点,通过"推己及人"的过程遍及整个社会,最终通过政治上的保障实现全社会之和谐。

三 仁爱精神的当代意义

仁爱精神是中国文化中特有的一种文化精神。在现代化建设的今天依旧有其不可替代的作用。

(一)仁爱精神有助于和谐家庭的构建。家庭是每个人的第一生长环境,家庭环境对一个人的成长起着至关重要的作用。良好的家庭环境有助于孩子的健康成长。家庭关系是社会关系中最亲密的关系，也本应是最温暖的，但正是由于这种无间的关系，也最容易产生矛盾。如果家庭成员之间都能够以仁爱之心相互体谅，换位思考，就会减少许多不必要的争吵，形成温馨的家庭氛围。

男女平等是和谐家庭的前提，是家庭和谐幸福的先决条件。虽然现今已是 21 世纪，但由于两千多年男尊女卑封建残余思想的影响，女性仍会受到多方面歧视。重男轻女现象依旧存在。因此要想构建和谐的家庭环境，男性首先要能够尊重体谅女性伴侣对家庭的付出。夫妻双方互敬互爱才能建立和谐的家庭关系。

夫妻和睦、互敬互爱是和谐家庭的基础。夫妻关系是家庭关系的核心，是其他家庭关系的基础。因此夫妻关系是否和睦直接影响整个家庭的和谐。夫妻间应相互体谅、相互理解与支持，共同分担家庭责任。

尊老爱幼是实现和谐家庭的条件。尊老爱幼是中华民族的传统美德，我国法律明文规定：子女对父母有赡养扶助的义务，父母对子女有抚养教育的责任。尊老要求子女要尊敬、关心、爱护、赡养老人。爱幼指父母要抚养和教育子女。老人与孩子作为家庭关系中相对弱势的群体，更加需要关心照顾。

（二）仁爱精神有助于和谐社会的构建。从助人为乐的社会氛围来看，现代化的发展和科技的进步，虽然在各个方面给人们带来了许多便捷，但同时也滋生出一些问题。比如以楼房为主要居住方式的城市生活，形成人与人之间空间上的某种隔阂。科技的进步，特别是网络的发展容易让人们沉浸于游戏的世界之中而忽略了现实中人与人的交流，这就造成了意识上的冷漠。加之生存的压力和快节奏的生活，这些都让都市人无暇与人做深入的沟通，而导致人际关系的疏远。因而对人们仁爱之心的培养在当前这个社会就显得尤为重要。

仁爱之心就是推己及人的同理心。这种同理心一方面体现在情感上的共鸣，也就是当别人遇到困难时，能够对其表示同情；在别人遇到顺心事时，能够真心为其祝福。这种同理心另一方面还体现在实际行动的互助上，也就是在别人遇到困难时能够施以援手，特别表现为助人为乐精神和见义勇为品格。

（三）仁爱精神有助于和谐生态环境的构建。仁爱精神不仅体现在对人的关心和爱护上，更体现在对我们生存的自然环境的爱护上。中国自古就特别重视自然环境的保护。《诗经》说："敦彼行苇，牛羊勿践履。"《管子》也提出不能过度开采自然资源，要"以时禁发"，不可违时滥用。这样才能免于破坏自然的运行规律，维持自然界的可持续发展能力，才能达到"万物皆得其宜"的和谐状态。这些思想不仅表达了"爱物"的道德规范，还蕴含着深刻的生态伦理思想。另外，爱物还表现于"善救物""无弃物""取之有度，用之有节"等思想。

在现代化发展的今天，部分人为了追求所谓的经济利益，开始对自然进行疯狂的掠夺，造成一些地区出现了严重的生态问题，甚至危害到当地人的生命安全。在这种情况下，加强仁爱教育，帮助人们树立良好的环境道德意识，养成保护自然、维护生态平衡的道德观念，就显得尤为重要。优美、洁净、舒适的环境，是人类生存发展的重要条件，也是社会文明程度的重要标志，要建设高度发达的社会主义精神文明，环境道德建设是必不可少的一环。故而，我们应当大力弘扬仁爱精神，提倡爱物、惜物，保护环境，为创建文明、和谐的人类生存环境而努力。

由以上分析可知，仁爱精神虽产生于中国传统社会，但在现代化的今天依旧能够在各个领域发挥其作用，最终推动整个社会的和谐进步。

第四节 奋斗、传承、仁爱之民族精神的现代意义

实现中华民族伟大复兴的中国梦，必须弘扬中华民族精神。中华民族精神贯穿于中华民族五千多年历史中，积蕴于近现代中华民族复兴的历程中，是中国快速崛起的原动力，是中国文化软实力的重要体现。

一 民族精神是创新的原动力

民族可粗略从两方面进行划分：一是政治角度；另一是文化角度。前者以法国民族主义运动为代表。后者起源于德国。赫尔德认为："民族不是一个国家，而是一个文化实体，同一民族的人说共同的语言，生活在共同的地域，有着共同的习惯、共同的的历史和共同的传统。"[①] 这里的民族精神显然是更

---

① 转引自〔伊朗〕拉明·贾汉贝格鲁《伯林谈话录》，杨祯钦译，译林出版社2002年版，第95页。

倾向于从文化的角度进行解读。并且赫尔德也主张文化的多样性发展。多样性是世界的一种基本特性，是上帝的特意安排。上帝在主观意志上并不否认任何创造物，无论它如何低劣和卑微。多样性意味着每一种文化、每一种个性都具有不可比拟的价值。特殊性、个人偏爱以及差异性等是应该受到鼓励和保护的神圣事物。只有通过每个培养他自身特性的个体，通过每个达到其自身完善的不同种类，才能实现普遍的和谐。① 中华民族作为一个整体，之所以能够蓬勃发展，也是五十六个民族共同繁荣的结果。

重视精神价值是中华民族的优秀文化传统。这一传统是维系中华民族历史发展，保持民族具有旺盛的生命力、创造力、凝聚力的根本保障。今天，弘扬传统文化作为社会主义精神文明建设的重要内容，为民族精神的升华提供了重要契机。

创新是一个民族进步的灵魂，是一个国家兴旺发达的动力。在激烈的国际竞争环境下，唯有创新才能让其脱颖而出。只有拥有创新精神的国家，才能让自己立于世界强国之林。可见创新对于一个国家之重要。

提到创新，某些人就会产生一些认识误区，认为新出现的才是"创新"，但却忽视了新事物所产生的基础。任何新事物都不是凭空产生的，都需要孕育的土壤。创新只不过是把人们所熟知的存在以异于常识的方式呈现出来。中国拥有五千多年的悠久历史，这就给创新提供了肥沃的土壤。习近平总书记在十二届全国人大一次会议讲话中也指出："实现中国梦必须弘扬中国精神。这就是以爱国主义为核心的民族精神，以改革创新为核心的时代精神。"② 可见，在新时代的今天，民族精神依然发挥着重要作用。

民族精神在创新方面的贡献，集中体现在文化领域。因为民族精神就根植于民族文化之中，是民族文化中最积极、最优秀的部分。文化是人类创造的一切精神文明的总和。民族文化是文化的重要组成，其中良莠不齐，因此，文化选择是创造优秀民族文化、文化心理，进而培育民族精神的重要方法。文化选择是民族自主性、自觉性的主要表现。中国文化要在世界文化竞争中凸显其先进性，就要我们深入挖掘中华优秀传统文化的内涵，提取其中具有

---

① 参见〔英〕埃里·凯杜里《民族主义》，张明明译，中央编译出版社2002年版，第51、56页。
② 习近平：《习近平谈治国理政》第一卷，外文出版社2018年版，第40页。

厚重历史文化精神的内容，并对其进行高度凝练和升华，这样表现出来的文化精神才具有一定的感染力和影响力。

我们应该牢牢地抓住传统文化这一重要的精神财富，从中发现先民智慧的闪光点，并将其与时代发展的主题紧密联系，"创造出一种既有民族特色，又充分体现时代精神的高度发达的社会主义新中国文化"[1]，重构中华优秀传统文化的主体精神。

二 民族精神是迎接挑战的凝聚力

每一个民族能够延续至今，都是战胜无数艰难险阻的结果。而能够支撑其走过无数黑暗时刻的必定是其强大的民族精神与信仰。中华民族作为一个延续五千多年的民族，也必定有其面对危机时刻的某种顽强的民族精神。

（一）担当精神。敢于担当、勇于担当一直都是中华传统文化中的优秀品格，更是中华民族的民族精神、民族品质与民族气节的集中体现。"忧国忘家，捐躯济难，忠臣之志也。"就是讲，忧虑国家大事而忘记小家庭，为拯救国家危难而捐躯献身，这就是忠贞之臣的志向。"位卑未敢忘忧国"是讲，不管自己的身份地位如何，忧国忧民的责任始终不能忘怀。"先天下之忧而忧，后天下之乐而乐"更是倡导为国尽忠、为民尽责的担当意识。"捐躯赴国难，视死忽如归"所透射的更是一种敢于担当、敢于挺身而出的民族气节。

中华民族之所以能够走到今天，正是因为这种担当精神的存在。正是有无数英雄人物，以天下为己任，在危机中舍小我为大我，才成就了今日之中国。在社会主义现代化建设的今天，中华传统文化也被赋予了新的时代内涵。进入新时代，站在新的历史起点，汲取传统文化中的有益成果，有助于我们形成新的共识，汇聚更加强大的民族力量，对于我们建设中国特色社会主义、培育和践行社会主义核心价值观有着深远意义。

（二）团结精神。团结精神是伟大的中华民族精神的重要组成部分，是中国人民在实践中形成的宝贵精神财富。在中华优秀传统文化中，有很多诗歌、成语、典故，它们都是中华民族团结精神的生动写照。成语如：唇齿相依、肝胆相照、同舟共济、同甘共苦、守望相助等。古语如：人心齐，泰山移；二人

---

[1] 张岱年、程宜山：《中国文化论争》，中国人民大学出版社2006年版，第20页。

同心，其利断金；天时不如地利，地利不如人和等。还有《诗经》的《秦风·无衣》篇也提道："岂曰无衣，与子同袍？……岂曰无衣，与子同泽？……岂曰无衣，与子同裳？"这里就生动地表达了先人们同甘共苦、生死与共的浓烈情感。

正是在这种团结一心精神的感召下，在五千多年的历史长河中，中国人民才建立起了统一的多民族国家，发展出了五十六个民族多元一体、相互交融的、融洽的民族关系，形成了守望相助的中华民族大家庭。在新时代，我们要实现"两个一百年"奋斗目标，实现中华民族伟大复兴中国梦，同样必须大力发扬伟大的团结精神，凝聚起勇往直前、无坚不摧的强大力量。

（三）民族气节。气节即凛然正气、高风亮节。气节是生命的脊梁、民族的魂魄，这种品质可以使一个民族、一个国家、一支军队排除万难、压倒敌人，战胜一切险阻。从"富贵不能淫，贫贱不能移，威武不能屈"到"宁愿站着死，不愿跪着生"；从"英雄生死路，却似壮游时"到"恨不抗日死，留作今日羞"……"气节"二字经过世代培育、弘扬和传承，成为数千年来支撑中华民族历经磨难仍顽强屹立、生生不息的灵魂，被一代又一代心怀正义、心系家国的中国人奉为做人的脊梁。

在和平年代，虽然不再有生命的危险，但民族气节依然不能够丢失。在社会主义现代化建设的今天，民族气节、英雄气概和必胜信念，已经成为锐意进取、勇往直前的鲜明品格。在现代化建设的新时期，面对建设路上的困难和险阻，我们同样需要弘扬伟大的气节精神。坚定信念，保持气节，勇往直前。只有这样，我们才可以在未来前进的道路上，战胜一切困难，在新的历史起点上，实现中华民族的伟大复兴。

三 民族精神是民族复兴的助推力

当今时代，大国博弈已经不仅仅是经济和物质的博弈，更是文化与思想的博弈。这就意味着文化的先进性会影响一个国家在国际上的话语权。中华民族要实现伟大复兴，不仅要提升物质实力，更要在精神方面保持先进性。因此必须大力弘扬中华民族精神。中华民族精神是中华民族前行的伟大动力，铸就了中华民族的辉煌成就。中华民族的伟大复兴需要伟大中华民族精神的引领，中华民族要屹立于世界民族之林需要民族精神的支撑。因此，必须大力弘扬新时代伟大民族精神，为中华民族伟大复兴提供强大的精神支柱。

（一）中华民族精神为民族复兴提供物质基础。在当今国际社会中，中国已经成为第二大经济体，在经济方面取得了举世瞩目的成就。但同时，必须清醒地认识到，中国仍然是一个发展中国家，人均国民生产总值与发达国家间还有一定差距，仍然面临一系列发展难题。因此，我们要充分发挥勤劳、节俭、奋斗等传统美德，积极投入物质生产之中，不断推动生产力发展。另外还要积极创新，促进科技发展；积极提升国民素质，增强民族凝聚力与向心力，为社会主义建设提供高素质人才，为民族复兴提供坚实的物质基础和人才保障。

（二）中华民族精神为民族复兴提供民族凝聚力。一个强大的国家都是有很强凝聚力的。而这种凝聚力源于一种文化认同，也就是对自身历史文化传统、道德价值观、理想信念、国家主权、意识形态等方面的认同。从某种意义上讲，现代国家就是由民族和国家认同建构而成的，是以认同为纽带的共同体。中华民族精神本身便是一种文化认同，是中华民族五千多年以来历史文明积淀所形成的强大文化纽带，将中华民族凝聚在一起。在全球化日益发展的今天，必须充分发扬伟大民族精神，以此来塑造公民对国家的认同，激起全体国民共同的期待与奋斗，并由此锻造出国家民族独特的气质与精神。树立起民族自尊心与自豪感，建立民族凝聚力。

（三）中华民族精神为民族复兴提供文化自信。中国有五千多年的历史，沉淀了丰富的优秀文化。既有"天行健，君子以自强不息"的奋斗精神，也有"己所不欲，勿施于人"的仁爱精神，还有"天人合一"的生态思想……这些先进的优秀思想，构成了中国人在国际舞台上展现出的精神面貌的内核。同时，在面对世界各民族共同构成的大家庭时，我们展示出的互助友好、求同存异等和平外交政策，也为我们在国际上博得了美誉。因此，作为一个中国人应该有深深的自豪感和强大的自信心。

中华民族的伟大复兴是具有五千多年文明传统的国家复兴，是中华文明的伟大复兴。中华民族不仅要在经济方面不断发展，引领世界经济潮流和经济全球化进程，也要在精神层面获得文明复兴，为世界发展提供中国模式，贡献中国智慧。现今，中国特色社会主义进入新时代，我们必须大力弘扬新时代伟大民族精神，为中华民族伟大复兴提供精神动力，为人类文明贡献中国智慧。

思考题

1. 自强不息精神在中国历史上的体现是什么？
2. 如何理解儒家孝悌思想？
3. 如何理解儒家的修身？
4. 如何理解儒家的仁爱？
5. 中华民族精神的现代意义是什么？

参考文献

1. （三国）何晏注，（北宋）邢昺疏：《论语注疏》，中华书局 1982 年版。
2. （三国）何晏集解，（南朝梁）皇侃义疏：《论语集解义疏》，商务印书馆 1937 年版。
3. （南宋）黎靖德编，王星贤点校：《朱子语类》，中华书局 1986 年版。
4. 张岱年、程宜山：《中国文化论争》，中国人民大学出版社 2006 年版。
5. 《张岱年全集》，河北人民出版社 1996 年版。
6. 《杜维明文集》，武汉出版社 2002 年版。
7. 张岂之：《中华优秀传统文化核心理念读本》，学习出版社 2012 年版。
8. 费孝通：《乡土中国》，北京出版社 2005 年版。
9. ［德］康德：《道德形而上学原理》，苗力田译，上海人民出版社 2002 年版。

第二章　中华传统文化的生命精神

区别于以神为中心和以自然为中心，中国文化很早便是以人自身为中心而日渐形成和不断发展的。正因如此，中国文化的发端处乃是基于人生责任感的"忧患意识"；而这忧患本身则同时反映了人对自身"应当如何存在"问题的深切观照，透显出古人有关生命的深刻洞见。这样的智慧洞见，起于对人之肉体生命的保全，更彰显于对人的精神生命的挺立。据此，中华传统文化中的生命精神与其内在凸显的精神生命相互照应，愈益显明了自身特殊的世界观和人生观。在先哲看来，宇宙乃普遍生命流行的场域。天大其生，万物资始，地广其生，万物咸亨，合天地生生之大德，遂成世界，其中生气盎然充实，旁通统贯，毫无窒碍。人托生此间，与天地和谐，与人人感应，与万物均调，宇宙自是生生不已、新新相继的创造之域。生于此间，纵然时刻受危机胁迫，人却总可以取法天地生物之心，化险为夷，改过迁善，即使是在个体生命的终点，也能点亮无限的精神光照。中国人做人，不仅是要从做人做起，而且要遵循道本，追原天命，尚同天志，仰观俯察，取象物宜，领略宇宙间的伟大生意。据此而有的诸如大人、圣人、真人、至人、完人的理想人格，也内在地以与天地合德、与大道周行、与兼爱同施为内蕴。可以说，在古人的生命理想中，人要摄取宇宙的生命来充实自己的生命，也须推广自身的生命去增进宇宙的生命。如此交相辉映，辅成万物，以求止于至善，谱写生命之歌。

第一节　中华传统文化是有关生命的学问

近代以来，伴随着"科学"或狭义的"理智主义"观念的传入，有关"生命"的理解，一度局限于生理或生物的维度，聚焦于身体或心理健康与否的问题。而实际上,生命的学问,并不应自限于对人类自身生物性(身体与心理)存在的观照。此际,对中华传统文化的回顾,无疑使"生命"这一范畴,与对人类自身存在的理解关联在了一起,彰显着对万物或世界之大化流行的智慧洞见。值得注意的是,这些关于世界与人自身存在的哲思,归根结底是以人能"尽性"或"明明德"作为沉思的起点与归宿。在这样的智慧观照中,由包括人在内的万物所构成的世界,总是充满着生机(生命的活力)与生趣(生命的趣味)。

一 人生在世

"人生在世",这一常被我们提及的话头,其内在意涵是说,人总是在其置身当中的世界或社会那里,获得自身具体生命存在的开展。而就中华先民言,其关于生命与世界的沉思,首先是从关于"天地"或"宇宙"以及"天人关系"的理解处获得入手的。

在传统哲学观念中,宇宙不仅是机械物质活动的时空系统,更是普遍生命的变化流行。换言之,世界上一切事物与现象都被认为是蕴藏着生命的盎然生机;此间,物质与精神融会贯通,毫无间隙,物质表现精神的意义,精神贯注物质的核心,二者共同维持着人类的生命及其时空场域。这样的宇宙,是精神物质浩然同流的场域。尽管古人也有"四方上下曰宇,往古来今曰宙"(《尸子》)的提法,但这种客观机械的物理存在环境意义上的理解,尚不足涵盖中国先哲所谓的宇宙。归根结底,中国古人的宇宙观中,多是带有道德性和艺术性内涵的,是对世界进行价值维度观照的结果。一切至善尽美的价值理想,可以随着生命的大化流行而获得实现,我们的宇宙是道德的园地,是艺术的造境。实质上,这种基于价值维度的观照,体现着鲜明的人文主义,反映了古人在"天人关系"视域下对人自身存在的自觉。

历史地看,从殷商时代流传至今的青铜器看,殷人的物质文明已然发展到了相当的高度,而其思想观念却尚未脱离原始蒙昧,一切生活几乎都决定于"卜"这种方式,对祖先神、自然神抱有强烈敬意。尽管少数殷人,如祖殷、微子等人,业已开始有了"人的自觉",但这却尚不具有普遍性。而在周人克殷之后,情况则有了明显改变。《尚书·召诰》中讲:"惟王受命,无疆惟休,亦无疆惟恤。呜呼!曷其奈何弗敬?""呜呼!天亦哀于四方民,其眷命用懋；王其疾敬德。"尽管不同程度上保留了"天命"观念，但周初的天命，一方面赋予了人以某种程度的自主性，另一方面也成为人之为善的保证力量。在"以德配天"的自觉中，周人已明确了政权的取得及维护与德或道德的内在联系，随之也更加突出人应当在自负其责的基础上积极有为。而与之同时，"天命靡常"（《诗经·大雅·文王》）也同样形成了忧患意识不断强化的前理解，表现了古人面对现实的苦难情势要求不断探索解决问题端绪的心理。北宋时期，关学宗师张载更是在"横渠四句"中概括了一种乾健有为的生命精神："为天地立心，为生民立命，为往圣继绝学，为万世开太平。"①

根植在中国先民心中的，正是这种从忧患中渐次逼仄出的生命勇气与人文精神。在古人看来，包括人在内的万物，乃是基于"天地"而展开自身存在的。天地作为万般生命展开的舞台，其所上演的剧目，总是以"生"为主题，故而说："天地之大德曰生"（《周易·系辞下》）。应当看到，"天地"并不应分拆为两个静止的空间范畴而被理解，其内涵已不限于头顶之"天"与脚踏之"地"。而正因为万物充盈并化生其间，"天地"在取得了时间性规定（"生"）之后，才可以在空间（"宇宙"）的意义上获得了解。

在先哲看来，"天地"或"宇宙"并非无生的死物，而是充满生命之所在，而人正是要去统观那"天地生物气象"（《近思录》）。例如在《中庸》看来，人通过一系列"尽性"功夫实践，最终可获得"与天地参"的理想生命形态或生命境界。"天命之谓性"，《中庸》将性与命绾结在一起。其中，天命代表了道德普遍性一面，而性则是道德普遍性在具体个人身上的个别性、特殊性一面。此际，人最终以赞助者的身份，加入天地化生万物的进程当中。而作为理想境界的"与天地参"，无疑是以天命之性为引导（"率性"）的人生践行的结果。

在"率性之谓道"的表述中，"道"首先是指与"人之在"密切联系的"人道"。人在自觉了自身与"天命"的内在关联后，对自身生命存在的方向（人应当如何存在？）有了进一步的展望。而作为某种客观性的力量，"道"或"人道"构成了某种外在于人的规定性，是人所不可轻易反叛者。

---

① （清）黄宗羲原著，（清）全祖望补修：《宋元学案·横渠学案》，中华书局1982年版，第664页。

然而,《中庸》同时提出:"道不远人。人之为道而远人,不可以为道。"这似乎是要说明,"道"并不构成某种对人而言的异己性力量。当"道"被标榜为某种绝对性的框束,则其很难继续被奉为人之存在所应遵照的方向或正途。诚如孔子所言:"人能弘道,非道弘人。"(《论语·卫灵公》)

实际上,对于"道"的遵奉,其关切最终仍落在对现实世界之"治"。"人道"构成了预想天下之"治"的思想起点。有关这一点,尽管是在一定意义上主张"出世"的老庄思想,也需要对人的存在做出安顿,承认"人间世"的存在,提出"同与禽兽居,族与万物并"(《庄子·马蹄》)的理想生命情境,提示着某种人与其他生命存在和谐互动的可能。

二 充满生命的自然与社会

人的存在可获得如下两方面的理解:其一,人是现实的物质存在,换言之,人就是他的身体与心理机制;其二,人可被了解为某种精神的存在。而人的当下存在,却是物质(身体)与精神,或灵与肉的恰切圆融。然而,当我们将人之在与其他存在进行比较之时,精神维度似乎进一步获得了凸显,生命的价值意蕴被一再彰显。换言之,中华文化的基本精神尽显人文主义的风采与底蕴。

所谓"人文",语出《周易·贲卦·彖传》:"观乎天文,以察时变;观乎人文,以化成天下。"据此看来,人文就是重视人及其文化。古人视人为"三才"之一,与天、地鼎足而立。此间,对人的重视并不意味着对天、地或天命、自然等存在的否定,而只是说,人的精神可以上通于天,下达于地,人因顶天立地而获得自身存在的价值与尊严。人当然也是生物,有他物质的身体,身体的变化,也要遵循一定的物理规律。由于有身体,他与动物一样,有着食色的本能和要求,但是从根本上讲,人不仅是一个身体性的存在,更是一个精神性、文化性、人文性、价值性的存在。因之,人并不是一般性的生物,中国古代哲学和伦理道德最重要的一点,就在严于人禽之辨,指明人与动物的根本不同之处。就此而言,中华文化具有区别于西方文化之处。相较于西方以人为理性的动物,或能够创造并使用劳动工具的动物,或使用语言、符号的动物,中华文化更多是在仁义礼智等维度肯认人的价值。孟子曾以恻隐、羞恶、辞让及是非等"四端"来说明人之所以异于禽兽处,正是这种独特的人文主义视角下的产物。

正是在对人的价值不断予以自觉之际，人所生活于其中的自然与社会，无疑也不断被赋予了生命的色彩。理论上看，客观的、外在的自然世界，一再转进入人文世界的领域，获得了对人而言的"意义"。而在这一转进之中，世界由"本然界"一化为"事实界"，经"可能界"而递为"价值界"，最终被体认为某种普遍的生命流行。人是在自身的现实生命实践中不断对身在其中的世界获得了解或认识的。正基于此，人总是在化自在之物为为我之物。此间，自在之物所暗指的即某种本来如此、自本自根、以自身为原因、自然地存在着和运行着的世界，亦即"本然界"。严格意义上说，本然界是不能为人所认知的，因为它存在于人自身得以产生之前的世界。而随着人的诞生，本然界以自然界的身份又重新进入人的视野和实践当中。在与这种客观实在的自然界相接触的过程中，人获得了某种客观实在感，在感性直观中首先取得了有关实物的一手把握，进而形成抽象概念，在知识经验中，化本然界为事实界。"事实界"是分化了的现实，是不断丰富的、无限多样化的。尽管如此，世界的统一性原理和发展原理仍然贯穿其中。《中庸》曾言："道并行而不相悖，万物并育而不相害。"在古人看来，宇宙是生生不已、新新相继的创造场域；而包括人在内的万物，其存在总是可以在此间实现"各正性命"的理想。复杂多样的现实界同时蕴含着漫无边际的"可能界"。古人称这种可能性为"几"。《周易·系辞下》称："几者，动之微。"《庄子·至乐》说："万物皆出于几，皆入于几。"作为运动趋势的契机、端倪、萌芽，"几"所指示的，正是基于客观现实的无限可能。而这无限的可能又终将在改造自然的现实实践活动中，指向"价值界"；通过改造自然的活动，使自然界人化了，自然对人类来说就成了有价值的，就进入了价值界。

基于价值的视角，从"与人相关"的宇宙之中窥看，无论"自然"抑或"社会"，均已被古代哲人理解为充斥着生命意味的所在。当他们将宇宙或世界理解为普遍的生命之流时，"自然"就被视为包括人在内的万物之生命存在的生化不已。此际，从人道觅得起点的"人"，同时要观世以道，追原天命，尚同天志，仰观俯察，取象物宜，领略宇宙间伟大的生物气象，得其大慈、至仁、兼爱之心，祛除偏私、锢蔽、别异之见，才能显豁出博厚高明的真人来。而就"社会"而言，各种文化和器物承载着人的"创造力"，处处透显出人的心灵与精神，成为"价值"的载体。在人化或文化世界中，透过人所创造的器物、制度和文化，人的创造力及其所显豁出的"价值"，获得了可以被人自觉的可能。而人在创造器物时，所运用的技术，也同时获得了某种超乎机械运动的可能，而与对人之存在的终极关怀勾连在一起。

三 技进于道

中国传统哲学曾对"道"与"器"作出区分。从孔子的"君子不器"（《论语·为政》）倡导人不应以"器物"自限，到《周易·系辞上》中"形而上者谓之道，形而下者谓之器"所反映的深刻超越意识，古人一方面肯定"道"不离"器"，另一方面又指出应当由"器"走向"道"；而后者意味着超出事物之间的界限，达到对世界的整体性、贯通性、超越性、实践性、具体性的把握。与"器"相关，"技"或"术"同样被先哲所警惕。庄子曾通过"庖丁解牛"的寓言揭示了"技进于道"或"道进乎技"的道理："臣之所好者道也，进乎技矣。"（《庄子·养生主》）"技"意味着以特定的方式解决某领域或某方面的问题，其中蕴含着专门化与分化，换言之，这更多折射了更广意义上世界的分离和视域的分化。庖丁之所以对"道"抱有很深的情结，正是因为其并不欲以"技"之载体身份自限，也不愿自泥于分化的世界图景当中。事实上，与技术性人生相关联的是对"欲"的偏执；为"欲"所牵制的精神世界，更是可能将人生直接引向一般性动物的生存之道，而经过高智能强化后的物性生命，也更可能构成对其他生命存在以及人性自身的戕害。

人能通过加工而制造和使用劳动工具。而在这一加工中，人不但改变着事物的既定形态或原有面貌，同时于其中实现了自身的本质。而在古人看来，人自身的本质，或"性"的具体实现，总是进一步体现在其与"道"的关联当中。道作为某种形上视域中的存在，其关于世界统一性的思考，无疑正是出于这种超越"分际"的考虑。而道之于物，在其作为形上的终极根据之际，其任物自在的作用方式，旨在肯定万物的各自存在，彰显了现实世界的多样性。以此，道本身既以世界统一性原理为内涵，同时又成为现实世界得以展开为具体的气化流行、万物流转的现实历程的终极根据。此际，现实中万物以形相禅（《庄子·至乐》）的存在方式或世界图景同时表明，尽管道不同于万物，表现出了"无形"的特征，但并不对现实世界的"有形"予以绝对的鄙弃。

技进于道，反映了古人对知识与智慧之间区别的自觉。与知识主要指向世界或存在的某一方面或层面有所不同，智慧乃是以性与天道为内容，展现为对世界或存在的整体领悟和把握，并相应地具有形而上的内涵。而在根本意义上，道或智慧体现了单向度或分离视域向"以道观之"视域的重大转换。在科学领域、生活世界、理想之境等的分别中，不仅对象之间判然有际，而且有关世界的不同勾画之间也界限分明；科学领域中事实的优先性，往往遮蔽了价值的关切，生活世界的本然性，也常常导致自在与自为之间的张力，而对理想之境的终极追求，则每每引向超越的对象并由此疏离现实。而在道的视域中，一切又将在视界的融合中重新回归统一的世界。据此看来，中国传统文化中从不曾缺乏超越的意识，却未曾像世界许多其他文化那样，将超越指向彼岸，投射为人格神的存在，而是紧紧锁定人间，挺立人道的自我提撕。而立足人道之基，世界在整体上被了解为并行不悖、并育不害的场域，万物以此而"各正性命"；也正因为由技入道，人乃能在现实的实践当中，获得自身存在的自由，展示其生命存在的价值。尽管"道"是难以言说故而不能为语言所轻易传达的，但却可像庄子"庖丁解牛""轮扁斫轮"等寓言那样，被某种自由劳动所具体把握。

第二节 "体仁继善，尊道崇德"的道德观念

宇宙以人而充满价值，昭示着精神的存在之维；作为广大悉备的生命场域，充斥着价值的宇宙最终亦成为人所置"生"其中的、浑沦周遍的环境。此间，宇宙与人生一并展现为价值的历程。在生命迁化不已的宇宙之中，人不断"觉解"（冯友兰语）着自身的存在，并挟其善性（"继善成性"，参见《周易·系辞上》）而成就一番凸显"人性"的生命历程。其间，儒家以刚健有为、树立德业为尚；而道家则撑开了一片清虚无为、万物自生的生命场域。此际，在儒道二家关于人生（人之在）的不同思考当中，进一步展开了古人"体仁继善，尊道崇德"的道德观念。

一 "体仁继善"

儒家追原天命，率性以受中；以天命为生命之源，极端尊重生命的价值，

肯认其流行不断，创生不已，以止于至善。在儒家看来，生命不应空蹈于价值的虚无之中，如果撇开生命的善性，人的存在也终归于诞妄。孔子在《论语·阳货》中称："天何言哉？四时行焉，百物生焉，天何言哉？"此间"四时行""百物生"似言自然，却与《周易·乾·彖传》"大哉乾元，万物资始，乃统天"，以及《周易·坤·彖传》"至哉坤元，万物资生，乃顺承天"的提法一道肯定了宇宙充满生气，生生不已。在古人看来，这既是天之本体、道之大原，亦是人之准则；而人也正不能不以其至德之善匹配天（道）之广大。子思、孟子承前代之业，发挥天命谓性、率性谓道的智慧，主张知性知天之理，进一步完成儒家人生哲学的基本要义。自此，尽己性，尽人性，尽物性，赞化育，以与天地参，便成为以儒家思想为代表的中国人的做人极则。

道德是生命的本质，也是生命价值的具体表现。孔孟以来的儒家，基于"人禽之辨"的思考，日渐自觉到，生命不应只被看作盲目的本能冲动，所以要慎重地选择高尚的理想，并且奋发努力，促使这些高尚理想一层层地完成落实。换言之，人不应止步于为了生活而生活，而应不断地提高生命意义，增进生命价值。荀子讲："圣人何以不可欺？曰：圣人者，以己度者也。故以人度人，以情度情，以类度类，以说度功，以道观尽。"（《荀子·非相》）从自我生命的体验，转而同情于他人的生命，和顺于人人的生命，旁通于万物的生命，洽化于大道之生意，直到自觉无一物无一人的生命及其内蕴之善性，不与我的生命及其善性合体同流。以此，尊重万物之自化，辅助万有之自成，于成己与成物之际，见天地生物之意。总体上看，宇宙不能脱离个体，个体不能获生，则宇宙便有缺憾；同样，个体也不可脱离宇宙，宇宙不得统贯，则个体便无基础，人生则成虚妄假立，游离无据，无处安放。陆九渊讲："宇宙内事，是己分内事。己分内事，是宇宙内事。"[1] 故而道德价值是建立在无一事而非生、无一物而非仁的学说上的。

在古人看来，人乃是某种精神的、道德的存在。从君臣、父子、兄弟、夫妇到朋友，道德责任永无息肩之日。而这种对人伦道德的重视，并不能限于对规范调整人之外在行为以及相应教条的强调，而更应看到这是人的深层精神生活的内在要求，有着深刻的形上根据。正因如此，传统文化世界中极

---

[1] （南宋）陆九渊：《陆九渊集·杂说》，钟哲点校，中华书局1980年版，第273页。

为重视天人合德、天人合一或天人不二、天人同体的观念。这样的观念所反映的，一方面是天心即人心，另一方面则是以人心见天心，即以天道内在于人心，以人心表现天道。对于孔子以来的儒家而言，整个宇宙乃是普遍生命的流行，在完成实现的历程中充满高尚价值。所谓"道"，正是这普遍生命的本原，所以也就是价值创造的根本来源。大道之行在表现绵延赓续的创造精神，指出如何安身立命，完成生命价值之途。可以说，人所置"生"其中的世界，是一个"大中以正"的圆融整体。作为普遍生命的参与者和赞助者，人在与世界共同创造的历程中，必须将自身投入大化流行当中，一体同命，才能为自身的道德生活提供一个共同的基础。

二 "尊道崇德"

在后世对老子思想的理解当中，"尊道崇德"往往被理解为某种儒家"仁义"观念的对立面。而事实上，关于这种看似贬抑的"批判"，其内在的精神，似乎并未与被批判者决裂。老子说："道生之，德畜之，物形之，势成之。是以万物莫不尊道而贵德。道之尊，德之贵，夫莫之命而常自然。故道生之，德畜之；长之育之；亭之毒之；养之覆之。生而不有，为而不恃，长而不宰，是谓玄德。"（《老子·第五十一章》）与原始儒家的学说相比较，老子以道与天同为生命本原的观念已十分明显。在他看来，以妙道为内在支撑的生命，其本身即蕴含着绝大的势能与力量，创造自如，无有限制。而"不有""不恃""不宰"更是某种开物成务、唯变所适之大德的体现。据此，后儒以老子尊道贵德而薄仁义，实有可商榷处。实际上，仁义礼只是道德的名目，其纲纪仍系于道德之本、生命之源。老子之所以对仁义颇多微词，乃是以示警为要；舍其本而言其末，塞其原而求其委，空谈仁义礼而悖于道德，自为其所不许。而其在以"无为"对治"为名"之际，同时强调"无不为"的重要性。无为是就纠偏既成之生命情境而言，无不为则是要揭示生命生生不已、新新相继之本来面目，昭示其灵动不竭、万物并育之无限生机。在实际生活中，我们能够体验到的是，赓续不绝、日新不已的宇宙，貌似无为，实则无时不为，造化生机神乎其技而不露端倪。

实质上，老子对生命的看法，正与《周易·系辞下》"天地之大德曰生"的观念内在相通。老子所谈论的"道"，同样可以作为生命的"本原"而获得理解，而"莫之命而常自然"则道出了这一本原自身的莫大生命潜力——不再从他处获得资助；创造自如，毫无限制。而"生而不有，为而不恃，长而不宰"的观念则表明，在通变化裁、生生不息的生命世界中，道自身应当是劳谦不伐、功成弗居的，在开物成务、创进不息的生命历程中，唯变所适，体现出好生之德，揭示了万物谐和的理想境界。

在老子看来，参透道体，以其为生生之原，周行宇宙，溥和万物，虚而不竭，动而愈出，无一物离散于道体之外，无一处不显露道之妙用。而老子最忌人类锢蔽自私，见小失大，不能法天地（道）之衣养万物、无所不生、无所不成，故教人去私息争，退身存公。老、庄认为道是大方无隅，大公无私的。如能善于体道，使道不失道，善于守德，使德不失德，善于救人，使人无弃人，善于救物，使物无弃物，人则能见天地生物之心，得此心以为心，人亦能以道观尽，以天下观天下，成就生命之无限大用。

生命是一个生生不息的历程，而在这一生化不已的化境当中，人需要神乎其技才能与之相契。庄子在这方面诚有所得。"技兼于事，事兼于义，义兼于德，德兼于道，道兼于天。"（《庄子·天地》）这里，人不应成为妄自菲薄的生命存在，而应在疏导拥塞、解放痼弊的历程中，扩充气象，超越自私，从而实现生命的宏远至境。以此，人不应"自私"，更不应"自小"。只有不自限于有形一躯，而蹈神于形上，才能领悟生命为大道所涵养，呈现出大方无隅、大公无私的特征；万物间相符而生，一往平等；人生其间，执道之大象，守道之大中，齐通万物，容摄众流，道行不悖。而这种毫无偏私、贞观万物的生命态度，又被老子概括在"慈"的精神当中，倡导了某种效法大道，体会其无执而善贷且成的生生或生物之意。

第三节 "外师造化，中得心源"的艺术理想

在古人看来，宇宙或世界乃是一个价值的场域，蕴藏了无限的善性和美妙。人置"生"其间，处处获得道德人格的启发，同时也涵养着自身的艺术或审美才能。从周代始，礼乐便是中国古代文化的内在组成部分。礼始于宗教而逐渐演变出政治社会道德内涵，乐则与礼相辅而行，凸显出对艺术精神的尊重，并为后世儒家所秉承。道家虽然表现出毁礼乐而弃仁义的一面，但

却成就了一种以天籁象征得道境界，齐同万物、空灵自然的独特审美。在数千年中国文化的发展中，各种思潮时有变化，而儒道两家相激荡、相错综而成为主流，凸显了中国文化的艺术精神。

一　无言之美

尽管"审美"总是由人作出的活动，而"美"也总是与人的具体生存相关，但古人却很少对美展开直接言说。但这并不意味着他们就此缺少关于艺术的品位与思考。古人特殊的审美活动，总是在自然与艺术之美的微妙关系中予以玩味，且这种生发于自然的美或对美的体验，往往很难运用语言去描述或分析。

语言之于人，不仅是后者把握存在的形式，更是其广义的存在形态。人不但需要通过语言的"指物"与"喻道"来对经验对象和形上之域分别予以展示，同时也自觉到了语言的有限性。具体而言，"以名指物"意味着语言对于经验对象的指称和描述。"上圣之人，口无虚习也，手无虚指也，物至而命之耳。"（《管子·白心》）"名者，圣人之所以纪万物也。"（《管子·心术上》）"故知者为之分别，制名以指实。"（《荀子·正名》）在以上先秦文献中，语词、名称等是与具体对象或物一一对应的，换言之，名是以物为指向的，因物而命，以名指物。这即区分了不同对象，分别加以指称，使具体事物得以超越浑然未分的形态而被进一步把握和讨论，即所谓"名定而实辨"（《荀子·正名》）。然而，仅将以名言把握世界限定在对经验对象的描述或摹状，显然未竟其功。荀子强调："不异实名，以喻动静之道也。"（《荀子·正名》）这意味着，在"制名指实"或"以名指物"之外，尚存在对"道"的把握：既要基于同一律（"不异实名"），又要以"喻"的形式对道予以言说。值得注意的是，这种言说更多地表现为澄明或彰显，其中既包括对象自身的敞开，又深入了主体的领悟、理解、阐释。王夫之曾指出："盖凡天下之为体者，可见，可喻，而不可以名言。"（《读四书大全说》卷六）这表明道（体）是不可直接言说的，但却存在"喻道"的可能。他又说："善言道者，由用以得体。不善言道者，妄立一体而消用以从之。"（《周易外传》卷二）从"得"的层面看，形上之道的敞开，不能离开形下之器；而形下之器也终不能构成对道之澄明的阻隔。换言之，对形下之器（物）的言说，总是有可能在超越或扬弃形下世界的纷繁复杂这一意义上，指向形上之道。在这一意义上，只要言说之人或主体心存形上观照，便可在言说形下之物时获得对道的领悟，这即是通过存在的澄明以把握世界统一性的原理。但"指"与"喻"同样不足以穷尽实际存在，现实的存在总是包含着尚未进入名言之域的方面。庄子"轮扁斫轮"的寓言指出：

> 斫轮，徐则甘而不固，疾则苦而不入。不徐不疾，得之于手而应于心，口不能言，有数存焉于其间。（《庄子·天道》）

"不徐不疾""得心应手"，可以看作一种实践智慧的表现，它们具体地展现了心与手之间的默契，而无法完全以名言加以描述和表达。正是在这一意义上，庄子表达了对言说或语言的怀疑。

庄子"天地有大美而不言，四时有明法而不议，万物有成理而不说。圣人者，原天地之美而达万物之理。是故至人无为，大圣不作，观于天地之谓也"（《庄子·知北游》）的说法，不但促发了对语言有限性的思考，同时也提示了某种对"无言之美"的体味。

> 知北游于玄水之上，登隐弅之丘，而适遭无为谓焉。知谓无为谓曰："予欲有问乎若：何思何虑则知道？何处何服则安道？何从何道则得道？"三问而无为谓不答也，非不答，不知答也。知不得问，反于白水之南，登狐阕之丘，而睹狂屈焉。知以之言也问乎狂屈。狂屈曰："唉！予知之，将语若，中欲言而忘其所欲言。"知不得问，反于帝宫，见黄帝而问焉。黄帝曰："无思无虑始知道，无处无服始安道，无从无道始得道。"
>
> 知问黄帝曰："我与若知之，彼与彼不知也，其孰是邪？"黄帝曰："彼无为谓真是也，狂屈似之，我与汝终不近也。夫知者不言，言者不知，故圣人行不言之教。道不可致，德不可至。仁可为也，义可亏也，礼相伪也。故曰：'失道而后德，失德而后仁，失仁而后义，失义而后礼。礼者，道之华而乱之首也。'故曰：'为道者日损，损之又损之，以至于无为，无为而无不为也。'……"（《庄子·知北游》）

在面对"天地之大美"之际,"不言"本身就体现着某种"无言之美"。中国先哲直透宇宙人生之美,当其自觉生命之美,面对想要说却说不尽,不去说却又太重要的困境时,就借用玄妙的寓言,对宇宙人生之美委婉曲折地予以譬喻。此际,某种彰显在"有限"与"无限"之间的玄妙感受,已经使得生命之美的委婉曲折被人自身的具体体验所把握。人意识到了这种玄妙状态的存在,并从中得到了某种超越性的巅峰体验,在较高的精神层面,再次实现了人自身。

在古人看来,宇宙之所以伟大,正在其大化流行,生生不息。《周易·系辞下》以为"天地之大德曰生":"万物资始,乃统天",天德施生,首出庶物,滋润万物,促使一切万有各得其养以成;"万物滋生,乃顺承天",地德承化,含弘光大,沉毅不屈,任重道远,万物并育,一切万有遍受其厚载以攸行尽性。这种雄奇的宇宙生命一旦创进不息,同样合于自然,促使万物内含生机,刚健充实,足以横空拓展,而生存于这样的宇宙之中,受到感召继而奋然有兴,振作生命劲气,激发生命狂澜。如此生命气象一旦外显,成为艺术珍品,即为"积健为雄"的艺术精神:"君子黄中通理,正位居体,美在其中,而畅于四支,发于事业,美之至也。"(《周易·坤·文言》)

合而言之,中国的书画虚实相涵,气韵生动,彰显了虚灵相间、游弋自如的深意。中国的音乐,其音声沉郁顿挫,悠扬安和,可使人精神藏修息游。中国的建筑掩映屋顶于积翠重荫之下,回廊曲折,重门深院,虚实错落间凸显人间世的深情别致。中国的雕塑,或依山岩雕凿,或隐于洞穴之中,与自然一体而处,观瞻之际,得感其隐约超然之旨。中国的诗歌,长于写景言情,重于理趣情致和神韵,其价值正在使人玩味吟咏,遣荡俗情。中国的散文疏散豁朗,使人的精神得以安顿和归宿。总之,中国艺术精神不重外在生命力和精神力的表现,而重在表达温厚和平的性情和飘逸洒落的胸襟。其中与自然内在勾连的山林气,更显示了内在超越的精神涌动。这种内在超越的诉求,直接体现在"相对无言已魂销"的诗意描绘中。此时无声胜有声,对于这种超越了言语或人为的美,中国古人保有并传承着某种独有的领悟力和鉴赏力。

在古人的世界中,真正的艺术之美,是需要花费极大的苦功才能完成的,同时并不能轻易去"谈"。在对美的创造和体味中,人实际上是在以"造物者"的视角改变世界,俯瞰世界,宇宙或世界就此获得了价值或生命的内涵。

在盎然生意与灿烂活力之中，去玩味天地之美、生命之美。而这样的生命之美，常常有别于过多"人为"造作的结果。一切艺术都是从体贴生命之伟大处得来的。生命之所以伟大，乃是因为它无论如何变化，无论如何进展，总是不至于走到穷途末路。而在人生旅途中，"奇峰断处，美人忽来"的妙境，便是美之所在。以此看来，中国古人从来不曾想要回避人生的起伏与无力处，而是要人常怀希望地继续面对现实的人生。人们怀揣美好，在人间世的社会跌宕中坚守，在山林天籁中洒落胸怀；体天地之美以便畅达万物之理，以形上观照自觉人自身的不足，继而点亮人间的晦暗不明，彰显人的自我救赎与超越。

二 中国艺术的特色

在中国古代的哲学中，宇宙或天地是内含价值的观念或存在，包藏了无限的善性和美景；在这一完善、纯美的宇宙中，处处启发着道德人格，努力追求止于至善，涵养着艺术才能，借以实现完美的理想。中国艺术浩然同行于生命的普遍流行，据此展露相同的创造机趣。换言之，一切艺术都是从体贴生命的伟大处得来的，中国艺术的通性正在于表现这种宇宙或天地的盎然生意，自始便以广大和谐的原则来玄览世界的统一性。中国艺术家尤其善于在创作中宣畅气韵生动的宇宙生机，寓玄思于艺术作品当中。正是通过对宇宙之美的感受，在大化流行之中，将一切都点化成为活泼神妙的活色生香。

真正的中国艺术家是区别于"匠"的，并不仅以技巧上的功夫见高低。若不能透过整合的心灵与创造的精神，唯以对生命世界的一隅之见和雕虫小技来对待作品，常常因缺乏哲人的玄妙神思、诗人的抒情心灵、画家的透视慧眼、雕刻家的熟练驾驭，以及作曲家的创造能力，而不能直抵灵魂深处，也难以据此展现全体宇宙的真相或普遍生命之美，难臻"巧夺天工"的化境。艺术家直透灵魂深处，将所有的慧心都融会贯通，据以展现全体宇宙的真相和普遍生命之美，淋漓尽致，了无遗蕴。这种盎然活力跃然其上，在颂扬宇宙永恒而神奇的生命精神之际，蔚然涵蕴着酣畅饱满的自由精神；中国艺术与此宇宙生命浑然同体，浩然同流，所以能盎然不朽于美的乐园之中。而这种宇宙的观念，不限于某种艺术形式，不拘于某个年代，不囿于某一学派，构成了中国艺术的通性之一。

中国艺术同时是象征性的，不易言传。在不同于描绘性，接近于理想性的意义上，它既富有哲学性的惊奇，也饱含着诗一般的灵感。中国艺术所关切的，主要是生命之美，及其气韵生动的充沛活力。它更加注重全体生命之流所弥漫的昭明仁心与畅然生机。在古人看来，大化流行是生生不息、永无止境的。所以艺术作品并不在于把生命化为呆板的死物，而是要展现宇宙人生的雄健优美与绮丽瑰玮，呈露其原本的活色生香。中国哲学导源于其深刻的忧患意识，这也就决定了，在面对危机时，中国艺术更能表现出某种化腐朽为神奇的妙处。艺术和宇宙生命内在协和，都是在生生不息中展现创造机趣的。不论是一首诗词，还是一幅绘画、一座雕塑等，均是对大化流行充沛不已的一种描绘。而这种对生命、生机的讴歌，实质上反映着人得以超脱世俗滞碍，重获自由洒落的人性能力。人们通过艺术心灵所欲钩深致远的，乃是对某种宇宙之酣然生意与陶然机趣的展示。在诗词散文的世界中，大鹏展翼、扶摇直上的意象，不仅展示了一种遣俗向真、遨游太虚的奇幻之旅，同时也折射了人类提神太虚、俯窥万物、臻向完美的内在诉求。在诸如此类的艺术造境中，流溢着生生不息的精神自由。这种自由非即世俗意义上的人性，也非政治语境中的权力，而是某种理智的饱满清新、思想的空灵活泼、想象的绮丽多彩、气象的雄奇多姿。中国艺术之所以重在"言外"，无非是因为那深微几希的奥妙是书不尽言，言不尽意的，只有透过艺术而曲为之言。

中国的艺术精神贵在钩深致远，气韵生动，尤贵透过神奇创意，表现光辉灿烂的雄伟新世界。这个世界绝非干枯的，而是万物含生，浩荡不竭，全体神光焕发，交光相网，流衍互润的"大生机"世界。此际，洗涤一切污浊，提升一切低俗，促使一切个体生命深契大化生命而浩然同流，共体至美。自古以来，中国人即对生命有着特别的尊重，那些取法于自然的意象，诸如神秘莫测的云雷纹、雄伟无尽的饕餮纹，以及龙、凤、虎、象、蚕、蝉等图案，尽管有些已然夹杂着人文意象，但终究是基于自然的现实生活的人性勾画。而以"六律六吕"为代表的中国音乐，也展示着律以配阴，吕以配阳，阴阳隔八相生的内在法则，表现着生命的旋律，且永无止境。著名的评论家钟嵘曾在《诗品》中讲："气之动物，物之感人，故摇荡性情，形诸舞咏，照烛三才，晖丽万有；灵祇待之以致飨，幽微藉之以昭告。动天地，感鬼神，莫近于诗。"这反映出古人在诗文创作过程中，不仅"言在耳目之内"，更要"情寄八荒之表",绝非以一己自限,而更有对于自然、对于生命的深情眷恋。

中国艺术家徜徉于自然之间,最能参悟大化生机而浑然合一。因此,他们并不看重事物的表象,而尤贵由事物表象所激发的神思。以此,艺术作品总是由一股神妙机趣贯注其中,点化万物,激励人心,促使大家高尚其志,充分表露对生命的喜悦之情。《毛诗·大序》中讲:"情动于中,而形于言,言之不足,故嗟叹之,嗟叹之不足,故咏歌之,咏歌之不足,不知手之舞之足之蹈之也。"古人业已自觉到,绝妙的艺术技巧是可以表现生命之美的内涵的;在这种艺术性的直观中,美的本质,其实就是人提撕自身生命造境,透过创意,将雄奇的理想融入艺术创作之中,透显出源于人类自身的超越性与生命灵动。换言之,中国艺术家们长于以精神点化色相,在这样的世界观照中,万物所居于其中的宇宙乃是一盎然的大生机。这并非简单的"移情作用"或主观的情感投射,而是将世界的人化色彩予以揭示,凸显出宇宙与人之间的不一不二,让自然与人文获得协和,使得人自身的存在可以在某种宏大的和谐中获得安顿。正因如此,在中国艺术家看来,艺术的表现必须上比天工,宣泄神力,且下触心灵,激发机趣。以此,在具体艺术创作之前,总是经过了一番"外师造化"的功夫,在心有所会之际,获得创作的内在源头,是谓"中得心源"。此亦李白所谓"揽彼造化力,持为我神通"(《赠僧崖公》)。

总之,在中国人文主义的世界观或艺术创作中,人与自然都获得了安顿。换言之,人与自然在精神上是不可分的,因为两者同享生命无穷的喜悦与美妙。当自然的真力弥漫与精神的神采飞扬相结合,便可以宣畅雄奇的创造生机。艺术家的内心深感与宇宙生命脉动相连,怡然体悟万物与我为一,盎然与自然生机同流,进而奋然振作人心。

第四节 "仁民爱物,善为能藏"的生命理想

中国人的生活兴趣是寄托在"此世"的。这意味着,人所追求的一切价值都来源于自身在人间世中的切身生活,并最终实现于此。人类凭借着参赞造化的身份,不断点化超升着现实世界与既有生活形态,逐步臻于理想。这种公共性的话题,更多地与广义的政治生活相关。而在古代世界,中国先民所关注的政治,较为集中地体现在了"为政"的意识当中。其中,生命的目

的在于完成大我,至大至公,绝不与小我的利害混为一谈。每个个体都不应只为自己而活,而须尽力发展普遍的人性,赞化宇宙,泛爱他人,方能领悟生命的意义与价值。在朝向善与美的努力上进当中,全体人类甚或生命整体均可获致共同幸福的境界。在这样的理想中,杨朱式的"为我主义"或"个人主义",从来都不为主流思想界所取,以儒、道为典型代表的政治思想中,连通一切万有生命同为观照的宏大视域,依照充分开放的心灵、完全通达的心态,平等互助,增进人类全体生活的和平安乐,始终是先贤哲人孜孜以求之事。

一 以同情忠恕追求至善

儒家认为,人能够在体悟天地生万物的仁心之后,奋然兴起,参赞化育,以发挥生生不已的创造活力,追求所有生命的充分完成。这并不应只是个体生命的完成与实现,而是连通一切人群与一切万有生命,展现"民胞物与"的理想境界。据此,在儒家看来"政者正也"(《论语·颜渊》);所谓的政治,更多地意味着率道德之正、教化之正、法本之正,以正其不正。

在儒家看来,政治思想与道德精神是不一不二的。整个宇宙均为广大的道德领域,而社会国家只是这广大道德世界的缩影,所以我们要兼爱同情,博施济众,在人与人相处的亲切关系中,使道德理想透过具体的践履而得到完满的实现。此际,人积健有为的生命活动是与宇宙永恒创造的历程相呼应的,如此方能展开一幅广大悉备的生命图景:天人一贯、物我一体、人人一本。以此看来,宇宙实乃万物各得其和以生、各得其养以成的通变生化之域,而社会或人群,则是以"忠恕"为道,中和位育,成己成物,尽性安命之场。就儒家来说,普遍的生命流衍实际上是挟着善性以贯注人的,而人则能据其灵明心性感应继承这种善性,存养无害,修其德业以辅天与之善,使其恢宏扩大,纯粹无染。在这一过程中,天人和谐,物我均调,物物凑泊,人与人之间也互助友爱,宇宙之中处处体仁继善、集义生善。总体看来,儒家所期许的政治幸福生活就是道德精神的结晶,国家机构更应是道德精神的具体代表。所以儒家一再强调,国家的根基要以"德"为本,而政治的标准要以"仁"为主,此即所谓"德治"。

德治的目的在于实现每一个人,每一个国家,整个人类,乃至于宇宙中千头万绪的事物都能够融贯适应，透露亲切而和谐的关系。在儒家思想中，这具体表现为对"忠恕"之道的强调："己欲立而立人，己欲达而达人"（《论语·雍也》）；"己所不欲，勿施于人"（《论语·卫灵公》）。这里所谓的"忠"，并非一般意义上的忠诚或对他人的关怀，而是体天地之撰，合内外之道，参人心之同，行仁亲之实，是功夫做到极致时所表现的"大中以正"或"大公无私"的生命精神。换言之，"忠"就是要在天地位万物育的和谐气氛中发扬大公无私精神，以彰显天地生物之心而为仁的内在品格。"忠恕"这一被孔门理解为夫子"一贯之道"的思想，内在要求知忠必知恕。从自我生命的体验出发，扩充推广转而对他人的生命也予以同情的观照，人人的生命得以和顺，旁通于物的生命，洽化于大道的生机，见到无一物、无一人的生命及其善性，不与我的生命及善性合体同流，此即所谓"恕"。正如荀子所言："圣人何以不可欺？曰：圣人者，以己度者也。故以人度人，以情度情，以类度类，以说度功，以道观尽。"（《荀子·非相》）换言之，在天地位、万物育的和谐气氛中涌泄大公无私精神，以直透天地生物之心而为仁的深厚功夫。在儒家看来，国家就是如是道德精神的实践园地，而政治活动则正是这种道德精神所开放的花朵。因此，儒家的政治生活方式总体上是道德式的。在国家机构中，道德精神就是一种维系组织的精神力量。当它普遍地贯注于人心深处，人就可以充分施展与生所俱的"人性能力"，共享康宁幸福，而悠游于一种内在的祥和之中。国家此时恰似宇宙广大生命的缩影，也同时展现出了生命的色彩。而透过政治生活所彰显的，正是天地广大和谐的圣者气象。"天地之大德曰生"，而人的具体道德生活与为政活动，正是在此和谐无间的形态中，与天地合其德，从而获得精神的卓然立天地之心，陶然成天地之德。这样的政治生活，因其契合于道德精神，表现出圆融的和谐之美，而与冲突的暴戾之气相区别。儒家倡导凭借毅力、热诚、恒心和睿智以便从层层束缚中超脱出来，从而打破自私，超越社会的种种庸俗流弊，获致真正完满的精神自由与幸福生活。

德治同时与"礼治"相关，孔子讲："道之以德，齐之以礼，有耻且格。"（《论语·为政》）较为直接地点明了二者间的密切联系。荀子也表达了同样的政治理想："礼者，政之挽也"；"礼之于正国家也，如权衡之于轻重也，如绳墨之于曲直也。故人无礼不生，事无礼不成，国家无礼不宁"（《荀子·大略》)。礼作为人类从文化熏陶出来的生命规范，人人可以力行，可以养情，可以正性，可以审美，把它和音乐诗歌或其他艺术融和在一起，又可以美化生命。以此，礼乃是端正文化价值的普遍标准，可以以此尽心知性，絜情制欲，而真正明乎政治社会中的理性生活之美。据此，先民们从不对现实世界诅咒抱怨。在他们看来，人正是"受天地之中以生"，我们跻身于天地之间，自觉一切价值都可以在这天地之间的人之生命践履中完成实现，所以天地之间绝不是虚无，而是一种充沛圆融的"太和"之境，充满了生命的美景。以此看来，现实世界诚如孟子所言，是"君子所过者化，所存者神，上下与天地同流"（《孟子·尽心上》）的生命精神场域。

二 藏天下于天下

赤裸裸的暴力政治，或唯利是图的短视政治，均不可使国家获得长治久安。庄子曾讲过一个独特的寓言：

> 夫藏舟于壑，藏山于泽，谓之固矣。然而夜半有力者负之而走，昧者不知也。藏小大有宜，犹有所遁。若夫藏天下于天下，而不得所遁，是恒物之大情也。（《庄子·大宗师》）

庄子原意并非在于揭示政事应当如何操作，而是要劝解政客们不要为了把持政权，只知道在现实政治的经济、军事与权谋上以力服人，而忽视了道德精神、教育力量与文化理想对安邦定国的重要价值。类似这样的忧戚，反映着道家政治理想的核心。

而在漫长的历史中，这种有关现实生活的理想描绘，总是遭到误解。"无政府主义"或"君人南面之术"的说法，要么将道家理解为绝对的自由主义，要么完全将其贬低为权谋之争的诡计。事实上，在老子有关政治的思考中，一方面的确带有某种反政治意识，但另一方面，他怀"宽容慈惠"之精神与"大公无私"之美德，主张为政应当效法大道的"生而不有，为而不恃"，警告人们绝不可视国家政权为私权。"政善治"，就是要放下一切私心成见，浑然以百姓心为心，以百姓苦为苦，如此上下一心，大公无私。据此，一切政策的具体制定与落实中，执政者均应法"道"的生蓄创造，"天"的化育完成，或"自然"的创造进化，"善贷且成"，使万物均能悠然休养生息于此精神感召之中，人尽其才，物尽其用。这种为而不恃、和而不争的为政精神，绝非对人之在（"为"）的绝对否弃。

此外，老子也极端厌恶专制君主对民众的剥削，此其所谓"损不足以奉有余"（《老子·第七十七章》）。而在老子看来，"天道"则以"损有余而补不足"为要。这种看似无为其实无不为的政治，同样与儒家提倡的"德治"相协和。应当看到，老子有着明显的轻社会而重个人的倾向，但实际上乃是寓积极于消极之中。他将焦点引向执政者如何全人全己，民众如何自保不失，劝谏世人应当不争、不伐，以顺应天道人事之自然。老子说："圣人无常心，以百姓心为心"（《老子·第四十九章》），"不敢为天下先"（《老子·第六十七章》），"欲上民必以言下之，欲先民必以身后之"（《老子·第六十六章》），便是规劝执政者应对自身权力的施行加以节制，只有自己的少为甚至无为，有功于天下而不自居，而又能在非专制独断和强令威逼的前提下为百姓言行提供范例，方能使天下万民各行其是，各安其生。在老子看来，万物之生禀赋于道，而道生万物则纯出于自然，成于无心，绝对不是有意的造作。以道为本，以道为先，后起的万物则理应效法于道。然而，这种"观复""复命""守母""执古之道"的观念，并非要将一切有形之物返于太初之无形，实是要强调万物固然已经不是道本身，但道却遍存于万物之中，应于万物之中保其虚静之德，不必揠苗助长，违背自然。以此而言，"清静为天下正"（《老子·第四十五章》），"为无为则无不治"（《老子·第三章》），"圣人处无为之事，行不言之教"（《老子·第二章》），"为道日损，损之又损，以至于无为"（《老子·第四十八章》），主张收缩政事以至于最低限度，天下之事，听百姓自为，则上下相安，各得其所。若强加干涉，大举多端，结果不但庸人自扰、易生枝节，更有可能适得其反："天下多忌讳，而民弥贫；民多利器，国家滋昏；人多伎巧，奇物滋起；法令滋彰，盗贼多有。"（《老子·第五十七章》）

总体上看，老子一方面是要保障个人的自存，另一方面则要为保障个人自存营建一个适宜的社会环境。但这种意愿本身尚不脱厚生贵己之嫌；面对现实中人事的纷繁复杂、变幻莫测，纵使能"长生久视"，终不免浮沉于忧患之中，有生而未足以欣快。庄子大概就是看到了这一点，所以主张破除为我的思想拘执而发"齐物""外生"之说。庄子同样认为，万物皆禀赋于道，道则遍存于万物之中。就同出于道而言，物我、物物之间难分畛域；就其性各有德而言，则万类相殊，各有其宜。故而讲："天地与我并生，而万物与我为一"，"物固有所然，物固有所可。无物不然，无物不可"（《庄子·齐物论》）。据此，则物我、是非、彼此、贵贱之别皆失去其绝对的界限，现实中事物间的界限也进一步在智慧视域中予以扬弃。这样的核心观念反映在《庄子》中的许多篇章之中，其中齐一是非贵贱的有：

> 以道观之，物无贵贱；以物观之，自贵而相贱；以俗观之，贵贱不在己。以差观之，因其所大而大之，则万物莫不大；因其所小而小之，则万物莫不小。知天地之为稊米也，知豪末之为丘山也，则差数睹矣。以功观之，因其所有而有之，则万物莫不有；因其所无而无之，则万物莫不无。知东西之相反，而不可以相无，则功分定矣。以趣观之，因其所然而然之，则万物莫不然；因其所非而非之，则万物莫不非。知尧、桀之自然而相非，则趣操睹矣！（《秋水》）

齐一物我包括：

> 夫天下也者，万物之所一也。得其所一而同焉，则四支百体将为尘垢，而死生终始将为昼夜而莫之能滑，而况得丧祸福之所介乎！（《田子方》）
>
> 彼游方之外者也，而丘游方之内者也。外内不相及，而丘使女往吊之，丘则陋矣。彼方且与造物者为人，而游乎天地之一气。彼以生为附赘县疣，以死为决疣溃痈。夫若然者，又恶知死生先后之所在！假于异物，托于同体，忘其肝胆，遗其耳目，反覆终始，不知端倪，芒然彷徨乎尘垢之外，逍遥乎无为之业。（《大宗师》）
>
> 浸假而化予之左臂以为鸡，予因以求时夜；浸假而化予之右臂以为弹，予因以求鸮炙；浸假而化予之尻以为轮，以神为马，予因以乘之，岂更驾哉！且夫得者时也，失者顺也，安时而处顺，哀乐不能入也。此古之所谓县解也，而不能自解者，物有结之。（《大宗师》）

第二章　中华传统文化的生命精神

"齐物"彰显了一种对一切存在的普遍尊重，甚至任物之自畸也不横加干预。如若执一以齐众，即万物之天真尽丧，则物我两残：

> 昔者海鸟止于鲁郊，鲁侯御而觞之于庙，奏九韶以为乐，具太牢以为膳。鸟乃眩视忧悲，不敢食一脔，不敢饮一杯，三日而死。此以己养养鸟也，非以鸟养养鸟也。夫以鸟养养鸟者，宜栖之深林，游之坛陆，浮之江湖，食之鳅鲦，随行列而止，委蛇而处。(《至乐》)
>
> 南海之帝为儵，北海之帝为忽，中央之帝为浑沌。儵与忽时相与遇于浑沌之地，浑沌待之甚善。儵与忽谋报浑沌之德，曰："人皆有七窍，以视听食息，此独无有，尝试凿之。"日凿一窍，七日而浑沌死。(《应帝王》)

海鸟死于鲁侯之养，混沌死于儵、忽之凿。这都是强人同己，"以人灭天"。

此外，庄子主张"外生"：

> 以圣人之道告圣人之才，亦易矣。吾犹守而告之，参日而后能外天下；已外天下矣，吾又守之，七日而后能外物；已外物矣，吾又守之，九日而后能外生；已外生矣，而后能朝彻；朝彻，而后能见独；见独，而后能无古今；无古今，而后能入于不死不生。杀生者不死，生生者不生。其为物，无不将也，无不迎也；无不毁也，无不成也。其名为撄宁。(《大宗师》)

"安时而处顺，哀乐不能入"，在庄子看来，个人生活的美和善，均在无古今、通生死的智慧觉悟中获得某种超越。值得注意的是，所谓"外生"并非清静寂灭，泯灭自我，"外"之内涵呈现出某种超越性，故而其核心是要因顺自然，顺生之内，破除拘执；不强人以同己，也不舍己以从人，各遂其所自适："彼正正者，不失其性命之情。故合者不为骈，而枝者不为跂；长者不为有余，短者不为不足。"(《庄子·骈拇》)道家能契入大道，而臻于至德内充的境界，消极意义上能够据此以不役于物，消弭一切私心，积极意义上则能齐通万有，怡然与大道同体。

· 49 ·

综上所述，在中国传统文化及其哲学中，先哲们认为人不应以物自限，而应当不断提撕人自身的生命境界，达至与道为一。这里，道是天道与人道的同一，它意味着获得了终极存在体验的人，其生命形态既不同于特定的事物，也有别于具体的知识技能。扬弃知识性、技术性的特殊规定，获得对事物整体性、全面性的理解，继而获得"技进于道""道进乎技"的超越生命体证。荀子指出："万物为道一偏，一物为万物一偏。愚者为一物一偏而自以为知道，无知也。"（《荀子·天论》）可见，特定的对象或事物之间往往各有界限，非此即彼。但人自身存在的特定性，恰恰决定了超越界限的必要与必需。孔子讲："朝闻道，夕死可矣。"（《论语·里仁》）表达了对于道的深切情感。而实质上，这种情感所蕴含的，乃是对把握真实、追寻真理的热忱。尽管我们一再强调，这种面向道的超越，始终是"极高明而道中庸"的，但在"日用即道"的观念中，我们始终要保持某种向上的姿态，常葆"志于道，据于德，依于仁，游于艺"（《论语·述而》）的精神品位，进一步从"一物""万物"向"道"提升，进而获得对真实世界的具体理解，从知识走向智慧。当然，完满的生命不仅表现为内在品格的向上提撕，而且总是要形之于外并体现在外。这不仅要求外在形象之美，更要在实践的行为过程中予以彰显。"道，行之而成。"（《庄子·齐物论》）对于人而言，道德追寻内在地展开于言、知、行的互动之中。言行一致、知行合一，更是中国人"为道"思想的深刻主题。实际上，"为道"的目的还是归于"成人"。而在古人看来，理想的人格正是真、善、美彼此相通。应当看到，这样多方面发展的健全人格，内在地以道为指向，而现实生活的诸多场域，则构成了真、善、美诸维的具体展现之所。归根结底，"君子不器"。人既不能将自身等同于物，亦不能限定自身于多方面品格的某一方面。所谓："君子知夫不全不粹之不足以为美也。"（《荀子·劝学》）以道为指引，人要在日用常行的现实生命活动中，不断提撕向上，不断超越扬弃，获得生命精神的不断澄明。

思考题

1. 如何理解中华传统文化是关于生命的学问？
2. 如何理解传统中国哲学中"人生在世"的观念？
3. 如何理解《庄子·养生主》中"庖丁解牛"寓言的哲学内涵？

4. 如何理解中华传统艺术理想中的"无言之美"？

参考文献

1. 程俊英、蒋见元：《诗经注析》，中华书局 2017 年版。

2. 陈鼓应：《老子注译及评介》，中华书局 2015 年版。

3. 陈鼓应：《庄子今注今译》，中华书局 2016 年版。

4. 陈荣捷：《近思录详注集评》，重庆出版社 2021 年版。

5. 方东美：《中国人生哲学》，中华书局 2012 年版。

6. 冯契：《认识世界和认识自己》，《冯契文集》（增订版）第一卷，华东师范大学出版社 2016 年版。

7. 冯契：《人的自由与真善美》，《冯契文集》（增订版）第三卷，华东师范大学出版社 2016 年版。

8. 冯友兰：《新原人》，生活·读书·新知三联书店 2007 年版。

9. 黄寿祺、张善文撰：《周易译注》（增订版），中华书局 2016 年版。

10. （汉）孔安国传，（唐）孔颖达正义：《尚书正义》，黄怀信整理，上海古籍出版社 2008 年版。

11. （南宋）陆九渊：《陆九渊集》，钟哲点校，中华书局 2008 年版。

12. （清）黎翔凤撰：《管子校注》，梁运华整理，中华书局 2009 年版。

13. （战国）尸佼：《尸子》，黄曙辉注解，华东师范大学 2009 年版。

14. （清）王先谦撰：《荀子集解》，沈啸寰、王星贤点校，中华书局 2013 年版。

15. 萧公权：《中国政治思想史》，商务印书馆 2011 年版。

16. 杨伯峻：《论语译注》，中华书局 2018 年版。

17. 杨伯峻：《孟子译注》，中华书局 2018 年版。

18. 杨国荣：《道论》，北京大学出版社 2011 年版。

19. （南朝梁）钟嵘：《诗品》，古直笺，曹旭整理集评，上海古籍出版社 2007 年版。

20. （南宋）朱熹：《四书章句集注》，中华书局 2016 年版。

21. （北宋）张载：《张载集》，章锡琛点校，中华书局 2012 年版。

22. （清）王夫之：《读四书大全说》，中华书局 2009 年版。

23. （清）王夫之：《周易外传》，中华书局 2009 年版。

第三章　中华传统文化的审美境界

中华传统文化的审美境界是在中国古典哲学和中国古典美学的层面上被言说的。中国古典哲学和美学是"生命体验"之学和"生命境界"之学，其基本思路和概念范畴的言说体系都与西方美学迥然不同。在中国传统美学的文献中，虽然很难找出专门就"美是什么"的问题进行系统而严密的理论论证的文字，但这并不表明中国古典美学对"美的本质"的问题没有理论的思考。相反，中国古典美学的三大主流——儒、道、禅对"美的本质"问题均有所涉及，并且将其"升华"为种种意趣高远的"审美境界"，具有不同于西方美学的独特的理论视角和言说方式，而且内容十分丰富和深刻，有待于我们进一步系统地整理和开发。

一代诗哲方东美先生曾这样说：

> 中国哲人中，儒家意在显扬圣者气象，道家陶醉于诗艺化境，佛家则以苦心慧心谋求人类精神之灵明内照。要之，道家放旷于空灵意境之中，逍遥自得，宛若太空人翱翔太虚。儒家豁达大度，沉潜高明，兼而有之，其于天人之际，古今之变，处处通达，造妙入微，期能践验高超理想于现实生活。佛家则蕴发慈悲，悲以疾俗悯人，慈以度人救世，苦心化为大心，慧心于以落实。[1]

这不仅表达了中国哲学的基本精神，也映现着中国美学的灵魂底色，进而生成中华传统文化中"审美境界"的生命体验与生命情怀。在此，仅就儒、道、禅三家的审美境界作概要阐述。

---

[1] 《方东美先生演讲集》，台北：黎明文化事业股份有限公司1978年版，第45页。

第三章　中华传统文化的审美境界

第一节　中华传统文化审美境界的生成

中国美学是在"天人合一"的理论框架中通过对"生命"的"体验"而形成的"生命境界"之学。在讨论中华传统文化审美境界之前，首先应对与其相关的三个范畴作简要陈述。

一　生命

这里所说的"生命"一词主要是从哲学和美学的角度提出的，它所指谓的是作为人的个体生命以及作为宇宙万物的本体生命。

人的个体生命指"人生""此在"，有"万物之灵""五行之秀"之喻；天地万物的生命指宇宙万物生生不息的大化流行，此乃"四时行焉，百物生焉"（《论语·阳货》）之谓也。

作为人的个体生命，其必须升华和凝聚为"精神生命"（人道），否则，其生命如空壳皮囊，没有价值。"盖天地万物与人原是一体，其发窍之最精处，是人心一点灵明"（《传习录下》）；"至人无己，神人无功，圣人无名"（《庄子·逍遥游》）；"三军可夺帅也，匹夫不可夺志也"（《论语·子罕》）；等等，皆指"人道"。

作为天地万物的生命，其必然升华和凝聚为"天地精神"（天道），否则，其生命则为自在之物，没有意义。庄子曰："独与天地精神往来"（《庄子·天下》）；《易》曰："天地之大德曰生"；老子曰："上德若谷"（《老子·第四十一章》）；"上善若水"（《老子·第八章》）；等等，皆指"天道"。

而"人道"（精神生命）与"天道"（天地精神）的关系，老子说："人法地，地法天，天法道，道法自然。"（《老子·第二十五章》）孔子曰："天行健，君子以自强不息。"（《周易·乾卦·象传》）此乃"天人合一"之高远境界。

二　体验

"体"，最初指身体或形状，也有领悟、体察之意，"能体纯素，谓之真人"（《庄子·刻意》）。也有实行、实践之意，"好法而行，士也；笃志而体，君子也"(《荀子·修身》)。"验"指凭证、验证、效验之意。"体验"尤指"体察"。所以,"体验"一词有"体之于身"和"践验于行"之意,而且它不只是一个"认知系统"的概念,而与人在特定情境中的了悟与经历有关。杜维明先生曾说:

> 所谓"体验"是活生生的有血有肉的人所感受的具体经验,这种经验不仅给我们带来如人饮水冷暖自知的内在知识,而且能够发挥长期彻底的转化功能。体验所以不同于一般的经验,正因为它是体之于身的经验而不是一般浮光掠影的印象。依类旁推,体认、体察、体证、体会、体味、体玩、体究及体知和一般的认识、考察、证实、品尝及理解也不大相同。凡能"体"之的都是"知行合一"的表现,既能"知得真切笃实"又能"行得明觉精察",因为所体之于身的正是自家受用的分内事。①

所以,"体验"不仅是鲜活的、具体的、内在的、有血有肉的,而且是"体之于身"和"知行合一"的体认和了悟;它必须是"灵魂在场"和"生命在场"。人所体验到的,就是他所生活过的,或正在生活的;人所生活过的,也就是他所体验过的,而且是正在进行的。所以,"体验"实际上是一种"生活方式",显现而成为一种"生命的样式"。德国哲学家狄尔泰认为:

> 体验是有限生命对生活的反思。体验把个体具有的具体和一般的知识与感性个体的自我在与生活世界及其命运的遭遇中所发生的(内冲动和情感在我们内部唤起的)许多明细的事件结为一体,因此体验表明了有限生命在生活关联中的处身性,从而具有本体论的意义。②

这种反思与认知、情感与冲动的"处身性"不仅决定了体验的一次性和不可重复性,也决定了体验的内在性和自家受用性。有时甚至具有模糊性和直觉性。它可以是一瞬间的,也可以是一生的。它是个体生命在现实生活的

---

① [美]杜维明:《从身心灵神四层次看儒家的人学》,载《中国哲学范畴集》,人民出版社1985年版,第213页。
② 转引自刘小枫《诗化哲学》,山东文艺出版社1986年版,第163页。

"情境"中"遭遇"和"面对"富有意味的对象和事件时所"生成"的某种情怀和所采取的某种态度及其所表现出来的言行方式。而这种情怀、态度和方式就构成了真实的个体生命的"容颜"。

三 境界

"境"指疆界、疆域、所处的地方。"五民者不生于境内，则草必垦矣。"(《商君书·垦令》)"界"指田界、地界、交界、边界等。"境界"一词最初的含义是指空间中的某一特定的"区域"，即地理上的某一特定的区域。而这一区域是通过"划分"和"界分"而获得的。而古今之人用"境界"一词所指谓和探讨的并不是一个地理上的时空概念，而是指人类心灵和精神的"疆界"和"疆域"问题，即人类的精神活动"所处的地方"，或称"精神的境地"，也就是人们常说的"精神境界"。佛家讲"六境"，指"眼、耳、鼻、舌、身、意"(六根)所感觉和认识的六种境界，即"色、声、香、味、触、法"，后者以前者为境界。孔子曰："君子固穷，小人穷斯滥矣。"(《论语·卫灵公》)人的精神境界不同，那么他对他所面对的事物所采取的态度也就不同，他所形成的个体生命"存在"的"样式"也就不同。所以，境界是指人的精神活动在一定时空中所达到的境域和境地。境界有三个要素："境域""觉解""意味"。

(一)境域

境域指境界的区域、范围和层次。只要被称为"境界"者，都是指人的精神活动在特定的时空中所处的一个特定的"区域"。这一特定的"区域"是通过"划分"和"界分"而获得的。从时空的角度看，空间必有内外之分、高低大小之别；时间则必有久暂、顺序之列。所以，"境域"这一要素至少包含以下几层含义。

第一，境内境外之分。这就是境界的"有""无"问题。也就是我们常说的有境界和无境界的问题。"敞床疏席，总是佳趣；栉风沐雨，反为美境。"①面对"敞床疏席""栉风沐雨"反生"佳趣"和"美境"，这就是一种"境界"，有此境界和无此境界的情形和结果是不同的。

---

① 《宋史·舒焕传》，参见《辞源》修订本，商务印书馆1983年版，第626页。

第二，高低之别。主要指境界所达到的程度、层面和层次的不同。"道不同，不相为谋。"（《论语·卫灵公》）指的就是因你我的觉解和体悟不同，而形成的境界的高低、深浅的层次也就不同。

第三，大小之异。境界有大有小，这与人的精神状态在具体的情境中所面对和指谓的对象不同有关。庄子："天地与我并生，而万物与我为一。"（《庄子·齐物论》）此乃恢宏壮阔之境界。"一花一世界，一沙一天国"①，此乃淡雅微妙之境界。

第四，久暂和顺序之列。《说文》曰："竟，乐曲尽为竟。"引申为边界，古字"境"与"竟"同源。故"境"字本身就含有时间上的"久暂"之意。它既包括境界的瞬间与永恒的问题，也包括境界在人生的各个阶段和层面存在的久暂问题。儒家者流"游文于六经之中，留意于仁义之际"②，这是儒者一生所处的境界。而禅宗所谓"顿悟"则是一瞬间的了悟。同时，境界还有时间上的先后顺序之列，子曰："吾十有五而志于学，三十而立，四十而不惑，五十而知天命，六十而耳顺，七十而从心所欲，不逾矩。"（《论语·为政》）这里所呈现的是一个在时间顺序上不同"境域"深化与递进的序列。

（二）觉解

冯友兰在《新原人》中说："觉是自觉"，"解是了解"。③ 境界起于"识"，生于"心"，而归于"心悟"。而"悟，觉也"（《说文》）。在佛家："所谓'觉'，是觉照、觉明，也就是能照见万事万物的真理，觉悟了解真如自体的智慧。所谓'不觉'，是迷妄，是不觉悟了解真如自体的无明。不觉即无明，它由细转粗，千变万化，现出一切妄染的境界。反之，脱离不觉不明，彻底悟证真如自体，就能显现清净的境界。"④

梁启超云："境者，心造也。一切物境皆虚幻，惟心所造之境为真实。"⑤ 境界的有无、高低、深浅、大小、久暂都与"觉解"有关，"觉解"的程度

---

① 宗白华：《美学散步》，上海人民出版社1981年版，第68页。
② 转引自冯友兰《中国哲学简史》，北京大学出版社1985年版，第42页。
③ 冯友兰：《新原人》，生活·读书·新知三联书店2007年版，第11页。
④ 方立天：《佛教哲学》，中国人民大学出版社1986年版，第199页。
⑤ 梁启超：《饮冰室专集》，转引自叶朗《中国美学史大纲》，上海人民出版社1985年版，第598页。

不同，境界的层次也就不同。"觉解"由"觉"和"解"构成。指觉悟、理解、认知、体悟、体验、了解、神会、意会、直觉、顿悟等。它是指人对宇宙、人生、生命以及他在日常生活中所"面对"和"遭遇"的具体事件的真切的领会和证悟。同时，也与人的经历、情感、爱好、个性、才情、学识、欲望及生存环境等有关。任何一种"境界"都必然有某种"觉解"，只是这种"觉解"的角度、层面和方式不同罢了。一个经验丰富的裁缝，虽然对宇宙、人生可能没有太多的了悟和觉解，但他看一眼你的身段，就能知道你衣服的尺寸，这种知觉的悟解力之中凝聚着他对"制衣"的觉解，而他人则未必，而且是不可能的。

如果说"境界"的"区域"是通过"划分"和"界分"而获得的话，那么"觉解"就是一个重要的"划分"和"界分"标准，也就是说，境界因觉解而生成与获得。冯友兰先生说：

> 人与其他动物的不同，在于人做某事时，他了解他在做什么，并且自觉他在做，正是这种觉解，使他正在做的对于他有了意义。他做各种事，有各种意义，各种意义合成一个整体，就构成他的人生境界。
>
> 不同的人可能做相同的事，但是各个人的觉解程度不同，所做的事对于他们也就各有不同的意义。[①]

晋人卫玠初欲渡江，对左右之人说："见此茫茫，不觉百端交集。"(《世说新语·言语》) 当江河日月映照着人生的无常、短暂和有限时，才会有如此"心偶照境，率然而生"的感叹。这里最重要的一点就是卫玠的"觉解"与左右之人不同，左右之人操心的是如何渡江，而卫玠则念想和体悟着时间与空间、历史与人生。这就是中国传统哲学和美学中所讲的"处身于境，视境于心"的境界。即所谓"情与境会""思与境偕"的意境，是个体生命在特定"情境"中的"境遇"，而"面对"这种境遇，则因人的"觉解"不同，所形成的境界也就不同。

[①] 参见冯友兰《中国哲学简史》，北京大学出版社1985年版，第389页。

(三) 意味

意味指意义和趣味。它是人在具体的"情境"和"氛围"中因觉解而"升华"出来的意趣和旨趣。"境界"是寻觅意义、指向意义、发现意义、诞生意义和创造意义的一种体验活动,因而,它有映照性和启示性。

"桓公北征,经金城,见前为琅邪时种柳,皆已十围,慨然曰:'木犹如此,人何以堪!'攀枝执条,泫然流泪。"(《世说新语·言语》)"空怀感,有斜阳处,却怕登楼。"(《八声甘州》)手持柳条而潸然泪下,夕阳西下却怕登楼,这意蕴丰厚的"生命意味"与"生命情调"可谓细腻入微,意味深长。时空的易逝、岁月的无常在这里被演绎和升华为对生命的深度体验。

"境域""觉解"和"意味"构成了境界的三个要素。这三者缺一不可而且相互关联。"境域"由"觉解"而获得,因"意味"而"升华",直指"生命""存在"的意义和价值。

第二节 中华传统文化审美境界的内涵

从精神层面上说,中华传统文化由儒、道、禅三家主流文化而构成。中华传统文化不仅博大精深,而且异彩纷呈。儒家崇尚仁德,道家仰慕自然,禅宗珍视心性,三者共同构成中国人的精神家园。

一 儒家——"尽善尽美"的生命情怀

(一) 儒家审美境界的哲学底蕴

儒家的创始人是孔子,经由孟子与荀子,形成了原始儒家的思想体系,其中以孔孟之学为主要代表。

孔子的"仁学"是儒家的核心思想,也构成儒家美学思想的理论基础。我们对儒家"仁"的本义有以下几个方面的理解。

第一,仁者"爱人"。"仁"最基本的含义是"爱人"。孔子所言之"仁",是以"孝""悌"为基础的。"孝弟也者,其为仁之本与""入则孝,出则悌"(《论语·学而》),"孝"对父母,"悌"对兄弟姊妹,都是人应尽的义务,即孝顺爹娘,敬爱兄长。父母和兄弟姊妹就构成"家"。孟子曰:"天下之本在国,国之本在家,家之本在身。"(《孟子·离娄上》)"爱"由"孝悌"出发,"迩之事父,远之事君"(《论语·阳货》)。"家""国"构成整个社会系统,以血缘亲情为基础,以仁爱为纽带,推而广之,则构成人与人、人与社会之间的和谐。这是"修身齐家治国平天下"的前提和基础,也正是孔子所说的"泛爱众,而亲仁"(《论语·学而》)的社会理想。所以,孟子说:"亲亲,仁也。"(《孟子·尽心上》)"仁之实,事亲是也。"(《孟子·离娄上》)

第二,"忠恕"之道。"忠"指"己欲立而立人,己欲达而达人"(《论语·雍也》),自己要站得住,同时也使别人站得住;自己要事事行得通,也要使别人事事都行得通。"恕"指"己所不欲,勿施于人"(《论语·卫灵公》),自己所不想要的任何事物,就不要加给别人。"忠恕"之道是孔子对"仁"的最为具体的界说。己"欲立""欲达",所以内省明察,自强不息;同时,"立人""达人",助人有成,善为人谋。这既包含着自律其身、自勉其行的君子情怀,也蕴含着尊重他人、以己推人的豁达胸襟。所以,孔子是中国古代最伟大的人道主义者。

第三,"成仁"之道。"仁者爱人","爱"非依外力强制而成。孔子曰:"志于道,据于德,依于仁,游于艺。"(《论语·述而》)"道"即"仁","仁"亦是最高的"德","艺"即礼乐。"成仁"之道不仅是人的理性精神的自由选择,也是人的内心情感的自然流露。这种快乐源于心底,践于言行,"仁"作为最高的道德原则,不但是人的理智上笃信无疑的东西,也是人的情感上所热爱和追求的东西,甚至是不惜牺牲生命去加以维护的东西。所以,"志士仁人,无求生以害仁,有杀身以成仁"(《论语·卫灵公》)。

总之,在孔子的仁学中,"仁者爱人"和"忠恕之道"构成"仁"之本旨;而"成仁"之道则从知行合一的角度进一步诠释了"仁"之品性与风范。

(二)儒家的审美境界

儒家美学思想的理论基础就是"仁学"。儒家认为,"仁"的境界就是"尽善尽美"的境界。儒家所说的"知者乐水,仁者乐山"(《论语·雍也》),"岁寒然后知松柏之后凋也"(《论语·子罕》)(自然美);"里仁为美"(《论语·里仁》)(社会美);"人而不仁,如乐何?"(《论语·八佾》)(艺术美);"文质彬彬,然后君子"(《论语·雍也》);"充实之谓美"(《孟子·尽心下》)(人格美);等等,都与"仁者"的气象有关。这种"气象"天然地厚植于中国

· 59 ·

人的审美情怀之中。儒家关于美的基本观点可以概括为以下几点。

1. 尽善尽美

"子谓《韶》，'尽美矣，又尽善也'。谓《武》，'尽美矣，未尽善也'。"（《论语·八佾》）孔子谈到《韶》乐时说，它既符合形式美的要求，又符合道德的要求，所以，是尽善尽美；而《武》乐则不完全符合道德要求，所以"尽美"而"未尽善"也。

这里，尽善尽美，既注意到美与善的区别，更强调了美与善的统一。

在孔子看来，美与善是有区别的。"善"是道德价值，其最高的原则、准则和境界就是"仁"；"美"则具有审美价值和艺术价值，其最为鲜明的特征就是感性形式所带给人的精神愉悦和享受。所以，"未尽善"的东西，也可以是"尽美"的，即《武》乐的"音调"美极了。这里所说的美，大多是指对象的感性形式（色、形、声）所引起的审美愉悦，也就是我们今天所说的形式美。可见，孔子不仅把美与善加以区别，同时，也确立了美的独立地位和价值，尤其是注意到了"形式美"的价值。

同时，孔子不仅把美与善区别开来，而且又把美与善在更高的境界上完美地统一起来。

> 子曰："人而不仁，如礼何？人而不仁，如乐何？"（《论语·八佾》）

作为人，却不仁，怎样来对待礼的制度呢？又怎样来对待音乐呢？也就是说，一个人如果不仁，礼乐对于他还有什么意义呢？"仁"是"礼乐"的理性内容；"礼乐"是"仁"的感性表现形式。只有当"乐"表现"仁"时才有崇高的价值。这就是尽善尽美，它是至高的理想境界。难怪"子在齐闻《韶》，三月不知肉味，曰：'不图为乐之至于斯也。'"（《论语·述而》）

儒家讲"美善同源"，讲"仁者爱人"，讲"以己达人"，所追求与崇尚的就是人与人之间、人与社会之间的和谐。儒家境界的一个最为可贵之处就在于它抒发或表现了人与人之间的这种相互依存的社会性情感，一种"有朋自远方来，不亦乐乎"（《论语·学而》）的情怀，一种"嘉会寄诗以亲，离群托诗以怨"（《诗品》）的境界。这种情怀一直弥漫在中国人的生命体验与审美意境之中：

劝君更尽一杯酒，西出阳关无故人。（王维：《送元二使安西》）
海内存知己，天涯若比邻。（王勃：《送杜少府之任蜀州》）
桃花潭水深千尺，不及汪伦送我情。（李白：《赠汪伦》）
故园东望路漫漫，双袖龙钟泪不干。
马上相逢无纸笔，凭君传语报平安。（岑参：《逢入京使》）
同是天涯沦落人，相逢何必曾相识。（白居易：《琵琶行》）

我们在《诗经》《长恨歌》《汉宫秋》《西厢记》中都能深切、真切地感受到这种情绪，那种生离死别的惆然与惆怅，那种"才下眉头，又上心头"的缠绵与思念。

2. 中和之美

孔子说："礼之用，和为贵，先王之道，斯为美。"（《论语·学而》）天地之和、天人之和、人人之和是儒家所崇尚的理想的和谐境界，也是儒家所推崇的"中和"的审美境界。

"中"既不过也非不及，"过犹不及"（《论语·先进》），指中正、中和、不偏不倚，就是我们常说的"合理""恰当"与"正确"，即"恰到好处"；"和"即"和而不同"（《论语·子路》），指把性质不同的东西结合在一起，就是我们今天所说的各种因素的对立统一所形成的"和谐"。这就是儒家所讲的"中庸"。

"中庸"是儒家所倡导的一种宇宙观和方法论。朱熹说："中者，不偏不倚，无过不及之名，庸，平常也。"（《中庸章句》）"庸"有平常、常道、常规等之意，类似于我们今天所说的"规律"。"中庸"的本义为："举事而中。"反对"过"和"不及"，为人处事以及对待事物的态度都要采取这种适中、适度、恰当、合理、正确的原则。"中和"在美学上的意义就是引申出儒家"中和"的审美观，即所谓"中和之美"。具体表现在以下两个方面。

第一，"乐而不淫，哀而不伤"（《论语·八佾》）。这是孔子艺术审美的标准。"乐"与"哀"是人之常情，但表现在艺术之中却要把握"过犹不及"的"适度"原则。"不及"则不足以表现乐与哀；"过"则使乐与哀表现为"淫"与"伤"。就是说，艺术所包含的情感既是充分的、饱含激情的，同时也必须是有节制的、有限度的。这样的情感才符合"礼"的规范，才是一种真正合乎理性的"和谐"之美。如果欢乐的情感被演绎为糜烂放肆的享乐,悲哀的情绪被展示为痛不欲生的伤感,那就不是真正美的艺术。所以,中国古典文学中所演绎的悲剧,多以大团圆收场,不是化作蝴蝶比翼双飞,就是化作鸳鸯双双而去,没有西方的那种血腥和杀戮。

第二,"文质彬彬,然后君子"(《论语·雍也》)。这是孔子人格美的标准。孔子曰:"质胜文则野,文胜质则史。文质彬彬,然后君子。""质"指朴实;"文"指文雅。孔子认为,一个人如果只有朴实而缺乏文雅("质胜文"),这个人就未免粗野;如果一个人只有文雅而缺少朴实("文胜质"),这个人就未免虚浮。文雅与朴实,配合得当,才是个君子。就是说,只有把"文"与"质"统一起来,才是真正的君子。"质胜文"与"文胜质"都有"过"或"不及"的毛病,与"乐"而"淫"、"哀"而"伤"一样,都不符合"中和"的审美理想。"子张曰:'何谓五美?'子曰:'君子惠而不费,劳而不怨,欲而不贪,泰而不骄,威而不猛。'"(《论语·尧曰》)表面上看,这段文字是在说为人处世之道,但骨子里浸透着孔子"中和之美"的境界。

中国书法讲笔法、墨法和章法,追求大小相随,疏密相间,肥瘦相形,枯润相济,欹正相参,起伏相让;中国画讲刚柔相济,动静同波,聚散相和,浓淡相宜,虚实相映;中国古典建筑崇尚和谐对称,节奏均衡,曲直有度,多样统一,等等,也都是"中和"审美理想的生动体现。

3. 礼乐之美

儒家认为,美在礼乐。礼乐的"仁"化是儒家所崇尚的社会理想与人生境界。"礼"在儒家那里不仅是指一整套的制度和规范,"乐"也不是单指某种具体的仪式和音乐。它们都要符合"仁"的要求,要包含"仁"的道德底蕴。所以,孔子说:"礼云礼云,玉帛云乎哉!乐云乐云,钟鼓云乎哉!"(《论语·阳货》)"礼",仅指玉帛等礼物而说的吗?"乐",仅指钟鼓等乐器而说的吗?即是说:"礼"并不仅指"礼物";"乐"也并非仅指"乐器",所以,"孔子讲'礼'讲'乐',已经不只是死板的只注意于其形式节奏了"[①]。"乐也者,动于内者也;礼也者,动于外也者","仁近于乐,义近于礼"(《礼记·乐记》)。"礼乐"是一片"志意思慕之情"(《荀子·礼论》)。所以,孔子说"益者三

---

① 冯友兰:《三松堂学术文集》,北京大学出版社1984年版,第133页。

乐",第一"乐"就是"乐节礼乐"(《论语·季氏》)。

孔子曰:"兴于诗,立于礼,成于乐。"(《论语·泰伯》)孔子把诗、礼、乐并立,视作成就仁人君子所必不可少的重要条件。又说:"志于道,据于德,依于仁,游于艺。"(《论语·述而》)"诗""乐""艺"都与艺术有关;"礼"作为典章礼仪的总称,是"仁"的规范化的形式。"礼"规定了人与人的关系,而"乐"(音乐)则能陶冶和改变人的性情,使"依于仁"变为一种内在的自由选择并乐在其中。

"立于礼,成于乐"强调的是作为一个真正的仁人君子,如果不学习礼乐,就不可能成就其完善的人格。这就是孔子所说的"文之以礼乐,亦可以为成人矣"(《论语·宪问》)。这也就是孔子后学注解中所谓的"乐所以成性",即"乐"(音乐)可以陶冶和改变人的性情。所以,儒家认为,一个真正健全、成熟、完善的人格的养成,与艺术(乐)对于人的性情的陶冶是分不开的。艺术的美与人格的美在这里是互为映照的,也是互为生成的。这样,"君子"之情怀就不再是单纯的"仁义理智"的道德修养,而是在此基础上通过艺术的熏陶"内化"与"升华"出来的人的生命情调。

"游于艺"所强调的是掌握自然规律所生成的自由感。"艺"指"六艺",即礼、乐、射、御、书、数。虽然不仅是我们今天所说的艺术,但包含艺术在内。"六艺"有掌握技巧、拥有技能之意。"游"指游息、观赏、娱乐,有从容驾驭、愉悦享受之意。"游于艺"就是指掌握一定的技能后所获得的一种身心自由的境界。这种自由境界就是审美境界。所以,在儒家看来,美善同源,但,美又不等于善,二者是统一的,故曰尽善尽美;同样,礼乐相亲,但礼并不能替代乐,二者也是统一的。所以"立于礼"之外还要"成于乐","依于仁"之外还要"游于艺"。孔子说得好:"知之者不如好之者,好之者不如乐之者。"(《论语·雍也》)"知之"指认知的态度,"好之"指情感的态度,"乐之"则指审美的态度。孔子认为认知的态度不如情感的态度,情感的态度不如审美的态度。审美的态度是"游"于其间、"乐"于其中的自由与享受,是超然于实用功利之外的审美境界。这就是孔子"吾与点也"(《论语·先进》)的自由境界。这既是一种精神境界,也是一种人生境界,更是一种审美境界。

可以这样说,"礼乐之美"从一个特殊的角度直指"美育"的源头。儒家在此尤为浓墨重彩,所要成全的就是"完善的人性"与"理想的人格"。在这里,理性与感性、自然与社会、自由与幸福、认知与践行、知性与审美、心物与人生,等等,被内在地融合与统一了起来。"乐至则无怨,礼至则不争。"(《礼记·乐记》)由内至外,由己及人,构成了生命的和谐与社会的和谐,而和谐就是一种美。

4. 浩然之气

孟子有以下两段话,可谓是情到深处:

> "敢问夫子恶乎长?"
> 曰:"我知言,我善养吾浩然之气。"
> "敢问何为浩然之气?"
> 曰:"难言也。其为气也,至大至刚,以直养而无害,则塞于天地之间。其为气也,配义与道;无是,馁也。"(《孟子·公孙丑上》)
>
> 充实之谓美,充实而有光辉之谓大,大而化之之谓圣,圣而不可知之之谓神。(《孟子·尽心下》)

第一,"浩然之气"的内容是"配义与道",而且是"集义所生";其形式与风范则是"至大至刚"而"塞于天地之间"。在这里,人道("义"与"道")与天道("天地")在浩然之"气"中冥合为一,互为灿映,并发扬光大。个体生命的内在情感与个体生命的自由意志被生动地凝结为一种充满理性精神的无所畏惧、巍然屹立的伟大人格。其骨子里既有一份义无反顾的执着,又有一份超然物外的洒脱。所以,孔子曰:"知者不惑,仁者不忧,勇者不惧。"(《论语·子罕》)孟子和之:"富贵不能淫,贫贱不能移,威武不能屈,此之谓大丈夫。"(《孟子·滕文公下》)这让我们不禁想起九死不悔的屈原、贞洁不屈的苏武、悲天悯人的杜甫、壮怀激烈的岳飞、视死如归的文天祥,等等,骨子里都有这种"人格美"的气概。王昌龄《出塞》诗亦是如此:

> 秦时明月汉时关,
> 万里长征人未还。
> 但使龙城飞将在,

不教胡马度阴山。

第二,"充实之谓美"。"充实"指道德精神(仁、义、礼、智、信)的充实,这种内在的"充实"表现于外在的言谈、举止、风度上面就是美。这种美散发着人性的光辉,谓之"大","大而化之之谓圣"。用孔子的话说就是"巍巍乎""荡荡乎""焕乎"。"大"指浩然之气;"化"指融会贯通,把内在精神的充实所凝聚的浩然之气"践验"于现实的人生,这就是"圣";这种"圣"高深莫测,难于言表,故谓之"神"。这种"大"的气势正是一种"阳刚之美",谓之"壮美",颇似西方人所谓的"崇高"。此胸襟弥漫宇宙,则天、地、人在此被凝成一瞬,蔚为壮观:"子在川上曰:'逝者如斯夫,不舍昼夜。'"(《论语·子罕》)"天行健,君子以自强不息。"(《周易·乾卦·象传》)曹操《观沧海》诗云:

> 东临碣石,以观沧海。
> 水何澹澹,山岛竦峙。
> 树木丛生,百草丰茂。
> 秋风萧瑟,洪波涌起。
> 日月之行,若出其中。
> 星汉灿烂,若出其里。
> 幸甚至哉,歌以咏志。

所以,孟子所说的"美、大、圣、神"指的就是人的精神美和人格美,最终指向人生美,即人生境界的美。这让我们不禁想起孔子最喜爱的学生颜回:"一箪食,一瓢饮,在陋巷,人不堪其忧,回也不改其乐。"(《论语·雍也》)颜回"不改其乐",源于他内心精神世界的"充实"和"光辉"。颜回不是以苦为荣,以苦为乐,也不是苦中作乐,苦中寻乐,而是在清贫的困境中"不降其志,不辱其身"(《论语·微子》)。此乃孟子所谓"贫贱不移"的精神境界。

这种浩然正气,我们在汉代的建筑和雕塑中,在魏晋风骨中,在颜真卿的书法中,在京剧的黑脸中,都能找到它的身影:那种雄浑劲健、刚毅不屈、气势恢宏的境界。

总之，儒家以"仁"的精神境界映射天地万物，以"礼乐之化"和"君子情怀"为理论基点而展开对天、地、人之美的探讨与论述。"尽善尽美""中和之美""礼乐之美"和"浩然之气"，从不同的维度和向度诠释了儒家在"天人合一"框架之下对美的本质的探索。儒家所提出的"美"与"善"的统一，"文"与"质"的统一，"仁德"与"礼乐"的统一；提出的"美""大""圣""神""兴""观""群""怨""气""象""中""和"等命题，深刻地影响着中国人的审美观念。

二 道家——"玄妙空灵"的生命情调

（一）道家审美境界的哲学底蕴

道家的创始人是老子，集大成者是庄子。道家哲学思想深刻地影响着中国传统文化的形成与发展，同样，其美学思想也潜移默化地融入中华传统文化的审美境界之中。

道家哲学的核心范畴就是"道"。道家的美学思想也是围绕着"道"这一核心范畴而展开论述的。道家认为，"道"，既是宇宙本体，又是宇宙规律。也就是说，"道"既是天地万物产生的根源，又是天地万物所遵循的"必然"法则。就本体论而言，"道"蕴含着如下的品性与特征。

第一，"道"生万物。老子曰："道生一，一生二，二生三，三生万物。万物负阴而抱阳，冲气以为和。"（《老子·第四十二章》）"有物混成，先天地生。寂兮寥兮，独立不改，周行而不殆，可以为天下母。吾不知其名，强字之曰'道'，强为之名曰'大'。"（《老子·第二十五章》）道蕴含着天地万物产生的可能性，是天地万物的根源，它是不依靠任何外力而存在的原始混沌，它独立长存而永不休止，循环往复而生生不息。

第二，"自然无为"。老子曰："道法自然"，"道常无为"。"自然"在这里并非指名词，而是用作状词，即"自然而然"的状态；"无为"指非"人为"所刻意追求和谋得的过程与结果。老子发现，天地无心，却宽厚地养育了万物，让万物顺其自然本性自生自长。天地万物相依相存、相克相生，其产生和变化都是无意识、无目的的，但其结果却又合乎某种目的；自然并没有刻意地去追求什么，达到什么，却在无形中达到了一切，成就了一切。这就是老子所说的"道常无为而无不为"(《老子·第三十七章》)。

第三,"有无相生"。老子说:"无,名天地之始;有,名万物之母。故常无,欲以观其妙;常有,欲以观其徼。"(《老子·第一章》)"天下万物生于有,有生于无。"(《老子·第四十章》)又说:"有无相生。"(《老子·第二章》)"道"是"有"与"无"的统一;而且是"有无相生"的。"无"即无规定性、无限性,"有"就是有规定性、有界限和有差别。作为"天地之始"的"道"就是"无"。因为"有不能以有为有,必出乎无有"(《庄子·庚桑楚》)。就是说:"有"不能生"有","有"只能生于"无"。另一方面,"无"作为天地万物的"本始"必落于实处,这就是"有"。所以,"无"为体,"有"为用。道之"体"为"无",因为,道"视之不见""听之不闻""搏之不得"。而道之"用"则为"有",因为道"生"万物,"绵绵若存,用之不勤"(《老子·第六章》)。"其中有象","其中有物","其中有精","其中有信"。所以,"有"和"无"并非两个东西,而是道的双重属性,"此两者,同出而异名,同谓之玄"(《老子·第一章》)。"无"不等于零;"有"却生于"无"。没有"无","有"则无以生成;没有"有","无"则无以显现。"无"与"妙"相通,"有"与"徼"结伴,二者互为彰显,互为灿映。所以,道是"无状之状","无物之象"(《老子·第十四章》)。用庄子的话说:"以有形者象无形者而定矣。"(《庄子·庚桑楚》)即是说,通过有形体的物去显现无形体的"道",就可以认定"道"的实际情况了。

第四,虚静柔弱。老子说:"道冲而用之或不盈。渊兮,似万物之宗。"(《老子·第四章》)又说:"天地之间,其犹橐龠乎!虚而不屈,动而愈出。"(《老子·第五章》)"谷神不死,是谓玄牝。"(《老子·第六章》)"冲"(器虚)、"橐龠"(风箱)、"谷"(山谷)皆形容道体虚空无形的存在状态,然而,它的作用却是不可穷尽的,所以,它"玄牝""不屈""不死"。道深藏而若虚,虚而能动,动则不竭。道体的"虚"状,也通过"静"呈现出来,"万物并作,吾以观复。夫物芸芸,各复归其根。归根曰静,静曰复命"(《老子·第十六章》)。万物蓬勃生长,各自返回到它的本根,即回归本属,这就是"静"。动极则静;静极而动。同时,道体"无为""虚静"的状态也使得"道"具有"柔弱""不争"的品性。老子说:"弱者道之用","柔弱胜刚强"。"天下莫柔弱于水,而攻坚强者莫之能胜。"(《老子·第七十八章》)水虽柔弱,但可以穿石；利刃虽坚，却不能斩水。"水善利万物而不争。"(《老子·第八章》)"以其不争，故天下莫能与之争。"(《老子·第六十六章》)水低洼处下，故能海纳百川，所以，老子曰："上善若水。"

"道"作为天地万物的根源，其"自然无为""有无相生""虚静柔弱"的品格向我们展示着天地万物相依相存、相克相生的宇宙生命的创化过程。

(二) 道家的审美境界

道家的美学思想正是在对"道"的言说中产生的。庄子说："天地有大美而不言……圣人者，原天地之美而达万物之理。"(《庄子·知北游》)那么，道家所说的美究竟指什么呢？

道家美学思想的灵魂底蕴就是"道法自然"(《老子·第二十五章》)和"法天贵真"(《庄子·渔父》)。就是说，宇宙万物的本体生命和人的个体生命若能冥通"自然无为"之道，那么，就能生成美的境界。这种美的境界正是中国古典美学的最高境界：天人合一的境界。天地之美，人生之美，艺术之美，皆从"天人合一"的体验中有感而发，因体而悟。"中国哲学是就'生命'本身体悟'道'的节奏。"[1] 这不仅是中国哲学的精髓所在，也构成中国美学的基本精神。围绕这一主题，道家关于美的基本看法可以概括为以下几点。

1. 大美无言

庄子曰："天地有大美而不言，四时有明法而不议，万物有成理而不说。圣人者，原天地之美而达万物之理，是故至人无为，大圣不作，观于天地之谓也。"(《庄子·知北游》)天地有大美却不言说，四季有明显的规律却不议论，万物有生成的道理而不说话，圣人推原天地的大美而通达万物的道理，所以，圣人顺任自然，大圣不妄自造作，这是取法于天地的缘故。"大"与"道"同义，"大美"指"道"之美，而道的根本特性就是自然无为。所以，道家以"自然无为"为美。天道的"自然无为""无为而无不为"的品格与本性是"天地有大美"的根本原因。天地万物之所以美，就在于体现了"天道"的自然无为、无为而无不为的伟大与神奇，所以，"大美"是一种无限之美。

---

[1] 宗白华：《美学散步》，上海人民出版社1981年版，第71页。

"夫道，覆载万物者也，洋洋乎大哉。"(《庄子·天地》)"大曰逝，逝曰远，远曰反。"(《老子·第二十五章》)道覆载天地万物，浩瀚广大无边；它循环往复，周流不息；它虚而能动，动则不竭；它"自本自根"(《庄子·大宗师》)，"深之又深""神之又神"(《庄子·天地》)。"惛然若亡而存，油然不形而神。"(《庄子·知北游》)"迎之不见其首，随之不见其后。"(《老子·第十四章》)

天地万物的这种深奥、玄远、灵动、素朴与神妙，构成了宇宙自然生命的本真，这种真实的本性本身蕴含着自然化育万物的神奇。天地之美，美在其"神明之容"(《庄子·天下》)。"神明"喻"道""气"之玄奥，"容"谓万物之"象"的容颜。"道""气"是万物的本体和生命，"象"则是"道""气"之辉迹。对"天地之美"的体悟也就归结为对"道"的体悟。天地万物的"真""纯""素""朴""神""玄牝""灵妙""空灵""秘奥""灵动""虚静""天和"等在道家那里被灿烂地演绎为"生命本真"之美，也被升华为"天地之大美"的高远境界。道家以精练的语言生动地概括了宇宙生命的无限性、整体性、和谐性、丰富性、超越性、合规律性与合目的性。"万物并作，吾以观复"(《老子·第十六章》)，"伟哉造化"(《庄子·大宗师》)，我们可以想象当年老子和庄子立于天地之间，观天地万物时内心所萌动的敬畏之情。

在老子看来，"有无"不仅"同出"，而且"相生"。说"无"时一定凭借着"有"，否则，这个"无"就会落空，就会等于零；说"有"时一定设立着"无"，否则，这个"有"就失去了本体和根脉，就会是"死"的。没有"无"，"有"则无以生成；没有"有"，"无"则无以显现。"有"在"无"中栖息，"无"在"有"中灿闪。二者互为彰显、互为映照。温庭筠《商山早行》：

鸡声茅店月，人迹板桥霜。

呈现在我们面前的是清早的鸡鸣、月色朦胧中的茅舍和覆盖着白霜尚有人迹的木桥。这一幅景象，写了六种景物，作者并没有写人在旅途有多么辛苦，但是我们从中感受到了旅客"未晚先投宿，鸡鸣早看天"的绸缪，晓雾中叮当作响的车铃声,更有"客中思家"的悲苦,"羁旅愁思"的艰辛,风餐露宿的坦然与忙碌,披星戴月的坚毅和从容,等等,这些都是"象外之象,景外之景""韵外之致"。这正是老子所说的"无状之状,无物之象"(《老子·第十四章》),它是"视之不见""听之不闻""搏之不得"的(《老子·第十四章》),但"其中有象""其中有精""其中有信"(《老子·第二十一章》)。《红楼梦》第九十八回,黛玉临终前吟道:"宝玉,宝玉,你好……"下面就没有了,"浑身冷汗不作声了"。你到底"好"什么呢?好狠心?好糊涂?……很难讲出来,里面包含了太多太多的内容。"言有尽而意无穷",这就是"有无相生",妙处就在这里。正可谓"不著一字,尽得风流。语不涉难,已不堪忧"(《二十四诗品》)。唐代刘禹锡曰:"境生于象外"(《董氏武陵集记》),此乃"意境"之精髓。这"超以象外"之远致,"可传而不可受,可得而不可见"(《庄子·大宗师》)。

2. 大象无形

老子曰:"大音希声,大象无形。"(《老子·第四十一章》)是说:无限而丰富的乐声反而听来无声响;无限而完美的形象反而看不见形迹。"大音""大象"就是比喻"大道",有无限、完美、丰富、自然、玄妙、幽深之意。"希声""无形"则指非直接的感官所能把握,因为,道的听觉形式是"希声",道的视觉形式是"无形"。然而问题是这"音"和"象"依然"存在",而且是"大音"和"大象",且如此玄妙无穷。

"道"是"无状之状,无物之象"(《老子·第十四章》)。老子曰:"道之为物,惟恍惟惚。惚兮恍兮,其中有象,恍兮惚兮,其中有物。窈兮冥兮,其中有精。其精甚真,其中有信。"(《老子·第二十一章》)"恍惚"意指似有若无;"窈冥"意指微不可见,深不可测。"道"既属于感觉范围又超出感觉范围。说它属于感觉范围,是因为,"道"可以"观",其中有象,其中有物;说它又超出感觉范围,此乃"视之不见""听之不闻""搏之不得"之谓也。那么,如何洞见那无形的"大象",如何聆听那无声的"大音"呢?用老子的话说:"故常无,欲以观其妙;常有,欲以观其徼"(《老子·第一章》);用庄子的话说就是:"无听之以耳",而是"听之以心""听之以气"(《庄子·人间世》)。也就是说,"大象"和"大音",虽不能通过感官直接把握,但却可以用心灵乃至生命去体验、领悟与冥合。此谓之"玄","玄之又玄，众妙之门"（《老子·第一章》）。"玄"者，幽昧而不可测知；"妙"者，秘奥而不可言说。"玄妙"通达着"无"，而"观"与"听"则落实着"有"。似有非无，非无非有，有无相生，此中的意味，妙不可言。

老子曰："道冲而用之或不盈。渊兮，似万物之宗。……湛兮，似或存。"（《老子·第四章》）道体是虚状的，但这虚体并不是一无所有，它蕴藏着无尽的创造因子，因此它的作用是不穷竭的。好一个"似或存"！似亡而又实在。"似"指虚，"存"指实。虚实相生，皆成空灵妙境。宗白华先生说："我们的宇宙既是一阴一阳、一虚一实的生命节奏，所以，它根本上是虚灵的时空合一体，是流荡着的生动气韵。"①"实"则堆垛呆滞，"虚"则灵气往来，虚实相形，成就了中国艺术中"灵的空间"。宗白华先生说：

> 中国画很重视空白。如马远就因常常只画一个角落而得名"马一角"，剩下的空白并不填实，是海，是天空，却并不感到空。空白处更有意味。中国书家也讲究布白，要求"计白当黑"。中国戏曲舞台上也利用虚空，如"刁窗"，不用真窗，而用手势配合音乐的节奏来表演，既真实又优美。中国园林建筑更是注重布置空间、处理空间。这些都说明，以虚带实，以实带虚，虚中有实，实中有虚，虚实结合，这是中国美学思想的一个重要问题。②

中国的绘画、书法、舞蹈、建筑、戏剧、诗文里所展示的这种虚灵的空间感，与中国哲学如影随形，皆"是就'生命'本身体悟'道'的节奏"③。清代画家笪重光在他的《画筌》中说："空本难图，实景清而空景现。神无可绘，真境逼而神境生。位置相戾，有画处多属赘疣。虚实相生，无画处皆成妙境。"这正是宋元山水画的意境。"画家所写的自然生命，集中在一片无边的虚白上。空中荡漾着'视之不见，听之不闻、搏之不得'的'道'。"④ "虚（空间）和实（实物）联成一片波流，如决流之推波。明和暗也联成一片波

---

① 宗白华：《美学散步》，上海人民出版社1981年版，第95页。
② 宗白华：《美学散步》，上海人民出版社1981年版，第68页。
③ 宗白华：《美学散步》，上海人民出版社1981年版，第71页。
④ 宗白华：《美学散步》，上海人民出版社1981年版，第92页。

动,如行云之推月。"①"虚"使"实"动了起来,活了起来;"实"使"虚"那般耐人寻味,富有诗意,虚实互映,湛然灵动,诱发了人间丰富的想象。"虚灵动荡,富有生命,这是中国画的高妙处。"②"虚实"是"灵动"之渊源;"灵动"则是生命之"节奏"。

中国书法中执笔讲究指实掌虚,掌虚方能灵动;运笔讲究枯润相济,枯则润生;结构和章法则讲"布白""计白当黑""密不透风,疏能走马",因为"无墨"处皆成妙境。

中国戏剧和舞蹈中的"刁窗"与"趟马",并无实际的真窗和真马,而是运用手势、动作以及音乐的节奏把它逼真地表现出来,因为"戏曲的布景是在演员的身上"。

中国的建筑,"可行、可望、可游、可居"。楼、台、亭、阁由长廊连接,山、水、石、湖错落点缀其间,此乃"山色湖光共一楼"也。"游"与"望"就是欣赏。门窗不只是为了进出和透气,而是用以借景、取景、分景、隔景。"窗含西岭千秋雪,门泊东吴万里船。"(《绝句四首》)"轩槛高爽,窗户虚邻,纳千顷之汪洋,收四时之烂漫。"(《园冶》)建筑与园林中的"漏窗",已成画框,实中有虚、虚中有实,别具意趣与情调。

中国诗文中的虚实隐秀,则更令人着迷,钱起《省试湘灵鼓瑟》:

>曲终人不见,江上数峰青。

仅此十个汉字,字字化实为虚,又以虚带实;虚中有实,实中有虚。"曲终人不见",倾听妙曲,想见伊人;曲终人散,仍不见伊人。那扑朔迷离的惆怅,那依稀隐约的愁怨,那无边际的企慕,那恋灼郁蒸的艳羡,一瞬间都烟消云散。"江上数峰青",不见伊人,但江水依旧,青峰犹在。是伊人美丽的倩影已化成数峰青山呢?还是江上青峰在见证着人间这欢舞哀愁的徒然、短暂与凄凉?到底是什么呢?好像有很多东西在里面,又好像什么也没说。"湛兮,似或存。"(《老子·第四章》)似亡而又实在,似在而又非在,玄妙就在

---

① 宗白华:《美学散步》,上海人民出版社1981年版,第34页。
② 宗白华:《美学散步》,上海人民出版社1981年版,第34页。

这里。虚实、真幻、隐露之间凝聚了无穷的意味，留给后人绵绵不绝的神思与遐想。"有无相生"与"虚实相形"往往生成一种"远"的意境：

钟鸣长空夕，月出孤舟寒。（岑参：《陪群公龙冈寺泛舟》）
姑苏城外寒山寺，夜半钟声到客船。（张继：《枫桥夜泊》）

这里所说的"远"并不是指物理层面上的空间和时间上的远与近，而是指在"超以象外，得其环中"的体悟中对"景外之景""象外之象"的理冥与神会。也就是说，是超越具体有限的物象，进入无限的空间与时间，在"应会感神"中获得一种丰富的对宇宙、人生、历史的感悟。

老子"大音希声，大象无形"的思想，所体现的就是"有与无""虚与实"的统一，它所生成的是"玄妙"，诞生出来的是"意境"，升华出来的则是生命的"境界"。它不仅构成了中国古典美学"意境"说、"意象"说的哲学基础，也是中国古典美学作为"生命体验之学"和"生命境界之学"的直接理论来源之一。我们在审美活动中所遭遇的那些"只可意会，不可言传"的沉醉，那些"超言绝象""景外之景""象外之象""韵外之致""味外之旨"的妙悟，那些"无言以对"而又"乐莫大矣"的愉悦，那些似有所得而又惘然若失、似曾相识而又面目全非的惆怅，那些"恍惚"之间"朝彻"而"见独"的至乐，那些"大雅无痕"的洗练与洒脱，等等，都从不同的角度生动地诠释着老庄的学说。"无形"之妙，"无声"之韵，"无味"之味，"无言"之旨，"无为"之美，"无痕"之趣，等等，在道家那里被升华和演绎为判断宇宙美、人生美、艺术美的最为根本的法则。

3. 法天贵真

道家以"自然无为"为美，即认为美的本质在于"自然无为"。那么，在中国古典哲学和美学"天人合一"的运思结构中，"人法天地"则构成了最高的真、善、美。

"大美无言"旨在赞美天地万物造化之神奇；"大象无形"旨在体味宇宙创化之玄妙；而"法天贵真"则旨在分享"天人合一"之喜悦。用庄子的话说就是"得至美而游乎至乐"（《庄子·田子方》）。

> 真者，精诚之至也。不精不诚，不能动人。故强哭者虽悲不哀，强怒者虽严不威，强亲者虽笑不和。真悲无声而哀，真怒未发而威，真亲未笑而和。真在内者，神动于外，是所以贵真也。（《庄子·渔父》）

虚伪的哭泣、发怒、亲爱，显得那么勉强，很难让人知晓他内心的真情实感，而"真悲""真怒""真亲"者却是"真在内者，神动于外"的自然流露。"贵真"就是追求本色、本真与纯真。就是庄子所说的"谨修而身，慎守其真"（《庄子·渔父》）、"不离于真，谓之至人"（《庄子·天下》）的境界，所凝结出来的就是一种"以天为宗"的"素""纯""朴"的生命情怀；心灵的率真与朗净显现着人在对象世界中的敞亮与澄明，它照亮的是一个真实的世界，它坚守着心灵中那一方神圣的净土。而虚伪、巧诈和混浊的心灵则鉴照着人内心世界的鄙陋与晦暗。

老子曰："人法地，地法天，天法道，道法自然。"（《老子·第二十五章》）庄子曰："真者，所以受于天也，自然不可易也。故圣人法天贵真，不拘于俗。"（《庄子·渔父》）"法"有取法、效法之意；更有践验、践行之旨。天道与人道本属一体，只是一道。人受性于天，天之根本性德与人之心性相通相类，妙契冥合，乃为人生最高的理想境界，也是至高的审美境界。这种真实无伪、真纯不羁、率性而行的品格才是受人推崇的，也是最美的。《世说新语·任诞》中有一段记载：

> 王子猷居山阴，夜大雪，眠觉，开室，命酌酒，四望皎然。因起彷徨，咏左思《招隐诗》，忽忆戴安道。时戴在剡，即便夜乘小船就之。经宿方至，造门不前而返。人问其故，王曰："吾本乘兴而行，兴尽而返，何必见戴？"

王子猷居山阴，夜半起身，饮酒吟诗，忽忆好友戴逵，虽雪夜而无碍，遂乘兴前往，此"真"也；船行一夜，到门口而不入，只因兴致已尽，"何必见戴"？此亦真亦诚也。这"行"与"返"鉴照着一颗晶莹剔透的心灵和一个个性鲜明的真实自我，令人肃然起敬。这是一种人性中的"粹美"。这让我们想起了不为五斗米折腰的陶渊明，"宁穷处而守高"的屈原，纵酒放达的刘伶,率意任情的阮籍,更有"安能摧眉折腰事权贵"的李白,等等。他们内心的率真与至诚直接"外化"为他们"生命的样式"。他们不仅是这么想的,也是这样做的,其中没有丝毫虚伪巧诈、矫揉造作的痕迹,是那样流畅自然,率性而出。无论你想什么,做什么,首先你都应该成为你自己,而不是别人。这就是心灵的本真,而对"本真"的执着与守候、坚持与捍卫则尽显着心灵的自由和美丽。

"法天贵真",所以,"含德之厚,比于赤子"(《老子·第五十五章》),"常德不离,复归于婴儿"(《老子·第二十八章》),"赤子"与"婴儿"是指真纯清静、无知无欲、淳朴至柔的精神状态,是一种"自己如此""自然而然"的"本真"状态,是"自然无为"之道最为真实而生动的写照。所以,道家始终推崇"大巧若拙""大朴不雕""恬淡素朴"的天然美,一种"清水出芙蓉,天然去雕饰"的真纯之美。这种审美境界,已浸透到中华审美文化的血脉之中,构成宇宙美、人生美和艺术美的精髓。

"法天贵真",所以,"信言不美,美言不信"(《老子·第八十一章》),"信言"指真实可信的言辞,指真话和由衷之言;"美言"指华丽造作之言辞,指漂亮的谎言和巧言。天道"自然无为",贵在"真",人法天道,亦贵在"无为"。所以,美在"真",这种"真"就是"善"。真善美在"天道无为"的基础上被真实地统一了起来。

"法天贵真",所以,"厉与西施,恢恑憰怪,道通为一"(《庄子·齐物论》),"道与之貌,天与之形,无以好恶内伤其身"(《庄子·德充符》)。丑癞的女人和美貌的西施,正如小草和大树,从"道"的本然状态看都是一样的和无差别的,所谓美丑、大小的判断都是人以好恶之心添加给事物的,事物原本就是这个样子,都有其形成与存在的原因和道理,都是"道与之貌,天与之形",也就是说人的容貌和形体都是"天"和"道"所赐予的,本身就是自然天成和完美和谐的,又何必以好恶之心损害其本性呢?如果这样,又怎能真正体悟到天地之大美呢?

"法天贵真",所以,"不以心损道,不以人助天"(《庄子·大宗师》);"与天和者,谓之天乐"(《庄子·天道》)。摒弃人的妄思、妄念、妄动、妄为,以率性之真情合于"天道"之大化流行,"天地与我并生,而万物与我为一"(《庄子·齐物论》),"独与天地精神往来"(《庄子·天下》),此乃"真人""至人""圣人""神人"所体悟与践验的粹美与至美之境界。

"道法自然"与"自然无为"的审美理想也深刻地影响和启迪着中国艺术的创造与欣赏。"同自然之功,得造化之理",被视作中国艺术之"至法",皆"同自然之妙有"也,"纤纤乎似初月之出天涯,落落乎犹众星之列河汉"(《书谱》)。正可谓:

是以无为而用,同自然之功;物类其形,得造化之理。皆不知其然也。可以心契,不可以言宣。(《书议》)

4. 自由之美

庄子是中国诠释"自由"的第一人。庄子讲庖丁解牛,"砉然响然,奏刀騞然,莫不中音,合于《桑林》之舞,乃中《经首》之会"(《庄子·养生主》)。说的是庖丁替文惠君宰牛,运刀割解发出的响声合于乐章《桑林》《经首》之舞步与韵律。庄子言"奏刀",而不用"运刀""进刀""挥刀""行刀"。"奏"与音乐相连,也与"演奏""表演""演示""展示"有染,骨子里所透脱出来的是一种精神的自由状态。从乐理学上讲,音乐的精髓在"节奏",而庖丁之"奏刀"并不是演奏音乐,而是音乐的节奏体现了庖丁"奏刀"之自由。这种自由的境界就是审美的境界。第一,庖丁解牛所得到的快乐,不是因为得到工钱与奖赏,也不是因为得到众人的喝彩而满足虚荣,而是"提刀而立,为之四顾,为之踌躇满志"(《庄子·养生主》)。人在他所创造的世界中复现了自己,实现了自己,也在这种创造性的活动中直观自己,欣赏自己,所以才从容而立,心满意足,拥有一种荣誉感和成就感。第二,庖丁解牛的过程是体道和悟道的过程,"'道'的生命进乎技,'技'的表现启示着'道'"[①]。庖丁解牛的技艺所表演的是"道"的生命之律动,是就生命本身体悟"道"的节奏。"依乎天理","因其固然","以神遇而不以目视,官知止而神欲行"。"神",不仅凝聚了天地万物创化之神奇,也践验着人顺应自然、驾驭必然的妙悟与灵觉,更汇集了人类难以言说的妙赏。"与天和者,谓之天乐"(《庄子·天道》),这是一种"天人合一"的生命情怀,是超越实

[①] 宗白华:《美学散步》,上海人民出版社1981年版,第65页。

用功利的自由境界和审美境界。

"游"是庄子哲学的核心范畴，也是庄子对人的精神自由最为形象的诠释，极富美学价值。庄子曰："若夫乘天地之正，而御六气之辩，以游无穷者，彼且恶乎待哉？故曰：至人无己，神人无功，圣人无名。"（《庄子·逍遥游》）庄子之"游"，非"身游""游戏"，而指"心游""神游"。是"外天下""外物""外生死"的"无己""无功""无名"的精神自由状态。"游"之精髓在"体道"和"自由"。一曰"体道"。"游心于淡，合气于漠，顺物自然而无容私焉。"（《庄子·应帝王》）即游心于恬淡之境，清静无为，顺应万物的自然本性而不用私意，这样，才能体悟无穷之大道。二曰"自由"。"乘物以游心"，"彷徨乎尘垢之外，逍遥乎无为之业"（《庄子·大宗师》）。指顺应自然之道而达精神活动之自由。摒弃对尘世纷争的思虑（"外天下"），涤除对贫富得失的计较（"外物"），抛弃悦生恶死的执着（"外生"）；"去我"则"有我"，"忘我"则"我在"，"无我"则"我大"。这就是庄子所说的"夫明白太素，无为复朴，体性抱神，以游世俗之间者"（《庄子·天地》）。指的是那些明澈纯素，自然真朴，体悟本性，持守精神而遨游于世俗间的人。这种人才是真正自由的人。所以，庄子曰："撄宁也者，撄而后成者也。"（《庄子·大宗师》）"撄"指尘劳杂乱；"宁"指宁定湛然。"撄宁"即在尘劳纷争中保持淡然宁静的心境。"物物而不物于物"（《庄子·山木》），"物而不物，故能物物"（《庄子·在宥》）。主宰万物而不被外物所役使，不把自己作为物的工具和奴隶，这样，在你与万物打交道的过程中才具有主体性，你才是自由的。这也正是老子所感叹的："孰能浊以静之徐清？"（《老子·第十五章》）谁能在昏浊躁动中安静下来而慢慢地走向澄明？在污浊的尘世纷争之中保持一种超然物外、无忧无虑的独立人格与精神自由，以达至美至乐之境？陶渊明《饮酒》诗云：

> 结庐在人境，而无车马喧。
> 问君何能尔？心远地自偏。
> 采菊东篱下，悠然见南山。
> 山气日夕佳，飞鸟相与还。
> 此中有真意，欲辨已忘言。

身处"人境"之中，而不闻车马之"喧"，这是因为"心远"，如果没有如此洒脱超然、淡泊宁静的心境与情怀，此中的"真意"是觉解不到的，因而也就不可能有如此自由玄远之境界。自由就是对必然的支配和驾驭，而"美"就是"自由的形式"①。所以，道家既非"避世"，亦非"遁世"，而是"游世"，道家的精髓就在这里。

总之，道家以"道"映照天地万象，以"道法自然"为运思基点而展开对天、地、人之美的探讨与论述。"大美无言""大象无形""法天贵真"和"自由之美"，从不同的维度和向度诠释了道家在"天人合一"框架之下对美的本质的探索。老子提出的"道""气""象""有""无""虚""实""味""观""妙""玄""神""朴拙""自然""无为""虚静""赤子""无知无欲""绝智弃辩""涤除玄鉴""大音希声""明道若昧""无状之状""无物之象"等概念和范畴，庄子提出的"游""忘""适""奏""性""迹""纯""素""无待""以明""贵真""朝彻""见独""瞻明""葆光""心斋""坐忘""天机""天光""天籁""天成""天乐""天和""至美至乐"等命题，对后来中国古典美学的发展，对中国古典美学形成自己独特的思辨体系和运思风格产生了深远的影响。老子哲学的"生命意味"和庄子哲学的"生命情调"，不仅奠定了中国生命哲学和美学的理论基础，也对后来中国古典美学所提出的"意境""意象"理论提供了坚实的哲学基础，从而构成中华传统文化审美境界的丰富内容。中国人在审美活动中所生成的种种"诗艺化境"，大多都能找到老子与庄子的身影。

三 禅宗——"灵明内照"的生命意味

（一）禅宗审美境界的哲学底蕴

禅宗是佛教中国化的产物，或者说是中国式的佛教。其创始人是六祖慧能。禅宗以"心性论"为核心，以不立文字、教外别传、直指人心、见性成佛为宗旨，大力弘扬性净自悟的佛法。

禅宗不仅对中国传统文化产生了深远的影响，同时，也构成中国古典哲学和美学思想的有机组成部分。"禅"是古代梵文"禅那"（Dhyāna）的音译

---

① 李泽厚：《美学三书》，天津社会科学院出版社2003年版，第438页。

简称,意译为"静虑""冥想""思维修"等。主要讲宁静专注、冥思真谛。与禅的含义相应的梵语还有 samādhi,汉译作"定",指令心神专一而心不散乱的精神状态。中国人习惯把"禅"和"定"并称为"禅定"。

何谓"禅定"?慧能曰:"外离相为禅,内不乱为定。外若著相,内心即乱;外若离相,心即不乱。本性自净自定,只为见境思境即乱。若见诸境心不乱者,是真定也。"(《坛径·坐禅品》)"相"指物相,即外在的事物和现象;"境"指认识的对象,即色、声、香、味、触五境。"离相"指不迷恋和执着于物相,而"著相""见境思境"则是迷恋和执着于外在的物相,这是造成内心散乱的真正原因。可见,如何保持内心的清澈宁静,如何使人得到解脱,如何体证宇宙人生的真相而使心灵达到自由和解放,如何在"明心见性"中洞见生命之本体,如何在"顿悟成佛"中证悟刹那之永恒,这是禅宗所关注的核心问题。禅宗的基本思想可以概括为以下几点。

1. "即心即佛","自心是佛"

众生的自心就是佛,心外无佛。由此,你我是佛,一切众生都是佛,众生心与佛心在性体上是无异的,只要"一念悟时,众生是佛"(《坛经·般若品》)。大珠慧海法师在解释"即心即佛"时说:"汝疑那个不是佛,指出看。"[①]佛不在玄秘缥缈的彼岸世界,佛就在你心中,不必外求。众生心有妄净、愚智、迷悟之别,只要众生"自净其心",则皆可成佛,"佛者,觉也"(《坛经·忏悔品》)。所以慧能曾把佛譬如雨露:"一切众生,一切草木、有情无情,悉皆蒙润。百川众流却入大海,合为一体。众生本性般若之智,亦复如是。"(《坛经·般若品》)

2. 明心见性,顿悟成佛

禅宗认为,一切众生,皆有佛性,一切众生,都能成佛。只要"明心见性",便可"顿入佛地"。这就是禅宗所提倡的"直指人心""明心见性""顿悟成佛"的核心思想。

慧能说:"智慧观照,内外明彻,识自本心。若识本心,即是解脱。"(《坛经·般若品》)"本心"是指本来具有、本来如此、本来清净的心性。"本心"也就是"净心","净"即清净,指人的本性先天就是纯洁清净的,觉悟佛道

---

① (宋)普济:《五灯会元》上册(卷三),中华书局 1984 年版,第 155 页。

的智慧也是世间每个人先天就具有的，只因尘劳杂染，执迷不悟而生"妄心""迷心""邪心""毒心"。所谓"明心"，就是断绝一切虚妄之念，认识和体验自己本自清净的"心性"，自净其心，回归本心。"识心"就是体悟本心，使"净心"完满地呈现出来。"识心"便可以"见性"，所谓"见性"，就是觉知自心所具有的自性（佛性）。佛就在你心中，何不在一念了悟中，刹那间妄念俱灭，识心见性，内外明彻，即时豁然，顿入佛地呢。所以，以慧能为代表的南宗，反对以神秀为代表的北宗的修行方式。

3. "无念为宗，无相为体，无住为本"

慧能说："我此法门，从上以来，先立无念为宗，无相为体，无住为本。无相者，于相而离相；无念者，于念而无念；无住者，人之本性。"（《坛经·定慧品》）

"无念"，非指万念尽灭，什么都不去想，而是"于念而无念"。也就是说，自己在接触外在事物和现象时，心不受外境的影响和污染，即每一个心念中不起杂念、妄念。

"无相"，非指与外物接触时对物相闭目不视，而是"于相而离相"。用慧能的话说就是："外若著相，内心即乱；外若离相，心即不乱。"（《坛经·坐禅品》）"著相"就是执着于事物和现象的形相或表象，也就是说，在与外物的接触中，看不清事物和现象的本质、本体、本源，而执着于事物和现象的形相与表象上，从而滋生种种妄念、妄想，甚至妄为，这是造成内心惑乱与烦恼的真正原因，犹如看见美色，并非视而不见，而是视而不"乱"，"于"色而"离"色，不起妄念、妄想。这样才能做到自性不乱。

"无住"，"住"即执着，"无住"就是指不执着不迷恋于一定的对象，思想不受任何束缚。因为万物皆因缘而起，万法皆空，所以"见一切法，心不染著"（《坛经·般若品》）。难怪五祖在为慧能讲解《金刚经》时，当讲到"应无所住而生其心"时，即说，"无念"并非"心死"，而是在无执着中生起无垢无染、空寂清净的正心正念。这样，自我的本心和本性才能得以显现，宇宙万物的自性才能在内外明彻、虚空寂静的禅心中得以"慧照"。所以，禅宗讲"空"，讲的是"看空"；禅宗讲"无"，说的是"无念""无相""无住"，"空""无"二义皆直指人心。

要之，"无念"则内心断尽一切尘劳妄想；"无相"则内心清净而不为外境所扰;"无住"则内心无所执着、无所牵挂、无所定住。反之,系念、著相、执住,就会心生烦恼。此三者皆"直指人心",即"内外不住,去来自由,能除执心,通达无碍"(《坛经·般若品》)。而"于念""于相"则反映出禅宗"于世"而"出世"的精神境界,禅宗强调成佛是不离世间的,应该在现实生活中寻求解脱,这样,禅宗就把"神"重新还原为"人",把彼岸世界转移到现实世界,把圣人拉回到凡人,把神性拉回到人性。禅宗反对舍弃和远离现实的感性生活,反对独处幽栖、遁迹山林以寻求解脱,而是要求在日常生活中发现禅意,体悟禅境,从而实现生命的超越和精神的自由,用慧能的话说就是:"佛法在世间,不离世间觉。"(《坛经·般若品》)"用即遍一切处,亦不著一切处。"(《坛经·般若品》)"于六尘中无染无杂,来去自由,通用无滞。"(《坛经·般若品》)所以,"担水砍柴,无非妙道"(《景德传灯录》卷八),"青青翠竹,总是法身,郁郁黄花,无非般若"[1]。这就是禅宗所说的"平常心"以及禅宗的"人间性"。

(二)禅宗的审美境界

禅宗审美境界的理论基础是"直指人心,识心见性,顿入佛地"的性净自悟的心性论。既然人人皆可在"一念悟"时"顿至佛地",既然人人皆可在去来自由、通达无碍、"内外明彻"、"内外不住"中"即时豁然",那么,这种"心境"就是一种"意境",极富诗意。

禅宗讲"心生万法",万相的"心灵"化,就是万相的"意境"化。心灵的清净空寂映照出天地万相的清净空寂;心灵的内外明彻鉴照出万物的灵动与光明;心灵的往来无待践验出洒脱超然的精神自由;心灵的瞬间妙悟拨动和萌生出款款空灵淡远的意境。这诗意的境界和自由的境界就是审美的境界,它被凝结和升华为"禅悟"后的无限"喜悦",这种内心的喜悦一直伴随着中国人的审美活动。

1. 自由之美

审美的本质与自由的本质血脉相连,自由的境界就是审美的境界。道家所谓"自由之美",指的是由对"道"的体悟而达到的一种"无为而无不为"的境界,而禅宗所谓之自由则是通过"心悟"的"亲证"而达到的去来自

---

[1] (宋)普济:《五灯会元》上册(卷三),中华书局1984年版,第157页。

由、通达无碍的境界。道家以"法天贵真"为快悦，禅宗则以"识心见性"为解脱；道家以"道"鉴照天、地、人之生命本体，禅宗则以"心"慧照天地万物之真如实相。二者殊途同归，皆指向人的超越、自由和解放。

"于念而无念""于相而离相"，方能"无住"，"无所住而生其心"就是一种超越自我的自由境界。禅宗所谓"悟""清净""定""慧""解脱""唯我独尊""自性自度""佛性我"等，讲的就是人格的自由，也就是在直觉与心悟的状态下体验人生自由的境界。铃木大拙说：

> 禅就其本质而言，是看入自己生命本性的艺术，它提出从枷锁到自由的道路……我们可以说，禅把储藏于我们之内的所有精力做了适当而自然的解放，这些精力在通常的环境中是被挤压被扭曲的，因此它们找不到适当的通渠来活动……因此禅的目标乃是要救我们免于疯狂或残废。这就是我所意谓的自由，是要把秉具在我们心中一切创造性与有益的冲动自由展示出来。①

"疯狂"与"残废"皆缘于心有所"执"、心有所"住"，皆在"枷锁"之中而不能自拔，谈何"自由"？禅宗所谓的"自由"就是"开悟"后所获得的一种泰然、从容的灵慧，是解脱烦恼后获得的一种澄明、清净的喜悦。这是心灵的美、人格的美、人生的美。它既是自由的精神境界，也是审美的人生境界。

禅宗讲"内外不住""内外明彻""于相而无相""于念而无念""不于境上生心"，所以烦恼尘劳常不能染。"自性"就是"自心"；"明心"就可以见性，见性即可成佛。心就是佛，心外无佛。若"自心"不觉悟，任凭你整日坐禅、拜佛、诵经，也不能成佛。《五灯会元》中记载：

> 开元中有沙门道一，即马祖也。在衡岳山常习坐禅。师知是法器，往问曰："大德坐禅图甚么？"一曰："图作佛。"师乃取一砖，于彼庵前

---

① ［日］铃木大拙、［美］佛洛姆：《禅与心理分析》，孟祥森译，中国民间文艺出版社1986年版，第175—176页。

石上磨。一曰:"磨作甚么?"师曰:"磨作镜。"一曰:"磨砖岂得成镜邪?"师曰:"磨砖既不成镜,坐禅岂得作佛?"①

这是怀让与马祖两位禅师的一段对话。马祖在成为怀让的子弟之前,在南岳衡山整日修习坐禅,怀让问马祖:"你坐禅图什么?"马祖说:"为成佛。"怀让就拿了一块砖在石上磨。马祖问:"磨砖做什么?"怀让答:"做镜子。"马祖问:"砖块岂能磨成镜子?"怀让说:"磨砖既不能成镜,坐禅岂能成佛?"马祖言下大悟,于是拜怀让为师。这正是"不执外修"的境界。正如慧能所说:"道由心悟,岂在坐也。"(《坛经·护法品》)悟道只是内心之"灵觉",又何必拘泥于外在的修行形式呢?义玄禅师曰:

道流佛法,无用功处。只是平常无事,屙屎送尿,著衣吃饭,困来即卧。愚人笑我,智乃知焉。(《古尊宿语录》卷四)

何等自信与洒脱!刘长卿诗云:"杖锡闲来往,无心到处禅。"(《喜鲍禅师自龙山至》)一语道破禅机。"无心"方能"无待";超越"自我",才能"忘我";"忘我"则可"无我";无我则可舍"小我"而获"大我"。禅宗所谓"物我两忘"的意旨与宗趣就是"直指人心""明心见性""见性成佛"。

老庄言"涤"与"忘",慧能讲"无念",二者所要达到的目的以及所采用的方法虽不尽相同,但有一点是一致的,那就是寻求人的"解放""自由"与"澄澈"。老子眷恋着"致虚守静",其方法是"涤";庄子证在"无待"与"逍遥",其方法是"忘"与"游";慧能则悟在"去来自由,无滞无碍"(《坛经·顿渐品》),其方法是"定慧"不二。"涤""忘""定",皆旨在要求人们"放下"许多东西,而只有"放下"许多东西才能"获得"许多东西。因而,从这个角度来看,在中国哲学史上,常有"庄禅相通"之说。张中行先生说:"禅法到慧能,作为一种对付人生的所谓道,是向道家,尤其庄子,更靠近了。我们读慧能的言论,看那自由自在,一切无所谓的风度,简

---

① (宋)普济:《五灯会元》上册(卷三),中华书局1984年版,第126页。

直像是与《逍遥游》、《齐物论》一个鼻子孔出气。"① 无我无执,无牵无挂,无念无住;不以形累,不为物扰;自由自在,即为佳境。

灵澄禅师曰:"东庵每见西庵雪,下涧长流上涧泉。半夜白云消散后,一轮明月到窗前。"(《山居诗》)这种澹泊宁静的心境,"引导你走出喧嚣,避开炎凉,脱离宠辱,你将在这世界上,活得更加无忧无虑,更加清净自在,更加充满阳光"②。这正是一种心灵境界的美,更是一种人生境界的美。正如无门慧开禅师诗云:

> 春有百花秋有月,夏有凉风冬有雪。
> 若无闲事挂心头,便是人间好时节。(《无门关》)

2. 真纯之美

> 禅宗的特色是:喜纯、诚挚、与自由。③

"纯"即真纯。指人们在禅境中所领悟和体验到的一个无染无杂、自性自在的真实的世界,一个天地万物以其"本来面目"所呈现出来的本真的实相世界。《赵州录》记载:

> 问:"如何是祖师西来意?"师曰:"庭前柏树子!"曰:"和尚莫将境示人?"师曰:"我不将境示人。"曰:"如何是祖师西来意?"师曰:"庭前柏树子。"④

"庭前柏树子",既非逻辑推理而出,亦非理念的形象比喻所示,而是以

---

① 参见张中行《禅外说禅》,黑龙江人民出版社1991年版,第123页。
② 洪丕谟:《禅的淡泊和宁静》,载鲁文忠编《名家谈禅》,湖北人民出版社2004年版,第107—108页。
③ [日]铃木大拙、[美]佛洛姆:《禅与心理分析》,孟祥森译,中国民间文艺出版社1986年版,第11页。
④ (宋)普济:《五灯会元》上册(卷四),中华书局1984年版,第202页。

其"本来面目"所呈现出来的一个真实的感性世界,它的意义就在其自身,而不在其外。存在本身是圆满而具足的,存在本身就是意义世界的全部。没有离开实存的所谓"真实",也没有离开真实的所谓"存在"。这就是禅宗所谓"真即实,实即真"的思想,所谓"立处即真""只在目前"① 的妙境。禅的存在,不在彼岸世界,而就在当下眼前,就在人对感性世界的纯粹证验之中。

禅宗讲参禅有三个境界,青原惟信禅师曰:

> 老僧三十年前未参禅时,见山是山,见水是水。及至后来,亲见知识,有个入处。见山不是山,见水不是水。而今得个休歇处,依前见山只是山,见水只是水。大众,这三般见解,是同是别?有人缁素得出,许汝亲见老僧。②

第一境,"见山是山,见水是水"。"山"和"水"归于"就是"。即与我无关,我不参与其中,既然与我无关,所以眼见为"有",然而"有"仅为"有",正如天地万物早已先于人类而存在。但,这种"存在"是"死"的,因为我以"物我分离"的心态去看这个世界,"山水"只是我"看"到的"实物"。"山水"外在于我而存在。此就是此,彼就是彼;我就是我,山水就是山水;主观就是主观,客观就是客观,人心的荒芜冷漠了"山水"的存在。"客观化"的结果就是"实体化"。山水"本有"而与我何干?此乃"未参禅时"。

第二境,"见山不是山,见水不是水"。这时"山水"则与"我"有关。"山水"不是"我",因为我发现了在"我"之外有一个"山水",而且"我"在看"山水"。这里已有"我"的"参与"和"存在"。"不是"二字意味着"山水"已不只是"山水",而成为"他物",成为我的"对象",而这些都是"我"在进行判断与明辨。天地万物已不是独立自在地外在于我的"存在"。既然有"我"的参与,那么,作为概念范畴的"山水",就是"理

---

① (宋)普济:《五灯会元》上册(卷三),中华书局1984年版,第166页。
② (宋)普济:《五灯会元》下册(卷十七),中华书局1984年版,第1135页。

性"观照的对象；作为情感依托的"山水"就是"我"所寄情的对象。比如："知者乐水，仁者乐山。"此已不是此，彼亦不是彼；我就是"山水"，"山水"就是我。这里已超越了"物我"僵硬的对立。但仍然是"简单"的"主客"对立。此谓"亲见"。

第三境，"依前见山只是山，见水只是水"。"依前"即和第一境一样。但有实质的不同。这时，山与水，包括万物，也包括我，皆如其"本来之所是"，你只是你，我只是我；此只是此，彼只是彼。因为"我"已超越了"与我无关"和"与我有关"。"无我"与"有我"的对立也被打破了。既没有一个"认识"的"对象"，也没有一个超验的"无我"。"你"只是"你"，因为"你"曾经不是"你"；"我"只是"我"，因为"我"曾经"无我"或"有我"。现在，一起"放下"。"无念、无相、无住"，物我两忘，无牵无挂。"应无所住而生其心"。那么，还剩下些什么呢？剩下的就只有"山水"的本真和"我"的本真了。可谓"一丝不挂""立处即真"，此"不二法门"导出的却是一个无心无待、真意盎然的世界。"不是"是对"是"的否定，"只是"又是对"就是"与"不是"的超越和扬弃，它既不是"是"，也不是"不是"，而只是其"本来之所是"。所以，"青山自青山，白云自白云"。此谓"得个休歇处"。

禅曰："心本无心，知心如幻；了法非法，知法如梦。心法不实，莫谩追求；梦幻空花，何劳把捉?"① 生命本身不是感官和理性所能把握的，它是玄化亡言、幽渺灵动的生命本真的湛然呈现。

    竹影扫阶尘不动，月穿潭底水无痕。②
    雁过长空，影沉寒水。雁无遗踪之意，水无留影之心。③

正可谓"水月镜花"，"寸丝不挂"，"无染无杂"，"只在目前"。禅宗从物我两忘、能所俱泯的特殊层面再度向我们揭示和灿现出一个充满意味与情调的真实而生动的世界。

---

① （宋）普济：《五灯会元》下册（卷十六），中华书局1984年版，第1074页。
② （宋）普济：《五灯会元》下册（卷十六），中华书局1984年版，第1079页。
③ （宋）普济：《五灯会元》下册（卷十六），中华书局1984年版，第1016页。

只悟得"一切皆苦",放下便好,这不是解脱;只看到"诸法无常",幻如梦境,这不能解脱;只证得"无我无执",心无挂碍,这还是不能解脱。使人解脱的不是"无我",而是"无我"之后盎然的世界,正是这一层次成了喜悦的活泉。"真纯"的心境"映照"出"真纯"的生命世界,让生命真实而鲜活地呈现于眼前。见桃明心,见花悟道,那么见风月柳絮亦如是。灵云志勤禅师曰:

三十年来寻剑客,几回落叶又抽枝。
自从一见桃花后,直至如今更不疑。①

3. 禅悟之美

禅是修行的方式,悟则是修行的结果。"悟"与"迷"相对,"明心"与"无明"相悖。"迷"与"无明"皆指我执我住所生的妄念妄想;而"悟"与"明心"则指无我无执而生的觉醒与觉悟。"悟"有解悟、证悟之分,有渐悟、顿悟之别,但其根本宗旨就是"见性"。修禅的高峰就是"顿悟",它是意义的亲证、生命的转化和精神的飞跃。这种状态,禅师们描写为:"如人饮水,冷暖自知。"② 意思是说,只有经验到经验者与被经验者冥合不分的人,才真正知道它是什么。③ 在这里,理性与感性、主体与客体、存在与意义、认知与体验被生动地凝聚在"生命的境界"之中,物我两忘,体合为一。北宗神秀主张渐修、渐悟,故神秀偈曰:

身如菩提树,心如明镜台。
时时勤拂拭,莫使染尘埃。(《坛经·行由品》)

南宗慧能主张不执外修,倡导无修之修,不必整日诵经打坐,只需一念了悟,识心见性,即可顿悟成佛。故慧能偈曰:

---

① (宋)普济:《五灯会元》上册(卷四),中华书局1984年版,第239页。
② (宋)普济:《五灯会元》上册(卷二),中华书局1984年版,第73页。
③ 冯友兰:《中国哲学简史》,北京大学出版社1985年版,第302页。

菩提本无树，明镜亦非台。

本来无一物，何处染尘埃。(《坛经·行由品》)

在神秀那里，"菩提树""明镜台"皆为内外身心所"执"、所"住"的"实相"和"法相"，可谓"内外定住"，因而不能"离相"；而"勤拂拭""染尘埃"则是于诸境上"生心""起念"与"操劳"，因而不能"无念"。慧能却深明"万法皆空"之理。"菩提""明镜"二者皆空，"本来无一物，何处染尘埃"呢？既然"自性本自清净"，又何必向外求心而坐禅觅佛呢？正可谓"骑驴觅驴"。只要明心见性，就可顿悟成佛。

"悟"是一种生命体验和精神境界，表现为心灵迷雾散尽之后的"澄明"。那障眼的云雾被驱散了，那遮蔽心性的帷幕被拉开了，物我在时空因果中的差别、隔阂、界限也被超越了，过去、现在、未来被凝成一瞬，人与万物完全合为一体。它不是思辨的推理，而是生命的直觉；它不是心理学上所说的感觉，而是一种更为根本的体会……所以，"禅悟"就是人类精神的"灵明内照"。

禅宗常说有三种境界，第一境是"落叶满空山，何处寻行迹"(《寄全椒山中道士》)，讲"寻"禅而不得；第二境是"空山无人，水流花开"(《十八大阿罗汉颂》)，讲似悟而仍不得；第三境是"万古长空，一朝风月"[1]，讲瞬间即永恒，刹那成终古，这是禅宗的最高境地。"寻"则执着，乃心之造作；"无"则悟到"空"，已破法执我执，但仍有"空""有"界分之痕迹，有执"空"之意味。因为本来无所谓空、有。空，即非空无，也非实有。非有非无，不即不离；有限即无限，无限即有限；真即实，实即真，乃为禅宗之精髓。所以，呈现在我们面前的自然是"万古长空，一朝风月"，这不是以主体或客体的身份去领会"本体"的存在，而是"本体"与"真我"在时空中的瞬间妙契与冥合。在这里，个体与整体、有限与无限、瞬间与永恒，自我与无我被意味深长地统一起来。我即佛，佛即我；"本体"以"如其所是"而灵现，"真我"以"如其所是"而灵觉。真实的自我与真实的本体已契合为一，不可分辨，也不去分辨。用禅宗的话说就是："一刹那间妄念俱灭，若识

---

[1] (宋)普济：《五灯会元》上册(卷二)，中华书局1984年版，第66页。

自性，一悟即至佛地。"（《坛经·般若品》）

这种"瞬间永恒"的顿悟带来的是精神上的愉悦，而且这种愉悦是在日常生活中，特别是在对大自然的体验和欣赏中获得的，所以，这种感受和领悟不仅具有一种自由感，更接近审美的愉快。

禅宗讲"开悟"时往往落脚于眼前具体的实相世界，这是一个真实的感性世界，一个充满生机的盎然世界。既非抽象的逻辑判断，亦非简单的形象喻示，而是发自内心的纯粹体验。禅师们可以在"拈花微笑"中心有灵犀，在"翠竹黄花"中发现禅意，在"青山白云"中体悟禅道，在"蒲花柳絮"中体冥禅味，在"担水砍柴"中体验禅悦，在"长空风月"中湛悟禅境，从而理解存在的意义和人生的真相，实现生命的超越与自由。试问，如果这种"心境"一不起于实用功利的计较，二不生于逻辑概念的判断，那么，这不是审美的境界又是什么呢？梅花尼有偈曰：

尽日寻春不见春，芒鞋踏遍陇头云。
归来笑拈梅花嗅，春在枝头已十分。（《鹤林玉露》）

4. 空寂之美

"空"指超乎色相现实的境界。因为世间万法都是因缘和合而成，都是虚幻不实的存在。"寂"指静，示喻如如不动的宇宙实相。若用禅宗"不即不离"的智慧来看：体悟"空"，既不能执"相"，但亦不能执"空"，而是"相即无相"，"色即是空，空即是色"；体悟"寂"，既不能执"静"，亦不能执"动"，而是动中极静，静中极动。宗白华先生说得好："禅是动中的极静，也是静中的极动，寂而常照，照而常寂，动静不二，直探生命的本原"，"静穆的观照和飞跃的生命"构成了"禅"的心灵状态。[①] 天柱崇慧禅师诗曰：

万古长空，一朝风月。

"万古长空"展示的是悠悠万化的空寂，"一朝风月"则点化了宇宙生命

[①] 《宗白华全集》第二卷，安徽教育出版社2008年版，第364页。

在瞬间的波动。中际善能禅师解得好："不可以一朝风月昧却万古长空，不可以万古长空不明一朝风月。"①"万古长空"为"静"，"一朝风月"为"动"，静动互为依存、互为启示、互为映照。

> 诸法从本来，
> 常自寂灭相。
> 春至百花开，
> 黄莺啼柳上。②

一位无名僧人，诵《法华经》到"诸法从本来，常自寂灭相"时，忽生疑问，久思不解，坐卧不安，越想越糊涂。有一年春日，突然一声莺啼，唤醒了他的迷梦，豁然大悟，遂作此偈。这位僧人先前执着于"寂灭相"而不能自拔，用僧肇的话说就是："若以无相为无相，无相即为相，舍有而之无，譬如逃峰而赴壑。"（《般若无知论》）只执着于"无相"，乃"住"于"无相"，所以"无相"也成了"相"；只执着于"寂灭"，乃"住"于"寂"而思"灭"，那么"寂灭"便成了"死寂"。所以，一声莺啼，点化了静中极动，动中极静，遂豁然大悟。

可以看出，空寂之美的实质与灵魂就是"静穆的观照和飞跃的生命"所映照出来的一个"貌其本荣，如所存而显之"（《古诗评选》）的真实而生动的世界。王维辋川绝句，字字是禅：

> 木末芙蓉花，山中发红萼，
> 涧户寂无人，纷纷开且落。（《辛夷坞》）

> 空山不见人，但闻人语响。
> 返景入深林，复照青苔上。（《鹿柴》）

---

① （宋）普济：《五灯会元》下册（卷二十），中华书局1984年版，第1375页。
② （宋）普济：《五灯会元》中册（卷六），中华书局1984年版，第363页。

第三章　中华传统文化的审美境界

这些看似凄清、孤寂的情境，并未带给我们太多的感伤和凄凉，而是一种"万物自生听"（《咏声》）的妙趣，一种真言洞彻、禅意昭融的境界。

这种空寂而凄美的意境一直萦绕在中华传统文化的审美性情之中，挥之不去，历久弥新：

天高地迥，觉宇宙之无穷；兴尽悲来，识盈虚之有数。（王勃：《滕王阁序》）

目送归鸿，手挥五弦。俯仰自得，游心太玄。（嵇康：《四言赠兄秀才入军诗十八首·其十四》）

春潮带雨晚来急，野渡无人舟自横。（韦应物：《滁州西涧》）

秋阴不散霜飞晚，留得枯荷听雨声。（李商隐：《宿骆氏亭寄怀崔雍崔衮》）

独自莫凭栏，无限江山，别时容易见时难。（李煜：《浪淘沙令·帘外雨潺潺》）

野旷天低树。（孟浩然：《宿建德江》）

落叶满长安。（贾岛：《忆江上吴处士》）

古人或泛舟弄月，或把酒依栏，或登高远望，皆生微茫凄清之感，孤寒远致，犹难为怀。李叔同的《送别》，幽眇空灵，禅意湛然：

长亭外，古道边，芳草碧连天。
晚风拂柳笛声残，夕阳山外山。
天之涯，地之角，知交半零落。
一瓢浊酒尽余欢，今宵别梦寒。（《送别》）

本是写田野，却惹出古道长亭之驰旷幽远；本是写离情别怨，却又有晚风笛声相伴；本是把酒问天，却又梦寒欢断，"心事两悠然"。天之涯，地之角，夕阳山外山。这里浓缩了太多的人生感、宇宙感和历史感，深沉、渺茫而玄远。

这种凄楚空灵的意象是通过生命的体验而被升华和显现出来的一个具

有无穷意味的真实的世界,一种去蔽生光、天门洞开的"独照"。柳宗元《江雪》:

> 千山鸟飞绝,万径人踪灭。
> 孤舟蓑笠翁,独钓寒江雪。

此时的渔翁已融化在浩渺宇宙之中,物我两忘,心凝神会,冥化合一。缥缥缈缈间,顿生苍茫辽阔、妙契无垠之叹。更有倪云林的画,寥寥数笔的淡墨,尽显那孤凄粹美的时间与空间。

总之,禅宗以"心"冥和天地万相,以"禅悟"为言说基点而展开对天、地、人之美的探讨与论述。"自由之美""真纯之美""禅悟之美"和"空寂之美",从不同的维度和向度诠释了禅宗在"天人合一"框架之下对美的本质的讨论和探索。禅宗提出的"识心见性""无染无杂""无滞无碍""来去自由""立处即真""只在目前""自净其心""真即实""实即真""自心""自性""无念""无相""无住""顿悟""顿见""解脱""观""照""境""慧""觉""静""空""寂""净"等命题,不断地丰富着中国古典美学的内涵,并潜移默化地浸润在中国人的审美情怀之中。

中国传统文化讲"儒道互补",其中又有"禅"之意味,此乃中华传统文化之筋脉。儒家显扬圣者气象,处处通达;道家陶醉于空灵化境,逍遥自得;禅宗则往来无待,明心见性。以此构成中国人的"心境情调"。用刘刚纪先生的话说就是:"基于儒,依于道,逃于禅。"[①] 这种情绪一直弥漫在中国人的审美情怀之中。一部《红楼梦》,既有"宝钗"的仁爱,亦有"道士"的飘逸,更有"妙玉"的禅趣,可谓儒、道、禅合流。

综上所述,在中华传统文化的审美境界中,儒家以"仁"为蓝本,诠释天地人之美(社会维度);道家以"道"为蓝本,体悟天地人之美(自然维度);禅宗以"心"为蓝本,映照天地人之美(心之维度)。也就是说,儒家以"礼乐仁义"为美,道家以"自然无为"为美,禅宗以"明心见性"为

---

① 刘刚纪:《中国艺术精神》,载《敦煌——兰州全国美学讲习班讲演集》,甘肃省社会科学院哲学研究所1985年版,第66页。

美。究其根由与宗趣，都旨在从不同的维度和向度言说天地人在"天人合一"境界中所诞生的美。

儒家"尽善尽美"的生命情怀，道家"玄妙空灵"的生命情调，禅宗"灵明内照"的生命意味，构成中华传统文化审美境界的灵魂底蕴，成为中华优秀传统文化中灿烂的瑰宝。

思考题

1. 试析儒家以"仁"为旨趣的审美境界主要表现在哪几个方面？
2. 怎样理解道家"大象无形"思想对中国艺术的深远影响？
3. 禅宗"去来自由，无滞无碍"的生命境界与中华传统文化的审美境界有何关联？

参考文献

1. 陈鼓应：《老子今注今译》，商务印书馆 2003 年版。
2. 陈鼓应：《庄子今注今译》上、下册，商务印书馆 2007 年版。
3. 冯友兰：《中国哲学史》上、下册，华东师范大学出版社 2000 年版。
4. 方立天：《佛教哲学》，中国人民大学出版社 1986 年版。
5. 高令印：《中国禅学通史》，宗教文化出版社 2004 年版。
6. 徐复观：《中国艺术精神》，华东师范大学出版社 2001 年版。
7. 叶朗：《中国美学史大纲》，上海人民出版社 1985 年版。
8. 《宗白华全集》（1—4 卷），安徽教育出版社 2008 年版。
9. 张岱年：《中国哲学大纲》，中国社会科学出版社 1982 年版。
10. 赵馥洁：《中国传统哲学价值论》（增订本），人民出版社 2009 年版。
11. 张世英：《境界与文化》，人民出版社 2007 年版。
12. 朱良志：《中国美学十五讲》，北京大学出版社 2006 年版。
13. （南宋）朱熹：《四书章句集注》，中华书局 1983 年版。

第四章　中华传统文化的家国情怀

中国社会以家庭为中心的文化衍生出了一整套生活和思维方式——"家国情怀",它包括"修身、齐家、治国、平天下"这一修齐治平准则。这一准则是把个人追求与社会目标统一起来的社会信念与原则,它由个人而家庭,由家庭而家族,由家族而氏族,由氏族而部族,由部族而民族,由民族而社会而国家,由国家而天下,它是中国人所特有的价值思维,是中华传统文化中最宝贵、最活跃的精神资源。

在当今社会,实现中华传统美德的创造性转化和创新性发展,都必须以塑造和弘扬新时代的家国情怀作为基准。所谓"家国情怀",指对家园、国家的深厚感情,它是一种高尚的品性和情操,它不仅包含慈爱之心、悲悯之情,体现为爱家、爱亲人,进而推己及人的情感;同时,更是对国家和社会发展的关注,是一种对国家民族至深的爱国主义。从"昔我往矣,杨柳依依;今我来思,雨雪霏霏"(《诗经·小雅·采薇》)到"彼黍离离,彼稷之苗。行迈靡靡,中心摇摇"(《诗经·国风·黍离》),从"陟升皇之赫戏兮,忽临睨夫旧乡。仆夫悲余马怀兮,蜷局顾而不行"(《楚辞·离骚》)到"王师北定中原日,家祭无忘告乃翁"(陆游:《示儿》),无不表达了古人对家园、国家的眷恋与情怀。正确认识家国情怀,无论对国家,抑或对个人,都是一种积极向上的影响。

第一节　中华传统文化家国情怀意识的形成

在中华传统文化发展的历史长河中,史书万卷,其字里行间都是"家国"二字。《大学》中有云:"古之欲明明德于天下者,先治其国;欲治其国者,先齐其家;欲齐其家者,先修其身。"这段论述将国家、社会、家庭和个人串连成一个密不可分的整体，从而奠定了中华民族修身、齐家、治国、平天下的道德理想和行为准则，以及尽人皆知的"万物本乎天，人本乎祖""敬天法祖重社稷"的规则和古训。

家国情怀主要源自传统的儒家文化。儒家文化体系非常庞杂，几乎涵盖社会生活的方方面面。那么，作为儒家文化博大体系的组成部分，家国情怀到底是如何产生的呢？

一 家——"爱家"情怀的文化血缘基础

爱家情怀的产生基于一定的历史文化渊源，它不仅以一定的文化血缘为基础，同时还由此衍生出强烈的祖源和家园意识。

（一）从文化发生学的角度来看，"爱家情怀"的产生首先是以文化血缘为基础的。

"家"是一个象形会意字，它由"宀"和"豕"两部分组成，"宀"代表房屋的形状，"豕"则表征猪的外形，两部分合在一起即成为"家"。仓颉造"家"字，标志着人类开始使用抽象符号来表达对私有现象和血脉传承的思考，这是恋家情怀的早期产生。"家"的出现，一方面，表明人们开始有意识地区分"公"与"私"，并将有意识地尊重和保护个体的空间和权益提上了日程，这开启了人们进入文明社会的征程；另一方面，反映了当时社会的文明发展到对剩余产品被私人以"家"的形式占有的认可与尊重。[①] 这透露了华夏民族农牧经济时代"集体养猪转为家庭私有"的现象，以及人们对"私"的认同与保护。这些都昭示着早期华夏文明的豪迈发展。另据《说文解字》记载："'家'，曰：'居'也"，这是古代文献中对"家"所下的定义，这里的"居"具有诸多深层含义。"居"有定所是家的基本前提和条件，而有定所则又是农业文明发展的产物。中国农业文明的产生可以追溯到一万年以前，此时，华夏民族作为中华民族的主体已经有了自己稳定的居住村落，从而有了生养自己的土地。土地的拥有既是经济基础，也是命根，它为人们拥有埋葬自己祖先的墓园提供了保证。可以说，这种建基于稳定居所之上的代际延续

[①] 徐国亮、刘松：《三层四维：家国情怀的文化结构探析》，《四川大学学报》（哲学社会科学版）2018 年第 6 期。

彰显了祖先的意义，人们对于祖先的祭祀、缅怀和追忆，成为中国文化发展的一种基本倾向，而怀古、思古都是以对祖先的崇拜作为前提的。在远古社会，宗教祭祀盛行，人们"以猪、狗祭祀祖先的正室"①，并名之为"家"，这反映了以仓颉为代表的原始社会的人们对祖先的敬重情感。也就是说，"家"字透露出当时人们的恋家情怀，从辞源学的角度折射出远古社会人们敬祖、尊祖的朴实情感，以及当时社会对家庭人伦依存关系的遵从和礼敬。

祖先崇拜是对文化血缘的传承，体现为生产方式比较先进的炎黄部族对其他少数民族的影响，这一影响的大规模出现则是在周朝时期。在周公执政时期，他通过制礼作乐加强管理统治，形成了一套稳定的政治准则、道德规范和典章制度，其中的"制礼"不仅强调郊社之礼，同时更重视宗庙之礼，突出血缘关系的传承。以孔子为核心的儒家文化的产生尤其对家庭血亲伦理做出了深刻的阐释，孔子说："《书》云：'孝乎惟孝，友于兄弟，施于有政。'是亦为政，奚其为为政？"（《论语·为政》）孔子所强调的孝是以血缘关系作为基本前提而展开的，他认为孝不仅展现于家庭内部的兄弟之间，更依孝而推展到家、国、天下之中，这既是血缘关系在家国中的表现，也是为政之要津。从这里，我们看到的依然是以氏族血缘关系为基础的家国同构的社会历史现实。② 在孔子看来，孝悌是道德伦常的基础，"孝弟也者，其为仁之本欤！"（《论语·学而》）周公与孔子的努力使得筑基于文化血缘上的血亲关系延展到家国中。孟子也指出："丈夫生而愿为之有室，女子生而愿为之有家"（《孟子·滕文公下》），朱熹进一步注曰："男以女为室，女以男为家"③，家以夫妻为本位而立，只有在夫妻关系稳定时，才有稳定的家庭关系乃至族群关系，而族群正是国的基础。中国早期的国就是家族群的联姻与组合。家国的统一性由此而得到进一步明确。

而关于"情怀"的阐释，《古汉语常用字字典》中并无相关解释，若慎思细究，宜取"情""感情"之意。《现代汉语词典》中收录了"性之好恶喜怒哀乐谓之情"（《荀子·正论》）之词条，意指名词，指含有某种感情的心境，并以此抒发情怀。显而易见，仅从字面意思来看，"家国情怀"的释义并无太

---

① 徐少锦、陈延斌：《中国家训史》，陕西人民出版社2003年版，第37页。
② 陈望衡、张文：《论中国传统文化中的家国情怀》，《天津社会科学》2021年第6期。
③ （南宋）朱熹：《四书集注》，岳麓书社1985年版，第332页。

大改变，它不是单纯、低级的感情，更不是反复无常的情绪，而是一种建立在一定认知基础上并具有一定的思想或价值内涵的比较稳定的情感[①]，饱含着生命主体对家的依恋、对国的热爱以及对家国共同体的认知、感悟，它是个体对自己国家的认同感、归属感、使命感和强烈的责任担当意识。可以说，在中华民族的文化发展历史上，家、国承载了人类物质文明和精神文明的丰富演绎，这一丰富演绎为家国情怀构筑了前进奋斗和追忆留念的精神家园。

可以说"爱家情怀"是中华"家"文化在中华文明史上的初始标刻。

（二）从文化基础和文化关系看，"爱家情怀"还衍生出强烈的祖源和家园意识。

除了血脉关系的传承外，"爱家情怀"的产生还源自人们对祖上亲人的感念和感恩，并由此衍生出强烈的祖源和家园意识。"家"有"居"的意义，"居"就意味着处所、空间，指共同生活的眷属及其生活的地方，"家"成为未来家庭伦理道德建设的基础，它以相对稳定的男女婚姻关系和种族繁衍为基本的文化基准。因此，当《说文解字》中以"居"来诠释"家"的时候，这里的"居"特指具有夫妇婚姻关系共住的居室，而非一般人居住的居室；《诗经》中家、室联用，并俗称为"家室""室家"："桃之夭夭，灼灼其华。之子于归，宜其室家"（《桃夭》）；《康熙字典》注解："家谓一门之内。又妇谓夫曰家"；孔颖达疏云："《左传》曰：女有家，男有室，室家谓夫妇也。"从上述典籍的描述中可以看出，夫妇为人们对美好家庭生活的向往提供了情感基础，也为人们的念家思乡情怀植入了情感基础，由此，爱家情怀得以延续。

在一定意义上来说，"家"承载了人类对美好生活的质朴情感记忆，是一个集中表达人丰富精神世界的窗口。当人们遭遇人生剧变、面对家土变迁时，就会与故土的家园印象进行比较，或感叹变化之快、变化之大，或进而生发出对事物发展的赞美、豪迈之情，或感叹时光不能倒转、"逝者如斯夫"的情感，而这往往就是"念家""思乡""怀旧""乡愁"的宣泄和情感表达。"家"成为生命个体在文化心理层面的历史情感记忆和追索的根源。在我国丰

[①] 陈杰：《家国情怀、人类情怀与人类命运共同体的构建》，《中国矿业大学学报》（社会科学版）2021年第2期。

富的古诗文里,有大量描写、刻画"家""乡愁"的诗句,从辛弃疾的《清平乐·村居》,到陆游的《游山西村》,以及范仲淹的《渔家傲·秋思》等诗词,无不展现了人们对"家"的场景的再现、再忆、再思,以及对家的强烈思念和心理诉求。这一心理诉求正是人们对祖上亲人感念之情的展现,它是一种以文化血缘为传承基础的强烈的祖源和家园意识。人们通过"乡愁"来表达认祖归宗这一情感。"乡愁"可以是抽象的、精神上的,也可以是具象的、现存的,它可以小到对故乡一棵树、一口井的思念,也可以大到对家乡乃至祖国数千年历史的反思和想象。可以这么说,祖源意识的直接产物就是认祖归宗,从而衍生出强烈的回归意识,回归到本根上去。当然,回归可以是实际性的,也可以只是精神层面的。因此,主体的家国情怀呈现的是其对家庭变迁的文化心理的映射、反馈与调适。①

值得注意的是,这种祖源意识同时伴随着强烈的家园意识。家意识总是离不开家园意识。家园既是人们曾经的被生养之地,也是其生命,包括肉体生命与精神生命的归宿地。在这种意义上来说,人们对家园的深情正是人性的光辉显现,这一显现又为国土意识和主权意识的自觉、自省提供了保障。②因此,基于血缘基础的祖源和家园意识总是鲜明地体现为对家的无比热爱,这是一种典型的"爱家情怀",它进一步深化为保卫国土而无畏赴死的英勇的爱国主义精神。

爱家情怀厘清了家文化产生的历史文化渊源,标刻了家国情怀在历史文化标尺上的起点。这一情怀彰显了文化血缘基础与主体心理之间的密切联系和互动关系。可以说,"爱家情怀"是"家国情怀"必不可缺的基础组成部分。

二 国——"爱国"情怀的出发点与最终归宿

从人的社会关系形成的序列来看,家庭是早于国家的。在古代,"国"指有土地、人民、主权的政体。《说文解字》认为:"国,邦也。"《现代汉语词典》解释:"国,指国家。""国家"一词最早出现在《尚书·立政》里,"其惟吉士,用励相我国家",这里的国家指的是西周,在先秦文献中,"国家"

---

① 参阅徐国亮、刘松《三层四维:家国情怀的文化结构探析》,《四川大学学报》(哲学社会科学版) 2018 年第 6 期。

② 陈望衡、张文:《论中国传统文化中的家国情怀》,《天津社会科学》2021 年第 6 期。

也指诸侯。

(一)"爱国"情怀的产生

钱穆先生说:"民族之抟成,国家之创建,胥皆'文化'演进中之一阶程也。故民族与国家者,皆人类文化之产物也。举世民族、国家之形形色色,皆代表其背后文化之形形色色,如影随形,莫能违者。人类苟负有某一种文化演进之使命,则必抟成一民族焉,创建一国家焉,夫而后其背后之文化,始得有所凭依而发扬光大。"[1] 可见,家、家族、民族及国家,都是由人文化成,与人文素质以及它所体现的民族精神息息相关。国、家,是民族的大、小容器,也是民族精神发源、生存的根基。家是缩小的国,国则是放大的家。

在中华文明发展史上,在"国"出现之前,氏族部落之间为了争夺有限的生存资源,不断地进行无休止的战争。为了维护氏族部落和家庭的安宁,"国"开始出现。可以说,直到"国"出现,才算正式进入了文明社会。[2] 从"国"字的甲骨文字体来看,左边是一个"口",表示一片"国土",右边是一个"戈",意思是用"戈"来保卫这片土地,这个字其实就是"或者"的"或"字。在甲骨文中"或"字就是"国"字的意思,它是一个会意字。到西周中期,"或"字已被借用为无定代词,于是在"或"的基础上又加了意符"囗",成为"國"字。宋元时出现了我们今天通用的简化字"国","囗"里从"玉","玉"就是玉玺,代表统治权,"囗"表示国的边界。从字形结构演化来看,"国"的字形结构演化表达了君王对武力守卫下的土地拥有主权的意思。[3] "国"的字形结构表明,国主代表国民对领土拥有控制权与掌握权,表达了对领土的政权统治所持的赞同和认可态度。在某种意义上,人们对国家的情怀就是对这种捍卫公共利益形式的认同和赞美,进而通过这一方

---

[1] 参阅钱穆《〈国史大纲〉引论》,钱宾四先生全集编纂委员会整理:《钱宾四先生全集》,台北:联经出版事业公司1998年版,第56页。钱穆先生在其晚年又再次强调指出:"有家而有国,次亦是人文化成。中国俗语连称国家,因是化家成国,家国一体,故得连称。也如身家连称。有如民族,有了家便成族,族与族相处,便成一大群体,称之曰民族。此亦由人文化成。"钱穆:《晚年盲学》,广西师范大学出版社2004年版,第112页。

[2] 陈建魁:《部族战争与中国文明的起源——兼论大禹时期国家的形成》,《河南理工大学学报》(社会科学版)2017年第2期。

[3] 参阅叶舒宪《从汉字"国"的原型看华夏国家起源——兼评"夏代中国文明展:玉器·玉文化"》,《百色学院学报》2014年第3期。

式表达了对国家政权统治的认可与拥护,即"爱国情怀"。

(二) 家与国之间的关联

既然国是由家化成,二者必然有某些相同或相似的特征。在组织结构方面,家庭与国家之间有共同性,被称为"家国同构",它源于古代中国一直处于小农经济占主导地位的状况,而与这种生产方式相联系的家族制度,深深地根植于数千年中国的社会结构之中。因此,国家结构也被打上了家族结构的印记,形成了驾驭国家的组织系统与权力配置模式,即严格的父(夫)家长制。家国同构的实质,就是把君、父的角色合二为一,使皇帝既具有至高无上的政治权力,同时又可以成为天下所有人都必须孝敬的"父母"。家国同构导致对于家庭成员和国民品质要求的同一性,即"求忠臣于孝子之门"[①],"忠孝相通","君子之事亲孝,故忠可移于君;事兄悌,故顺可移于长;居家理,故治可移于官"[②]。

可以说,"爱家情怀"的建构基础是"家",它着眼于对个体权益和自由的尊重,其核心价值在于血亲、"孝悌",表达的是人们对亲情的留恋与难以割舍;而"爱国情怀"的建构基础是"国",侧重于对群体(或者集体)公共利益的协调与保护,其核心价值在于"忠诚",表达的是人们对国家利益的维护与赞同。从文化发生结构来看,"爱国情怀"表明人们开始认同和赞赏运用武力捍卫主体的权益。"爱国情怀"伴随着"国"的出现而出现,"国"是人类正式进入文明社会的标志,它的出现,有效解决了人类对自然资源的占有和使用权的划分。

概而言之,"爱家情怀"与"爱国情怀"的价值分野在于"孝"与"忠",着眼点则是对私的"尊重"与对公的"维护",它们共同构成了家国情怀,而家国情怀又通过"家国同构"的社会政治模式来体现。

家国同构是儒家文化赖以生存的社会基础,古代士人"修身、齐家、治国、平天下"的个人理想,反映了"家"与"国"之间的同质联系,这种社会结构的宗法型特征,导致中国文化形成了伦理型范式,它不仅注重道德修

---

① (南朝宋)范晔撰,(唐)李贤等注:《后汉书》卷二六《韦彪传》,中华书局1965年版,第918页。

② (唐)邢昺:《孝经注疏》卷七《广扬名章第十四》,(清)阮元校刻:《十三经注疏(附校勘记)》,中华书局1980年影印本,第2558页。

养，而且重视人际温情，这些一方面促成了中华民族的强大凝聚力，另一方面使其成为礼仪之邦。

第二节　家国同构思想体系的形成

家国同构是中国古代社会的重要特征。在那个时期，人们生活的共同体可以从家、国推扩开来，直至天下。孟子所强调的"天下之本在国，国之本在家，家之本在身"（《孟子·离娄上》），即是天下、国、家一体相连的明确表达。中国人在这种社会结构、生活方式、情感认知的状态下形成了中国式的"家国情怀"，即个体对其所生活的家庭、家族以及邦国共同体的认同、维护，表现为情感和理智上对共同体的热爱，以及对共同体责任的自觉承担。在某种意义上来说，家国同构是家国情怀长期延续的根柢。

"家国同构"作为一种古代主流文化认同和接受的思想观念，它的出现可追溯到很早以前，最迟在西周初年就已出现。

一　家国同构的产生基于一定的社会现实基础

在中国古代社会，社会意识形态是以小农经济为经济基础，包括建立在此基础上的封闭的政治系统，而正是这一简单的社会组织结构才凸显出了家庭的重要性。古代社会是以家庭为核心，家族和国家起决定作用的组织系统，它并不存在中介组织。往往单个的家庭会成为最直接、最根本的政治依托点，家、国的这种紧密关系和组织结构，为"家国同构"的出现提供了一定的条件。家国同构指家庭、家族和国家在组织结构方面具有共同性，它以血亲—宗法关系来统领，强调家国一体的同时要以家为本，并将个人、家庭与国家有机结合，体现了血缘关系与政治关系的紧密融合。可以说，宗法制渗透于社会整体之中，成为家国同构的显著特征。

在中国古代政治发展中，血缘亲情是与政治紧密联系在一起的，因此政治具有浓厚的宗族色彩。据《尚书》记载："克明俊德，以亲九族。九族既睦，平章百姓。百姓昭明，协和万邦。"（《尚书·尧典》）夏代统治者就是用"克明俊德"这种家族首领式的道德修养来实现政治管理的。商朝则是将祖先崇拜的宗法血缘观念与天神崇拜的宗教观念紧密结合，从而实现对家与国的治理。当然，更具典型性的是，在西周时期，血缘关系与国家政权相结合，族权同国家政权合一。血缘关系的切入，进一步巩固了宗法制度。也就是说，西周建立了以血缘关系为基础的宗法制度，对同姓子弟及姻亲采取分封制，周天子既是最高首脑，又是全国土地的拥有者，其领地则称为"国"，又称为"家"，即所谓"天子建国，诸侯立家"（《左传·桓公二年》）。从西周时期开始，"家国"不分、"家邦"连称，家族秩序成为国家秩序。这一点典型反映了血缘群体的"家"与政治组织的"国"在社会组织上的同构性。[①] 从先秦时期开始，宗法制和分封制形成了以血缘关系为保障的基本政治关系，嫡长子继承制度进一步发展和巩固了宗族组织，部族中的血缘关系政治化，家天下的伦理政治得以形成和延续。由此，家族式的政治结构便使得政治制度转变为"家天下"的制度。此后历经漫长的社会发展，血缘关系在历朝历代的政治中起着重要作用，宗法制久盛不衰，血亲集团的统治朝朝代代因循不败。[②]

"家国同构"观念的本质内涵即在于此。早在《周易》的"家人卦"中就有由家及国的思想，《诗经》中也出现了家与邦连用的词汇："家邦。"再后来，孔子也有"夫子之得邦家者"之说。家庭关系成为国家关系的基石，对家庭成员的品格要求与国家各阶层之间的伦理诉求是一致的："其为人也孝弟，而好犯上者，鲜矣；不好犯上，而好作乱者，未之有也。"（《论语·学而》）《孝经·开宗明义篇》中也指出"以孝事君则忠"等，诸如此类的阐述很多，无不说明在中国传统社会中，家庭关系是国家关系的基础，在"家国同构"的现实背景下，"修身、齐家、治国、平天下"成为古代学人毕生之追求，他们从"格物、致知、诚意、正心"这一内在修养开始，率先垂范，并推己及人，"老吾老以及人之老，幼吾幼以及人之幼"（《孟子·梁惠王上》），从而达致齐家、治国、平天下的终极理想，彰显个人对家庭、国家、社会的责任和使命意识。宋代大儒张载的"四为"句"为天地立心，为生民立命，为往圣继绝学，为万世开太平"，以及清代儒者顾炎武"天下兴亡，匹夫有责"的文化觉悟就是典型的例证。这些正是知识分子历史使命感的展现。也就是说，"家国同构"的出现绝非偶然，它是中国古代特定历史条件下的必然产物。

---

① 吴凡明：《从人伦秩序到法律秩序：孝道与汉代法制研究》，吉林人民出版社2008年版，第42页。

② 参阅杨增和《论以孝治国与家国同构的文化模式》，《船山学刊》2017年第5期。

二 家国同构的产生基于一定的文化心理结构

在中华文明发展史上,中国世俗的心灵始终关注的是现实人生和社会,而区别于西方文明发展中的宗教文明。人们把摆脱苦难的希望寄托在"明君"身上,并将完善的政治和理想的社会寄托于"圣人",即所谓"圣人出,黄河清"。而孔子和孟子等著名的思想家则充当了百姓寄托希望的代言人,"当今之时,万乘之国行仁政,民之悦之,犹解倒悬也"(《孟子·公孙丑上》),"今夫天下之人牧,未有不嗜杀人者也。如有不嗜杀人者,则天下之民皆引领而望之矣。诚如是也,民归之,由水之就下,沛然谁能御之?"(《孟子·梁惠王上》)这些思想都直接反映了百姓对明君治理的渴望心理,不仅如此,百姓更受"无终食之间违仁"的道德文化影响。当然,直接催生这一文化理念的主要思想因素便是儒家道德伦理思想。一直以来,儒家主张由近及远、推己及人,"老吾老以及人之老,幼吾幼以及人之幼",将血亲之个体与他人、国家、社会融合在一起,家成了缩小的国,而国则是放大了的家,家国一体、家国同构。在《荀子·致士》中亦有"君者,国之隆也;父者,家之隆也。隆一而治,二而乱。自古及今,未有二隆争重而能长久者"之说,充分强调家国一体的重要性,《大学》中也有类似说法,"古之欲明明德于天下者,先治其国;欲治其国者,先齐其家"。

概言之,家、国连用在春秋战国时期非常普遍,汉代经学家提出"家国同构"时,这一观念已相当成熟。正是基于一定的社会现实基础和文化心理结构,以及诸因素的交互作用,最终促成了"家国同构"观念的出现。[①]

"家国同构"在中华文明发展的历史长河中发挥了重要作用。一方面,它促成了中华民族的整体观念、国家利益至上观念以及对本民族心理上的文化认同,在保持社会的稳定、增强国家的凝聚力方面发挥了重大推动作用;另一方面,"家国同构"强调修齐治平,注重道德修养,使中华民族成为礼仪之邦。然而,不可否认的是,"三纲五常"的伦理说教,强化了国人"忠孝一体"的思维惯性,这不仅严重扼杀了人的个性,而且加强了政治伦理化的固

[①] 程文:《儒家"家国同构"思想对社会转型期公民道德建设的借鉴意义》,《遵义师范学院学报》2015 年第 6 期。

化，使得人民对国家社会的治理几乎完全寄望于统治者的个人道德修养。今天，只要我们秉持辩证、唯物的立场来看待这一重要的社会政治文化和伦理道德遗产，我们会发现其中所蕴含的诸多积极要素，它们尤其在我们大力倡导公民道德建设和和谐社会建设的当今是大有裨益的。[①]

第三节　中华传统文化家国情怀的历史内蕴

观念意识背后总是隐藏着更深层的内涵。作为家国情怀，它还有其深层次的内蕴。

从观念建构的层面来看，家国情怀建立在自然情感基础上，从爱亲敬长到忠于民众、报效国家，无不将天然的血缘亲情之爱上升至爱、敬天下一切人、物的伦理道德要求，这在某种意义上是一种拟伦理、泛伦理化占主导地位的思维模式；家国情怀以"天下一体"为逻辑基础，以忠孝一体为价值凝练，以经邦济世为社会实践方式，追求"天下太平"的价值理想。[②] 作为中国传统文化的重要组成部分，家国情怀通过精神理念、情感认知、生活方式、国家制度等对中国人产生了巨大影响，并融入中华民族血脉，对当今社会乃至未来社会都有深刻影响。

一　家国一体——家国情怀的内在情感驱动力

"家国一体"由梁启超首次提出。梁启超在《新史学》中说："二十四史非史也，二十四姓之家谱而已。"[③] 梁启超这句话揭示了中国古代两千多年封建社会的典型特质，即家国一体。家、国皆为家，家为小家，而国为大家，国由N多个小家组成，家是国的基本组成要素。可以说，家国一体，在古代社会主要是从皇室角度界定的：以"君为臣纲，父为子纲，夫为妻纲"来绑定家、国关系。也就是说，古代社会在宗法制的约束下，通过君臣、父子相

[①] 程文：《儒家"家国同构"思想对社会转型期公民道德建设的借鉴意义》，《遵义师范学院学报》2015年第6期。

[②] 张倩：《"家国情怀"的逻辑基础与价值内涵》，《人文杂志》2017年第6期。

[③] 梁启超：《饮冰室文集》（第一册之九《新史学》），林志钧编：《饮冰室合集》（第一册），中华书局1989年版，第3页。

互关系的两相对比来深化家国一体观念对人们的影响,其实质则在于,通过家国同构的运行机制,将君与父的角色合二为一,臣侍君如父,而子又奉父为君,忠孝两全而又贯通。《论语》中记载:"齐景公问政于孔子。孔子对曰:'君君,臣臣,父父,子子。'公曰:'善哉!信如君不君,臣不臣,父不父,子不子,虽有粟,吾得而食诸?'"(《论语·颜渊》)我们可以很清楚地看到,家国一体与家国同构尽管并不完全相同,但两者在很大程度上是有一致性的。家国同构属于家国一体的典型特征。家国同构是家庭、家族,乃至国家在运行的组织结构上的共同性;家国一体凸显的则是,一个人既是家族的族长,又是国家的掌权者,同时,家族势力在国家的管理中起着举足轻重的作用。也就是说,家就是国,国就是家(这主要指皇室而言)。家国一体和家国同构,二者是包含与被包含的关系。家国一体贯穿了古代中国社会发展的始终。① 由此可见,儒家家国情怀的内涵并不局限于特定的时空条件,它的存在有自身的必然性和价值,并对人类文明的发展与进步产生了重大影响。

当然,家国一体下的家国情怀思想,其最终的情感归宿既不是仇视,更不是敌对,而是一种仁爱之情,是一种宗法形态下的道德涵养与情操,是对家人、亲情乃至国家的悯恤、慈悲、宽容与谦逊,它超越了外在的宗教特质,是发自个体内心的道德之爱。这种仁爱是一种思想情感,是发自内心对他人关心的道德情感,它深深地扎根于广大民众之中,并经过长时间的积淀、传承,发展成了儒家思想的内在核心,构成中华民族最坚韧的精神脊梁,它是家国情怀的内在情感驱动力。

二 忠孝一体——家国情怀在伦理层面的结合

剥去家国同构的外壳形式,其实质即为忠孝一体。忠孝一体是家国情怀在伦理层面的结合,这是儒家思想的一贯主张。在古代社会,忠、孝都属于道德范畴,道德具有统摄一切的文化权威,包括政治(政治伦理化),国家变成了伦理单位。而孝则是人伦之始,其基本含义首先在于奉养父母,家庭道

---

① 需要注意的是,家国同构并不受时空的局限,这一现象在某种意义上来说,是一种超越时空的文明现象,它不仅存在于中国,同时存在于希腊、罗马。亚里士多德在其《政治学》中强调,家庭是人类满足日常生活需要的基本形式,若干家庭组合而成村庄,村庄再组成国家(城邦),家庭常常由亲属中的老人主持,君王正是家长、村长的发展。在罗马也曾经存在这种现象。

德体系以血缘为基础,以孝为核心,家族秩序的维系立足于家庭道德,而孝就是维系家庭及家族关系的基本道德准则。孝伴随着父系制家庭的产生而产生,并有明确的父系血统和父系继承观念,子女可以从父母那里继承一定的财产,双方相互间的责任、义务明确,并由氏族内部的尊老逐步演化为父权制下的"孝亲",表现为子女对长者的尊重和敬养,这些都内化成了影响人们思想、行为方式的情感和道德准则,并最终形成对家的感情。《论语》中就有诸如"孝弟也者,其为人之本欤"(《论语·学而》)、"弟子入则孝,出则悌,谨而信,泛爱众,而亲仁。行有余力,则以学文"(《论语·学而》)及"色难。有事,弟子服其劳;有酒食,先生馔,曾是以为孝乎"(《论语·为政》)等关于孝的陈述。

然而,"人天生是一种政治动物"①,最早的社会组织是家庭,而人类的政治组织就是家庭组织的进一步延伸。在我国家国同构传统思想观念的指导下,家庭伦理与政治伦理相结合,孝忠合一体现出了家国同构在伦理层面的特质和内涵。②儒家的"孝"观,最核心之处在于将血缘家庭的孝延伸到政治社会领域,成为一种社会性的道德准则。也就是说,孝不仅是维系家庭的凝聚力,还成为宇宙间普遍的道德法则。③孝是古代伦理政治运作的基石,贯穿于古代的政治实践中。《礼记》中有"忠臣以事其君,孝子以事其亲,其本一也"的陈述,孔子也认为"孝慈,则忠"(《论语·为政》)。当有人质疑孔子"子奚不为政"时,孔子回应:"《书》云:'孝乎惟孝,友于兄弟,施于有政。'是亦为政,奚其为为政?"(《论语·为政》)在孔子看来,能用孝悌观念来影响社会政治就是参政的一种方式,孔子把孝道看成是一种政治伦理行为。《孝经》则更是直接移孝于忠:"君子之事亲孝,故忠可移于君";"夫孝,始于事亲,中于事君,终于立身",其中的"事亲""事君"就是行孝。另外,儒家将人们的社会关系概括为五伦:"圣人有忧之,使契为司徒,教以人伦,父子有亲,君臣有义,夫妇有别,长幼有序,朋友有信。"(《孟子·滕文公上》)"五伦"关系中,父子关系被提到了首位,以君父权威为核心的家

---

① [古希腊]亚里士多德:《政治学》,颜一、秦典华译,苗力田主编:《亚里士多德全集》(第九卷),中国人民大学出版社1994年版,第6页。
② 雷浩:《中国伦理的概念系统及其文化原理》,《复旦学报》(社会科学版)1993年第3期。
③ 参阅杨增和《论以孝治国与家国同构的文化模式》,《船山学刊》2017年第5期。

长制，其长效机制即为忠孝观念，移孝于忠，孝与忠相融合而成为社会政治伦理的重要组成部分，家族血缘关系被提升到国家政治领域。在这一意义上来说，孝具有明显的政治指向，孝祖和忠君相呼应，是对家长权威和政治权威的服从，且两种权威相互渗透。如果说孝是父权制家庭关系应该遵循的伦理规则的话，那么，忠则扩大了这一关系，孝是忠的基础，忠是孝在社会政治生活中的延伸。① 也就是说，孝以遵守统治秩序为前提，忠是对君主权威的服从，由此而强化了整个社会的权威认同意识，孝成为血缘家族和国家赖以存在的政治基础，也是维持社会政治秩序的伦理基础。②

家国同构的实质是忠孝一体，忠孝一体是家国情怀在伦理层面的结合。

三 五伦关系——家国情怀顺利延续的出发点

五伦的形成在传统社会经历了一个长期的演变过程。从这个过程中可以明显地看出中国传统家庭伦理始于家庭而向社会外扩的重要特质。五伦关系是由五教关系而来，《尚书》中有："敬敷五教在宽。"（《尚书·舜典》）《左传》中有："举八元使布五教于四方：父义、母慈、兄友、弟恭、子孝。"（《左传·文公十八年》）由此可见，五教只包含父子、夫妇、长幼三种人际关系，而这三种人际关系都是家庭内部的人际关系。后来孟子将这三种人际关系扩大为五种人际关系："圣人……使契为司徒，教以人伦，父子有亲，君臣有义，夫妇有别，长幼有序，朋友有信。"（《孟子·滕文公上》）由此，孟子把五伦所包含的人际关系范围由家庭扩展至社会，其五伦关系即父子、君臣、夫妇、长幼、朋友五种人际关系的伦理规范。

中国传统的家庭教育非常重视五伦中家庭内部人际关系对家庭外部人际关系和整个社会的影响，如《周易》中有："父父子子，兄兄弟弟，夫夫妇妇，而家道正。正家而天下定矣。"（《周易·家人》）孔子又有："不爱其亲而爱他人者，谓之悖德；不敬其亲而敬他人者，谓之悖礼。"（《孝经·圣治》）"故世

---

① 朱汉民：《忠孝道德与臣民精神——中国传统臣民文化论析》，河南人民出版社1994年版，第66页。

② 参阅杨增和《论以孝治国与家国同构的文化模式》，《船山学刊》2017年第5期。

之人欲爱其身而弃其宗族,乌在其能爱身也?"① 这些思想都反映出中国传统的家庭教育对处理好五伦所包含的家庭内外人际关系的强调和重视,而这正是家国同构在人际关系层面的展现,也是家国情怀得以顺利延续的出发点。

四 修齐治平——家国情怀实现的具体途径

家国情怀植根于儒家文化思想体系,虽历经沧桑却依然保持着无限生机与活力。然而,尽管植根于儒家文化思想体系中,家国情怀却以家国同构作为主要文化特质,它实现的基本途径是修齐治平。

修齐治平,修指的是修身,齐指的是齐家,治指的是治国,平指的是平天下。修齐治平是个人实践家国意识的终极目标,是凝聚中华民族精神的具体表现。在现代意义上来说,修身指加强自身的修养,齐家指处理好与家庭、家族及其成员之间的关系,治国指处理好与国家及其成员之间的关系,平天下则指处理好与天下及其成员之间的关系。在传统中国,修齐治平在很大程度上是通过家庭教育来实现的。

在儒家思想文化中,修齐治平之学更侧重于人格修养,它在传统中国一直被视作安身立命的圭臬。《大学》有:"古之欲明明德于天下者,先治其国;欲治其国者,先齐其家;欲齐其家者,先修其身;欲修其身者,先正其心;欲正其心者,先诚其意;欲诚其意者,先致其知;致知在格物。物格而后知至,知至而后意诚,意诚而后心正,心正而后身修,身修而后家齐,家齐而后国治,国治而后天下平。"其中修身一项最为重要,它是齐家、治国、平天下的基础:"自天子以至于庶人,壹是皆以修身为本。"(《大学》)修身是至关重要的中心环节,它向内致力于格物、致知、诚意、正心四个环节,以完成人格的自我修养。这是一种非常重视自我意识不断完善、内心世界不断探求的内倾文化。可以说,个体修养素质的高低,将决定家国情怀的培育与传承能否向良性方向发展。

在齐家、治国、平天下三者中,齐家又是基础,它不仅是检验修身成功与否的第一步,而且是修身向治国、平天下扩展的必由之路。《礼记》中有

---

① (北宋)司马光:《训子孙文》,包东坡选注:《中国历代名人家训精萃》,安徽文艺出版社2000年版,第129页。

云:"其家不可教而能教人者,无之。故君子不出家而成教于国。"(《礼记·大学》)由此可见,齐家是治国的基础,家庭与国家具有某种相通之处。从这个意义上看,缺乏社会公德者大多也缺乏起码的家庭私德,而真正具备家庭私德者往往也具备社会公德。从中可明显看出家庭教育在提高社会伦理道德水平方面的重要作用。

由齐家而治国,衍化出了家风和国风在"流向上"的同一性、内容上的融合性以及发展上的互动性。家风是缩小的国风,国风是放大的家风,二者在客观上互相渗透、汇同合一。新的家风为国风注入了新鲜血液,一代国风又充实了家风的内容。有时国风带家风,"龙头带龙尾",有时家风促国风,"一花引来万花开"。因此,家风兴则国风不败,国风盛则家风不衰。

如果说"家"是缩小了的"国",是"国"的基本组成细胞的话,那么,作为"家"的个体组成成员,在"国"这个大家中都有其存在感,由此,家国情怀的培育必须从公民个人的基本修养出发,通过提高公民个人素质实现家国情怀的传承和发展。而公民的个人素质,不仅包括思想道德方面,同时也包括科学文化和身体等方面,其中又以思想道德方面的素质为首要因素。也就是说,家国情怀的传承和发展,以及其当代价值的培育,必须让每个公民正心养性,并积极参与,才能为践行社会主义核心价值观提供精神养分。

第四节 中华传统文化的家国情怀与社会主义核心价值观

数千年来,家国情怀为中华民族精神的形成提供了坚实的思想理论基础,它以家国同构、修齐治平、维护统一的政治理念和抱负深深地影响着中华民族,并逐步凝结出中国人强烈的爱国主义精神和情操,培育出精忠爱国的浩然正气和民族气节。这种精忠爱国的精神和民族气节是中华民族的强大凝聚力,也是推动中华民族发展的巨大精神力量。

一 社会主义核心价值观继承了"家国一体"的理念

社会主义核心价值观即社会主义核心价值体系。2013年12月23日,中共中央办公厅印发了《关于培育和践行社会主义核心价值观的意见》,并将

24字核心价值观分成3个层面：

> 富强、民主、文明、和谐，是国家层面的价值目标；
> 自由、平等、公正、法治，是社会层面的价值取向；
> 爱国、敬业、诚信、友善，是公民个人层面的价值准则。①

这是对社会主义核心价值体系基本内容的高度凝练和集中表达，是重要的理论创新成果。这一划分与传统儒家思想中"修齐治平"的价值观念，提出的时间虽然相差千年，并随着社会的不断发展变化，人们的价值理念也已发生了很大的改变，然而，同样作为社会价值观，两者所包含的逻辑起点却是一致的。

富强、民主、文明、和谐是从国家层面提出的价值目标；自由、平等、公正、法治是从社会层面提出的价值取向；爱国、敬业、诚信、友善是从公民个人层面提出的价值准则。它的提出立足于时代发展，是引领时代发展的精神旗帜。社会主义核心价值观以中国传统文化为深厚根基，具有深厚的传统文化内涵，如国家层面的"富强、民主、文明、和谐"价值目标中，"富强"是国家发展的首要目标，而该思想在《管子》中早已有体现："凡治国之道，必先富民，民富则易治也，民贫则难治也。奚以知其然也？民富则安乡重家，安乡重家则敬上畏罪，敬上畏罪则易治也。民贫则危乡轻家，危乡轻家则敢陵上犯禁，陵上犯禁则难治也。故治国常富，而乱国必贫。是以善为国者，必先富民，然后治之。"（《管子·治国》）只有国家富强，人民才能安居乐业；国家强大，才能抵御外敌。同时，这也充分说明了"民惟邦本，本固邦宁"民本思想的重要性。② 中国古典社会时期就讲求"民为贵，君为轻，社稷次之"的民本思想。可见，民主作为现代文明社会的一大基本价值，它早已在中国文化中有其文化根基。和谐，是古典社会到今天人们都很向往的理想社会模式，《礼记·礼运》篇中就有相关的描述："大道之行也，天下为公，选贤与能，讲信修睦。故人不独亲其亲，不独子其子，使老有所终，

---

① 《关于培育和践行社会主义核心价值观的意见》，人民出版社2013年版，第1页。
② 参阅于春海、杨昊《中华优秀传统文化教育的主要内容与体系构建》，《重庆社会科学》2014年第10期。

壮有所用，幼有所长，鳏寡孤独废疾者皆有所养，男有分，女有归。货恶其弃于地也，不必藏于己；力恶其不出于身也，不必为己。是故谋闭而不兴，盗窃乱贼而不作，故外户而不闭，是谓大同。"中华传统文化一直重视和强调天人合一，主张人与人、人与社会、人与自然之间的和谐。社会层面的"自由、平等、公正、法治"，以及公民个人层面的"爱国、敬业、诚信、友善"等，同样是对中华优秀传统文化的继承和进一步彰显。

价值观不像一项改革措施、一条惠民政策那样具体实在，但价值观的功能作用却极大，如同修齐治平思想传承于中国传统儒家思想，并影响了中国社会几千年一样，24字的社会主义核心价值观对于当代中国社会的影响也将极其深远。

党的十八大之后，习近平总书记提出了以"中国梦"为主要指导思想和执政理念的观念，并将"中国梦"的实现定义为以"国家富强、民族振兴、人民幸福"为主要标志的中华民族的伟大复兴，将个人、国家、民族的利益有效一体化。"'中国梦'的核心价值观是从党的十八大报告中的24字社会主义核心价值体系中提炼出来的，其中有16个字即'富强、文明、和谐、公正、爱国、敬业、诚信、友善'来自以儒学为主导的中华传统文化的核心价值体系，其'一以贯之'之道是儒学的'仁爱'精神。而'以人为本'的民本思想与仁爱精神，正是习近平'中国梦'论述的思想来源。"① 由此可见，"中国梦"与中华优秀传统文化的价值意蕴指向并不冲突，是社会主义核心价值观中的应有之义，更与习近平总书记所提出的"深入挖掘和阐发中华优秀传统文化讲仁爱、重民本、守诚信、崇正义、尚和合、求大同的时代价值，使中华优秀传统文化成为涵养社会主义核心价值观的重要源泉"② 讲话精神一脉相承。

显而易见，不管是社会主义核心价值观，抑或是"中国梦"，两者都根植于中华优秀传统文化的文化传承。社会主义核心价值观继承了"家国一体"的理念。

---

① 吴光：《中国梦的思想解读与儒家的历史使命》，《教育文化论坛》2014年第1期。
② 习近平：《把培育和弘扬社会主义核心价值观作为凝魂聚气强基固本的基础工程》，《人民日报》2014年2月26日第一版。

二 社会主义核心价值观为家国情怀注入了现代文明元素

中华民族是一个伟大的族群,而凝聚我们这个历久弥新的伟大民族的精神资源之一,就是那永不衰竭的家国情怀。"家"在"国"中卿卿我我,吉祥如意;"国"在"家"中生生不息,兴旺发达。中华民族伟大复兴的中国梦,一定要有核心价值观的支撑。在这个价值多元的时代,要保持、提升中华民族的向心力、凝聚力、生命力和创造力,提升国家的执行力和战斗力,就必须确立一种具有广泛感召力、强大凝聚力和持久引导力的价值观念,并内化为中华民族共同的价值取向。

作为个体人,是组成社会的基本元素,也是社会价值观的逻辑起点。社会价值观的凝练,源自所有人在社会行为中所形成的共识,以及每个人对它的践行和操守。所以,每个社会生命个体都应当把自身修养的塑造和提升放在第一位,并与对社会主义核心价值观的践行紧密结合。其中以下三点尤为重要。

爱岗敬业的奉献精神。核心价值观中的"爱岗敬业"含有家国情怀的精神凝聚功能。敬业,就是以高度负责的态度对待自己的工作,是职业道德最基本、最起码、最普通的要求;奉献,就是公民无论从事何种活动,其目的不是个人家庭,也不是名和利,而是有益于他人,有益于国家和社会。它要求各行各业的劳动人民在自己的工作岗位上尽职尽责、尽心尽力,遵守职业道德。

文明和谐的凝聚精神。核心价值观中的"文明和谐"内含有家国情怀的凝聚精神。文明是一种品德,是一个人是否有修养的标准,也是一个国家、一个民族是否真正从内在变得强大的标准。一个民族是否文明,体现着一个国家是否充满着内涵。只有中国的每一个公民在生活中践行文明和谐,坚持正义,追求真理,磊落坦荡,才能使社会充满和谐的气氛,进而这种精神更会反作用于个人。国强、民富才有希望;国势平稳,"小"家才有和睦、和谐的希望。

公民意识的现代文明精神。核心价值观为"家国情怀"注入了现代文明元素——公民意识。中国传统政治中没有"公民"观念,更没有公民意识。但是在中国走向现代化的今天,公民身份的觉醒与成长注定是最重要的脉络之一。随着社会不断发展变化,人们的价值理念也已发生了极大改变,传统儒家思想中"家国情怀"所含有的"修齐治平"的价值观念,与核心价值观同样作为社会价值观,尽管两者提出的时间相差千年,但是所包含的逻辑起点却是一致的,核心价值观强调了公民个人价值观的培育。

社会主义核心价值观为传统"家国情怀"意识的传承和创新提供了现代转化的样本。

第五节 中华传统文化的家国情怀是中华民族精神的本源

民族精神是一个民族赖以生存、生活和共同发展的核心和灵魂,家国意识是民族精神的本源。

一 民族精神的内涵

民族精神是在长期的历史进程和积淀中所形成的民族意识、民族文化、民族习俗、民族性格、民族信仰、民族宗教以及民族价值观念和追求等,并被大多数成员所认同和信守,它是传统民族文化中维系、协调、指导、推动民族生存和发展的精粹思想,是一个民族生命力、创造力和凝聚力的集中体现,更是一个民族赖以生存、共同生活、共同发展的核心和灵魂。民族精神是该民族区别于其他民族的精神特质。

中华民族是一个古老的民族,虽然作为一个自觉的民族实体直到20世纪初才出现,但作为一个自在的民族实体则有着长期而悠久的发展历史。中华民族精神即中华文化的基本精神。张岱年认为:"中国文化的基本精神来自儒家哲学,来自儒家所提倡的积极有为、奋发向上的思想态度。孔子自称'发愤忘食、乐以忘忧',重视刚毅,表现了积极有为的态度。"[①] 在张岱年看来,这种积极有为就是自强不息的精神,自强不息出自《易经》,"天行健,君子以自强不息",天体刚强劲健运行,要求君子之奋斗也应像天体运行一样努力进取、刚毅有为。张岱年认为:"《周易大传》中的'刚健''自强不息'的

[①] 《张岱年全集》第六卷,河北人民出版社1996年版,第425页。

观念就是中国传统文化中积极进取精神的集中表示,也就是古代文化发展的内在思想基础。"[1] 自强不息是中华民族精神的核心体现,更是中华民族能够自立于世界民族之林的核心原动力。这种自强、刚健有为的信念激励着一代代中华儿女推动历史文化向前发展。就社会政治生活而言,自强不息表现为对内反抗压迫,对外抵御侵略;就个人品格塑造和人生态度而言,则表现为独立人格的坚守、乐观积极人生态度的秉持和艰难困苦的克服。[2]

二 家国情怀与中华民族精神

中国传统社会是以血缘关系为主体的农业、宗法专制社会,这种以血缘关系为基础的宗法社会与专制制度相结合,便形成家国同构的社会政治结构,其中,家是国的基本构成单位,而国则以家为根基,故而治家便如治国,而治国也便如治家。家国意识是对家庭、国家的感觉、认识和认同,一个人有了对家、国的意识,才会有维护和热爱之心,最终产生爱国主义的情怀,形成精忠爱国的浩然正气和民族气节。因此,家国意识是民族意识的本源。

《大学》中说:"古之欲明明德于天下者,先治其国;欲治其国者,先齐其家;欲齐其家者,先修其身;欲修其身者,先正其心;欲正其心者,先诚其意;欲诚其意者,先致其知;致知在格物。物格而后知至,知至而后意诚,意诚而后心正,心正而后身修,身修而后家齐,家齐而后国治,国治而后天下平。"我们可以看出,家是最基本的社会单位,治家是治国之前提,而治国又是平天下之前提。曾参更有"所谓治国必先齐其家者,其家不可教而能教人者,无之。故君子不出家而成教于国。孝者,所以事君也;弟者,所以事长也;慈者,所以使众也"(《大学》)之论。他强调,君与臣、官与民之间的关系类似于父与子的关系,也因此,传统封建社会中的家庭伦理原则同样适用于国家的管理。可以说,修齐治平的家国情怀激励了一代代中华儿女,由它而滋生的"天下兴亡,匹夫有责"的责任担当意识正是爱国情怀的展现。中华民族精神的核心是爱国主义,它由家国意识孕育而生。就国家而言,家国情怀是公民对国家的认同与情感归属,是民族凝聚力的心理基础;就个人

---

[1] 《张岱年全集》第六卷,河北人民出版社1996年版,第253页。
[2] 于春海、杨昊:《中华优秀传统文化教育的主要内容与体系构建》,《重庆社会科学》2014年第10期。

而言，家国情怀是自己感受到的与国家相关联的精神纽带。

"家国情怀，情系故土"，家国情怀是一种强大的精神力，是民族凝聚力的心理基础。

三 中西民族精神之差异

中西方文化是在各自历史背景下沉淀而成的，表面上以艺术、宗教、经济等形式表现出来，内核无疑是以民族心理为基础的不同价值观念，由此而导致了不同的民族精神。中国文化起源于农业文明，以土为伴是中国最古老、最长久的生活方式，这就为中华民族性格特征中封闭、自足、崇尚道德、遵守礼法的民族性格特征提供了前提。尽管中国没有形成全民皆信的宗教，然而却形成了以儒家思想为主体的民族心理和价值观念取向。较之于中国文化，西方的海洋活动显然要大于农业生产，这使西方人形成了勇于开拓、善于征服的精神特征，它要求开拓进取精神，在行为方式上体现出了个体的个性风采，并且通过神来维系整个民族的心理纽带，使人在神的指引下从事具有冒险性质的生产生活。

如果说中西方早期的生产生活为其心理特征的形成奠定了基础，那么，后来漫长的成长发展过程就是中西民族精神差异的关键因素之所在。中西方都经历了奴隶制、封建制和近代资本主义等基本的历史发展脉络，如果将近代中西方文化碰撞因素除外，那么中西方民族在成长过程中有大致相似的历史经历，但在相似经历中却又有各自的运动轨迹，从而形成了不同的历史命运。以人的觉醒为例，中西方民族文化心理发展历程都贯穿着"人的觉醒"这一问题，不同点在于，中国人的自觉意识是在群体中彰显个体的意识和价值，西方人的觉醒则更突出人基本需求的满足。《荷马史诗》中的英雄以及众神都是活生生的人物形象，而中国的后羿射日、大禹治水、精卫填海等故事，则更带有在群体中彰显个体作用的心理特征，即人是服从于整体的。相似的历史经历使中西方民族以独特的处理方式形成了不同的结果，强化了最原始的民族心理特点，从而形成了各自的民族精神。可以说，中华民族精神与西方民族精神迥异，中华民族精神趋向于民族集体利益和整体和谐，体现的是一种群体精神下的奉献精神。在某种意义上来说，中国人对神的崇拜，实际上是一种对于理想道德的信仰，中华民族更推崇"德"与"善"；而西方的民族精神则具体体现在西方的智慧方面，古希腊的智慧结晶是《荷马史诗》，它感召人们要成为英雄，英雄的美德是智慧、勇敢、节制和正义。西方中世纪的智慧则体现在《新约全书》里，希望人们成为圣人，圣人的美德是：信仰、希望和博爱。近代西方的智慧见于卢梭等人的著作中，他要求人成为公民，即自由人。这种公民的基本美德为：自由、平等、博爱。这些不同时代的智慧，打造出西方人的民族精神，他们以力量和智慧来对神进行评判，突出的是敢于叛逆和敢于与大势力抗衡的大无畏精神和自由气息，他们乐观、张扬，崇尚个人主义和享乐主义。

第六节　中华传统文化家国情怀的现代价值

近代以来，在内忧外患的强力冲击下，中国传统的"家—国—天下"意识已经发生了巨大变化。随着民权等进步观念的产生，中国人的家国意识也日趋向现代民族国家观念过渡和变迁，同时，爱国主义成为近代以来中华文化的重要传统。可以明确的是，社会结构的变迁使得中国传统聚族而居的生活方式逐步发生变化，人们的家庭、家族意识逐渐向现代核心家庭观念更新：以夫妻为核心的家庭意识逐渐代替了传统的家族观念，契约观念、法制观念、主体意识、民主观念等意识，逐步融入人的生活和价值领域，从而成为改造传统家国情怀的重要因素。然而，家国情怀中的念乡爱祖、守望相助以及和睦团结等观念在今天仍然具有积极意义。[①] 家国情怀作为中华优秀传统文化的基本内容之一，被赋予了重要的时代价值，它对于涵养我国公民的爱国主义情怀，强化国家认同意识，以及提升我国公民的共同体意识，陶养社会责任感意识都具有重要的现实意义。

一　可以涵养爱国主义情怀，强化国家认同意识

在个体的发展过程中，家国情怀萌芽于童年时期，形成于青少年时期，而后伴随于个体成长的各个阶段和时期，因此，家国情怀意识的培育和厚植，对于培养公民的家国意识尤其重要，它是民族振兴的一项凝聚力工程，既能

[①] 参阅李宗桂等《中国优秀传统文化的现代价值》，人民出版社2019年版，第339页。

涵养公民的爱国主义情怀，又利于增强公民的国家认同意识，凝聚公民的智慧力量，从而使中华民族的凝聚力和向心力得到进一步加强，为实现民族复兴奠定牢固基础。

（一）涵养爱国主义情怀

爱国主义主要是指国家和民族成员对祖国和民族的热爱与忠诚，并由此而形成对国家、民族的价值认同，以及对本民族命运和发展前景的关怀。对于一个国家和民族而言，爱国主义是该国家和民族精神生活得到充实发展的重要支撑点；对于公民而言，爱国主义则是个人健康成长不可或缺的重要因素。可以说，没有爱国主义情怀，国家的繁荣、社会的和谐进步和全面发展都将成为空谈。爱国主义作为中华民族宝贵的精神财富，它为中华民族的发展提供了巨大的精神支持。习近平总书记指出："爱国，是人世间最深层、最持久的情感。"① 由爱国滋生出的深厚的历史情感，不仅表现为对祖国大好河山、悠久历史文化的热爱，同时还表现为对祖国尊严、声誉和国家主权的维护，以及对祖国同胞的呵护和爱戴。

在中华民族发展的历史长河中，爱国主义首先表现为一种国家、民族在处于危难时刻的忧患意识，由此而滋生出以中华民族的兴衰存亡为荣辱的国家归属感以及崇高的奉献担当精神。历史上，不管是董存瑞舍身炸碉堡的英雄故事，还是邓稼先隐姓埋名、以身报国的爱国情怀，都是激励中华儿女爱我中华、克服艰难险阻，以实现中华民族伟大复兴中国梦的宝贵历史记忆，是忧患意识所激发的奉献精神的体现。爱国主义同时展现为中华民族的自尊心、自信心和自豪感。作为一种深厚的历史情感，爱国主义在国家和民族的发展过程中是一种无形的精神力量和情感支撑，是对国家、民族发展的认同和确信，无论处于发展的顺境抑或是逆境，对国家、民族的自尊心、自信心和自豪感都能得到很好的体现。爱国主义也表现为对广大人民的热爱。爱人民是爱国主义的核心要义，离开人民谈爱国主义是不切实际且毫无意义的。我国自古以来就是一个多民族国家，作为历史的创造者，人民决定着党和国家发展的前途命运。勤劳勇敢的全国人民共同创造了悠久的历史文化，并在建设中国特色社会主义的过程中贡献了力量与智慧，仍将在中华民族伟大复兴

---

① 习近平：《在北京大学师生座谈会上的讲话》，《人民日报》2018年5月3日第二版。

中国梦的建设中发挥巨大的推动作用。爱人民就是要爱全国各族人民。"古往今来，任何一个有作为的民族，都以自己的独特精神著称于世。"① 作为一种精神力量，在经过几千年的探索实践之后，爱国主义最终形成伟大的中华民族精神，也正是因为有这样的民族精神，中华民族才得以屹立于世界东方。不仅如此，爱国主义精神在演变和发展过程中还延伸为红船精神、井冈山精神、长征精神、延安精神、大庆精神等，这些爱国主义精神都汇聚为中华民族精神，也正因为这些民族精神的存在，在面对侵略和危难时，中华儿女信念坚定、众志成城、团结一心、自强不息，誓死维护祖国的统一和主权完整以及安定发展。

爱国主义是中华民族精神的核心，它始终激励着一代又一代中华儿女不懈奋斗。也正因为如此，在2018年9月10日全国教育大会上，习近平总书记进一步强调："要在厚植爱国主义情怀上下功夫，让爱国主义精神在学生心中牢牢扎根，教育引导学生热爱和拥护中国共产党，立志听党话、跟党走，立志扎根人民、奉献国家。"② 中国的教育要培养什么人？需要构建什么样的教育体系？教育改革方向又是什么？习近平总书记为中国教育划重点，认为必须把发扬爱国主义精神，加强爱国主义教育放在重要位置，通过各种途径厚植和培育新时代新人的爱国主义情怀。

（二）强化国家认同意识

习近平总书记曾在中央民族工作会议上指出："加强中华民族大团结，长远和根本的是增强文化认同，建设各民族共有精神家园，积极培养中华民族共同体意识。"③ 所谓国家认同，指公民对于国家特性及国民身份（国民性）的认同，这是现代民族国家形成的重要前提和突出标志，同时，也是公民对国家所实施的各项制度、政策及价值理念等的接受。在某种意义上来说，国家认同是现代民族国家的灵魂。我国拥有源远流长而又深厚的传统文化基础，能够在一定程度上满足强化我国公民国家认同的现实文化需要。然而，在当今的全球化浪潮和多元文化冲击下，我国公民的国家认同意识受到一定程度

---

① 习近平：《在纪念中国人民抗日战争暨世界反法西斯战争胜利69周年座谈会上的谈话》，《人民日报》2014年9月4日第一版。

② 习近平：《在全国教育大会上的讲话》，《人民日报》2018年9月11日第一版。

③ 习近平：《在中央民族工作会议上的讲话》，《人民日报》2021年8月29日第一版。

的影响和冲击,并出现了公民的国家认同危机。确切地说,公民的国家认同意识遭遇文化边界模糊的困境,导致其国家认同感被削弱,与此同时,公民对国家的认同产生了某种程度的心理疏离感,其社会归属感也出现淡化、动摇甚至崩溃的倾向。也就是说,公民的个体实践与国家倡导的价值理念之间出现巨大裂痕,由此而导致公民对国家认同的心理焦虑和危机。目前,我国正处于社会发展的转型阶段,在某种意义上来说,国家认同遭遇到了不同程度的冲击,面临着诸多新的变化与挑战。美国学者亨廷顿指出:"在后冷战世界,不同人民最重要的区别,不在意识形态、政治、经济,而在于文化。"①面对多元文化的冲击,亨廷顿鲜明地指出了现代民族国家认同的软肋,国家共同体是最高层次的共同体,同时也是整合程度最弱的共同体,它的维系不仅需要外在的规范强制,更需要内在的文化认同意识,即公民对国家特性和自我国民身份的体认。②

我国拥有悠久的文化发展传统,也正经历着有史以来最深刻的社会转型与变革。在此变革过程中所产生的国家认同危机最主要地表现在文化认同方面。当然,这种困局主要源于近代中国深重的民族危机和剧烈的社会变迁。在现代性语境中,面对西方文化的冲击,以儒家思想为主线的中国传统文化成为文化反思的主要对象,并逐渐"沦落"为保守、腐朽、落后的"传统文化"。继之,传入的西方文化与中国文化乃至现实之间存在的内在隔阂,更无法简单地取代传统文化资源。当下,尽管社会主义已成为中国主流的意识形态,但是,它也面临着中国化的艰巨任务。因此,当代中国文化认同的困局愈演愈烈,表现为传统与现代、东方与西方、社会主义及其中国化等诸如此类的复杂关系。在当前的多元文化视阈下,我们必须面对一个现实,那就是,任何一个国家和民族的文化发展都将难以维持其自身发展的独立性,文化的转型也必将趋向于多元化。中华文化的发展也不例外,在与裹挟而入的西方

---

① 参阅[美]亨廷顿《文明的冲突与世界秩序的重建》,周琪等译,新华出版社2002年版,第6页。亨廷顿的著作《文明的冲突与社会秩序的重建》《我们是谁》关注的都是当今世界的文化认同与美国文化的认同问题。

② 国家认同是否有效,不仅取决于合理的国家制度框架和有效的国家治理能力这一政治认同,更取决于文化认同。在某种意义上来说,政治与文化认同应相互促进并协调发展。当代我国的国家认同重心应转向文化认同。

文化不断碰撞与交融的过程中，中华民族的文化边界已逐步呈现出模糊化趋势。当然，多元文化发展也必将是社会发展的必然结果。短期内文化交融的影响并不会过快地凸显出来，然而，随着进程的加快，其中的消极影响必将使得本国的国家认同趋于迷茫，尤其国家文化认同意识将继而被削弱。

因此，持续弘扬中华优秀传统文化，尤其是中华优秀传统文化中的家国情怀意识，汲取其中的有益资源，如念乡爱祖、守望互助和团结和睦等观念，在创造性的现代转化及创新性发展中都可以有效地转化为爱国主义的心理基础及奉献担当的社会价值支撑点，强化我国公民的国家文化认同意识。中华传统文化中"修身、齐家、治国、平天下"的家国一体社会政治思想是儒家的社会政治理想，它以圣人、君子和大丈夫为理想人格，并成为中国文化的象征和承载者。儒家崇奉"士志于道"（《论语·里仁》）的志向，主张"穷则独善其身，达则兼济天下"（《孟子·尽心上》）的人格情操，更秉承"先天下之忧而忧，后天下之乐而乐"（《岳阳楼记》）的爱国理念，呼吁"天下兴亡，匹夫有责"的责任担当意识，等等。儒家文化的这些思想以君子人格为基本的为人道德标准，将个人发展、前途和命运与国家、民族的发展、前途和命运紧密相连，组成了一个以天下、王朝、家族和君子为主体的理想社会组织体系。中国的家国观念不同于西方文化中公共国家与私人社会的区分，其君子人格理想更不同于西方基督教文化的原罪观念。中华传统文化的家国情怀意识是一种自发的文化认同感，以情感原则和自我认同的集体取向为基本前提，在这种自发认同的集体取向中，个人的存在和发展总是在家族和国家的伦理关系网中存在和发展。①

在中华文化转型和发展的新时期，我们有必要在厚植爱国情怀上下功夫，厚植时代新人的爱国情怀，这既是抵御西方资本主义意识形态冲击，促进时代新人自身健康良性发展的必然要求，同时也是实现中华民族伟大复兴中国梦的要求。厚植和培育时代新人的家国情怀，可以涵养时代新人的爱国主义情怀，强化国家认同意识，砥砺时代新人的强国之志，以力践报国之行。

二 可以提升共同体意识，陶养社会责任感意识

当今国际形势日益复杂，各种追名逐利的浮躁风气也随之俱存。由此，

---

① 李宗桂等：《中国优秀传统文化的现代价值》，人民出版社2019年版，第341、342页。

家国命运共同体的构建就显得很有必要了。在某种意义上来说，通过这一共同体方式，让每个个体参与进来以实现"美美与共，天下大同"①。也就是说，培育家国命运共同体意识势在必行。家国命运共同体的构建需要每个公民参与其中，也只有每个公民心系国家之荣辱与兴衰，维护国家尊严与利益，维护国家形象与声望，杜绝做有损国格、国誉的事情，才能使得国家民族在日益激烈的国际竞争中保持持续的生机与活力，从而立于不败之地。

早在先秦时期，儒家的思想家孟子就主张"居天下之广居，立天下之正位，行天下之大道"（《孟子·滕文公下》）的天下观，此思想中可以引申出"命运共同体"理念。② 由此可见，我们的老祖宗在两千多年以前就已经有"命运共同体"的自觉意识。可以说，这并非某个历史时期的特定发展模式。西汉时期的爱国将领、民族英雄霍去病就曾在汉武帝因其战敌有功而为其修建豪华府邸时，断然拒绝并掷地有声："匈奴未灭，无以家为也。"（《史记·卫将军骠骑列传》）霍去病的这份豪情回应令无数有识之士热血沸腾，更使醉生梦死者相形见绌而黯然失色。霍去病以实际行动践履自己的家国信念，把自己的发展和命运与国家的发展和命运紧紧地联系在一起。也正因为有了像民族英雄霍去病一类满怀家国命运共同体意识并积极奉献的爱国热血青年，中国古代王朝历史上第一个鼎盛时期的出现才并非偶然，中华文明的发展才延绵不断。

当今，时代发展步伐日趋加快，随着信息技术革命的兴起，世界被变成了"地球村"，日益被连接成一个有机整体。从表面来看，尽管风平浪静，没有了以往历史上的硝烟战争，然而，实际上世界各国却暗涛汹涌。由此，家国命运共同体的构建便成为历史发展潮流。

从本质上来说，家国情怀是一种对生活共同体的情感认同，并在共同体自治的基础上上升到政治共同体，产生价值依归和责任意识，它在日常生活中陶冶而成，形成一种天地、万物、人我合二为一的生命感受，是一种历史

---

① 于1990年12月，日本著名社会学家中根千枝和乔健两位教授在东京所召开的"东亚社会研究国际研讨会"上，费孝通先生在接受参会学者80华诞贺寿时发表其"人的研究在中国——个人的经历"主题演讲，他总结指出"各美其美，美人之美，美与共，天下大同"的十六字箴言。

② 王泽应：《命运共同体的伦理精义和价值特质论》，《北京大学学报》（哲学社会科学版）2016年第5期。

意识与个体主动性相结合的体现。① 这种共同体意识以曾子"士不可以不弘毅，任重而道远，不亦重乎？死而后已，不亦远乎"（《论语·泰伯》）的呼吁最具代表性，它主要倾向于个人对共同体的义务。从曾子的感慨中也能看出，儒家主要通过日常生活来落实对道义的担当，由此而凸显个体负重致远的责任担当意识。儒家对这一责任担当意识的实现是以一系列系统的修养工夫，如"慎独"等工夫贯彻于日常生活之中来实现的。可以说，儒家的这一共同体意识，实质上是一种万物一体、天人合一的直觉和生命体验。在中国传统文化典籍中有许多相关的陈述，如《礼记》中圣人"以天下为一家，以中国为一人"（《礼记·礼运》）的说辞，孟子"仁民而爱物"（《孟子·尽心上》）的呼吁，张载"民吾同胞，物吾与也"（《西铭》）的"民胞物与"情怀，以及王阳明"大人者，以天地万物为一体者也"（《大学问》）的天人合一生命情怀，等等。这种将天、地、人贯通为一体的宇宙观，为中国文化所独有，它不仅强调了万物一体的情怀，同时也凸显了一种社会责任和担当意识。在某种意义上，家国一体观念将家庭和国家命运维系在了一起，只有具备了对中华民族命运共同体的认同，才能形成亲和力、吸引力和向心力，也才能具有心怀天下的抱负与责任意识。

当然，需要留意的是，家国情怀中的共同体意识，一方面是个体人格境界和生命体验的彰显，另一方面则是"士"阶层的文化自觉和责任意识。古代中国社会中并没有"公民"观念，直到近代，在西方思想的影响下，家国情怀在中国现代化的历程中才被赋予了树立公民意识的重要价值。而"家之本在身"（《孟子·离娄上》）、"君子义以为上"（《论语·阳货》）、义利并举以及崇德尚义等修养己身的人格健全意识，修身治国、内圣外王而"兼济天下"的责任使命感，在现代社会的家国情怀理念中成长起来就是公民意识。具体而言，需要我们在当今的文化转型中树立起现代社会公民所应具备的公民意识。作为现代公民所应具备的遵纪守法、爱岗敬业、恪守道德及奉献精神等，与中华传统文化的家国情怀中所涵有的"忠孝一体""天下兴亡，匹夫有责"等君子人格精神及责任担当的主旨是同出一辙的。倡导"家国情怀"，就需要摒弃卖国求荣、自私自利、中饱私囊、欺上瞒下，更需要反对分裂、

---

① 参阅李宗桂等《中国优秀传统文化的现代价值》，人民出版社2019年版，第343页。

反对暴政、反对践踏公权利益；倡导"家国情怀"，还应树立民族国家的自豪意识，弘扬自强不息的奋斗精神。因此，我国应当不断提高公民对中华优秀传统文化家国情怀意识的涵养，增强公民对家国情怀的情感归属，激发国家认同意识，陶养责任担当意识和奉献精神。

数千年来，家国情怀作为中华优秀传统文化的重要思想精华，它高扬对家庭、国家的认同关心和热爱、奉献担当，并深深地浸润和滋养了中华儿女的情感与心灵，激励无数杰出人物创造彪炳史册的丰功伟业。可以说，家国情怀对中华儿女的文化心理和民族精神产生了巨大而深刻的影响。当代中国社会，虽然家与国的形态及关系与久远的古代社会相比已有沧海桑田之变，然而，家是最小国、国是千万家的基本结构却依然存在，以家庭血缘关系为基点、以国家利益为中心的家国情怀，在中华民族伟大复兴旗帜的感召下，焕发出其勃勃生机和强大的生命力。在这种意义上来说，家国情怀是一种精神气脉，于个人而言，它是个体价值与国家利益的高度统一；于家族（家庭）而言，它是孕育优秀家风的源头活水；于国家而言，它是实现国家富强与民族振兴的精神支柱。如何讲好中国故事、做好中国文章，以进一步提升中华民族的自豪感、树立中华民族的自信心，其核心就在于对中华民族特有的家国情怀意识的厚植与培育。家国情怀是我们实现中华民族伟大复兴事业的强大动力，在这一伟大事业的进展过程中，家国情怀必然会在秉承"人类命运共同体"的理念中，共同开创未来的和平与幸福，从而提升为新时代的"天下"情怀。

思考题

1. 什么是家国情怀？家国情怀是怎样产生的？
2. "爱国"情怀的出发点与最终归宿是什么？
3. 简述中华优秀传统文化家国情怀的历史内蕴。
4. 怎样理解家国情怀与社会主义核心价值观的关系？
5. 简析家国情怀与中华民族精神的关系。
6. 家国情怀的现代价值是什么？

参考文献

1. 高亨注：《诗经今注》，上海古籍出版社 2009 年版。

2. （战国）左丘明撰，（西晋）杜预集解：《左传》，上海古籍出版社 2015 年版。

3. （南朝宋）范晔撰，（唐）李贤等注：《后汉书》卷二六《韦彪传》，中华书局 1965 年版。

4. （唐）杨倞注：《荀子》，耿云标校，上海古籍出版社 1996 年版。

5. （唐）房玄龄注：《管子》，（明）刘绩注，刘晓艺校，上海古籍出版社 2015 年版。

6. （唐）邢昺：《孝经注疏》，（清）阮元校刻：《十三经注疏（附校勘记）》，中华书局 1980 年影印本。

7. （北宋）司马光：《训子孙文》，包东坡选注：《中国历代名人家训精萃》，安徽文艺出版社 2000 年版。

8. （南宋）朱熹：《四书集注》，岳麓书社 1985 年版。

9. 梁启超：《饮冰室文集》（第一册之九：新史学），林志钧编：《饮冰室合集》（第一册），中华书局 1989 年版。

10. 李宗桂等：《中国优秀传统文化的现代价值》，人民出版社 2019 年版。

11. 徐少锦、陈延斌：《中国家训史》，陕西人民出版社 2003 年版。

12. 钱宾四先生全集编纂委员会整理：《钱宾四先生全集》，联经出版事业公司 1998 年版。

13. 钱穆：《晚年盲学》，广西师范大学出版社 2004 年版。

14. 《张岱年全集》第六卷，河北人民出版社 1996 年版。

15. 朱汉民：《忠孝道德与臣民精神——中国传统臣民文化论析》，河南人民出版社 1994 年版。

16. ［古希腊］亚里士多德：《政治学》，颜一、秦典华译，苗力田主编：《亚里士多德全集》（第九卷），中国人民大学出版社 1994 年版。

17. ［美］亨廷顿：《文明的冲突与世界秩序的重建》，周琪等译，新华出版社 2002 年版。

18. 陈杰：《家国情怀、人类情怀与人类命运共同体的构建》，《中国矿业大学学报》（社会科学版）2021 年第 2 期。

19. 陈望衡、张文：《论中国传统文化中的家国情怀》，《天津社会科学》2021 年第 6 期。

20. 陈建魁：《部族战争与中国文明的起源——兼论大禹时期国家的形成》，《河南理工大学学报》（社会科学版）2017 年第 2 期。

21. 雷浩：《中国伦理的概念系统及其文化原理》，《复旦学报》（社会科学版）1993年第3期。

22. 徐国亮、刘松：《三层四维：家国情怀的文化结构探析》，《四川大学学报》（哲学社会科学版）2018年第6期。

23. 杨增和：《论以孝治国与家国同构的文化模式》，《船山学刊》2017年第5期。

24. 王泽应：《命运共同体的伦理精义和价值特质论》，《北京大学学报》（哲学社会科学版）2016年第5期。

25. 吴光：《中国梦的思想解读与儒家的历史使命》，《教育文化论坛》2014年第1期。

26. 习近平：《在纪念中国人民抗日战争暨世界反法西斯战争胜利69周年座谈会上的谈话》，《人民日报》2014年9月4日第一版。

27. 习近平：《在北京大学师生座谈会上的讲话》，《人民日报》2018年5月3日第二版。

28. 习近平：《在全国教育大会上的讲话》，《人民日报》2018年9月11日第一版。

29. 习近平：《在中央民族工作会议上的讲话》，《人民日报》2021年8月29日第一版。

30. 张倩：《"家国情怀"的逻辑基础与价值内涵》，《人文杂志》2017年第6期。

31. 于春海、杨昊：《中华优秀传统文化教育的主要内容与体系构建》，《重庆社会科学》2014年第10期。

第五章　中华传统文化的社会关爱意识

教育部颁发的《完善中华优秀传统文化教育指导纲要》中明确了中华优秀传统文化的理论内涵和现实意义："中华优秀传统文化是中华民族语言习惯、文化传统、思想观念、情感认同的集中体现，凝聚着中华民族普遍认同和广泛接受的道德规范、思想品格和价值取向，具有极为丰富的思想内涵。加强对青少年学生的中华优秀传统文化教育，要以弘扬爱国主义精神为核心，以家国情怀教育、社会关爱教育和人格修养教育为重点，着力完善青少年学生的道德品质，培育理想人格，提升政治素养。"[①] 继承和弘扬中华优秀传统文化，对于青少年学生的健康成长、身心和谐、道德境界的提升都具有重要意义。其中，社会关爱意识是中华传统文化的精华。中华传统文化中有很多关于社会关爱的思想，包括"仁者爱人""与人为善"的处世原则，"出入相友，守望相助"的友爱精神，"己所不欲，勿施于人"的道德底线，"民胞物与""天人合一"的生命情怀等，都体现了中华民族对于爱的理解和实践。爱，是沟通人与人、人与社会、人与自然的桥梁和纽带。因为有了爱，这个世界才变得更加温暖、和谐。弘扬中华传统文化的社会关爱意识，对于社会主义和谐社会的构建以及社会主义核心价值观的推进，都具有重大的理论价值和现实意义。

第一节　中华传统文化社会关爱意识的主要内容

关爱就是"关心爱护"的意思。社会关爱从狭义上讲是指社会成员对于所属的群体、社会、民族和国家的关心爱护；从广义上讲，社会关爱还应当

[①] 中华人民共和国教育部：《完善中华优秀传统文化教育指导纲要》，载《中国教育报》2014年4月2日第三版。

包括社会成员对自身、他人和自然的关心爱护，体现出深厚的人文情怀。中华传统文化社会关爱意识的内容从整体上可以概括为五个层面：社会成员个体对于自身、他人、社会、国家和自然的关爱。关爱思想具有一个内在的逻辑：首先，关爱从自身开始，目的是实现个体身心的和谐、人格的独立、追求真、善、美合一的人生境界。继而，将关爱的精神由关爱自身发展到关爱他人，设身处地为他人着想，实现"仁爱共济、立己达人"的人际和谐。更进一步，由关爱他人发展到关爱社会，达到"天下之人皆相爱"的社会理想，实现社会和谐。再进一步，由关爱社会发展到关爱国家，实现中华民族伟大复兴的中国梦，实现国家和谐。最后，由关爱人类发展到关爱自然，实现人与自然的共生共荣，实现天人和谐。

一 关爱自身——实现身心和谐

社会关爱不仅仅指社会成员对他人、社会的关心爱护，从广义上讲，还包括对自身的爱。传世文献中的"仁"字，是"从人，从二"，表明人与人之间亲密无间的关系。而郭店楚墓竹简中的"仁"字，还有另外一种写法："𠭰"，"从身从心"，身心为仁，这又表明了仁学不仅仅是关爱他人，而且也包含着关爱自身，实现个体身心的和谐。并且，关爱自身是第一位的，一个人只有懂得关爱自己才能知晓关爱他人和社会，也只有具备关爱自己的能力才能发展出关心他人和社会的能力。

关爱自身是对自我的认同和接纳，是对个体生命的价值尊严和存在意义的积极肯定。人生在世，每一个个体生命的存在都具有唯一性、不可重复性。只有意识到这一点，我们才会真正理解我们每个个体作为人的存在的尊严和价值，才会珍惜生命、珍爱自己。孔子对于能自爱的人给予高度的肯定。《荀子·子道》篇记载：子路入，子曰："由！知者若何？仁者若何？"子路对曰："知者使人知己，仁者使人爱己。"子曰："可谓士矣。"子贡入，子曰："赐！知者若何？仁者若何？"子贡对曰："知者知人，仁者爱人。"子曰："可谓士君子矣。"颜渊入，子曰："回！知者若何？仁者若何？"颜渊对曰："知者自知，仁者自爱。"子曰："可谓明君子矣。"孔子分别询问子路、子贡和颜回三位弟子，有智慧和有德性的人分别是什么样子，三位弟子也给出了不同的答案，孔子最赞赏的是颜回的答案。颜回说有智慧的人有自知之明，有德性的人能自尊自爱，孔子称赞他才是贤明的君子。从这里可以看出孔子对于个体的道德修养非常重视，只有先学会自尊自爱，才能去进一步尊重和关爱他人，所以，社会关爱首先从关爱自身开始，目的是实现个人身心的和谐。

关爱自身首先表现在独立人格的培养。子曰："君子不器。"（《论语·为政》）孔子认为君子不能成为一个可供使用的器具，不能仅限于一才一艺，而要使人的个性、才能获得全面的发展，要有自己的理想和信念，要有独立的人格和生命的尊严。孟子追求一种激情豪迈的"大丈夫"人格："居天下之广居，立天下之正位，行天下之大道；得志，与民由之；不得志，独行其道。富贵不能淫，贫贱不能移，威武不能屈，此之谓大丈夫。"（《孟子·滕文公下》）坚守仁道的君子，无论面对顺境还是逆境，甚至是面临生死考验之时，都有一种大无畏的精神，这就是君子独立人格的典型体现。荀子认为："能定能应，夫是之谓成人。"（《荀子·劝学》）如果说"定"是对理想信念的坚守，是人的初心，那么，"应"就是要"唯变所适""与时偕行"，即对世间的各种事务都能应对自如。既能有坚定的理想信念，又能随时适应外在环境的各种变化，这样的人才是真正实现了完满人格的君子。

关爱自身还表现在追求真、善、美合一的人生境界。真、善、美是人类永恒的追求，真，即真理，属于认识论；善，即道德，属于伦理学；美，即审美，属于美学。三者密切相连、互为补充，在成就理想人格方面共同发挥着重要的作用。子曰："兴于《诗》，立于礼，成于乐。"（《论语·泰伯》）诗、礼、乐这三者都是培育性情的最佳手段，同时也是最终目的。诗兴发情感和志意，礼引导人走向性情之正，乐是人性情完满状态的最好体现，三者都是为了调养人之性情，导化人之心性，使之朝着和谐的方向发展。孔子的这句话很好地诠释了真、善、美的关系，即以美启真，以美引善，最后让真、善升华到至美的境界，在艺术活动中实现了真、善、美的合一。

二 关爱他人——实现人际和谐

社会个体对他人的关爱，可以简称为"爱人"。樊迟问仁。子曰："爱人。"（《论语·颜渊》）这是对社会关爱精神最直接的表达。"爱人"就要设身处地为他人着想。"仁爱共济、立己达人"是中华传统文化的社会关爱意识之核心所在。

第五章　中华传统文化的社会关爱意识

儒家的"仁爱"思想概括起来是：爱有等差，推己及人。孔子的"爱人"，不是对任何人都是无等差、无分别的爱，而是主张由近及远、推己及人的爱。"爱人"首先从爱自己的父母开始，由对亲人的爱扩大到对社会上其他人的爱，最后再由爱人扩大到泛爱天地万物，最终成就的是"万物一体之仁"。一方面，爱人之心，始于"亲亲"，"孝"是"仁"的原点。有子曰："君子务本，本立而道生。孝弟也者，其为仁之本欤！"（《论语·学而》）一个人只有首先爱自己的亲人，才会去爱他人。离开了亲情之爱，仁爱就成为无源之水、无本之木。这表明爱心是从父母兄弟这些自己最亲近的人开始，逐步由内而外，由近及远，最后通过"泛爱众"（《论语·学而》）来达到"四海之内皆兄弟"（《论语·颜渊》）的广大境界。这是一个极其自然的过程，也就是说仁爱是从人的常理常情出发，符合人的真实情感。另一方面，"爱人"之所以能够推行主要靠"推己及人"。为何要"推己及人"？因为"仁"是在人与人的交往中体现出来的。"仁"字从"人"从"二"，就表明人的存在是一种关系性的存在，人处于与他人的共在之中。人与他人相互依存，所以，我们谈"爱人"，就是指"对……的爱"，这种指向性就解释了我们为什么要将爱外推、扩大，由己及人、由家庭到社会、由人到物。总之，儒家的仁爱观一方面表明爱来自人的真情实感，从子女对父母的"孝"开始，这使得爱更加符合人之常情，让人自愿遵循；另一方面，儒家的仁爱观又表明爱具有普世性，是一种人人共有的普遍性的道德情感。大爱无疆，有了人间大爱，生命与生命之间才会相依相连、相互滋养。

在中国美学中，有三种不同的美学范畴，沉郁、飘逸、空灵，分别代表了儒、道、禅三家的审美理想。[1] 其中，沉郁的文化内涵是儒家之"仁"，是一种普遍的人类同情，一种人间大爱。代表人物为杜甫。其美学特点：一是带有哀怨郁愤的情感体验，极端深沉醇厚，达到醇美的境界。二是弥漫着一种人生、历史的悲凉感和沧桑感。比如杜甫的《春望》："国破山河在，城春草木深。感时花溅泪，恨别鸟惊心。烽火连三月，家书抵万金。白头搔更短，浑欲不胜簪。"这首诗全篇情景交融、感情深沉、含蓄凝炼，充分体现了"沉郁顿挫"的艺术风格。全诗结构紧凑，围绕"望"字展开，开篇描绘了安史

---

[1] 叶朗：《美学原理》，北京大学出版社2009年版，第374页。

之乱以后，大唐都城长安一片萧索破败的景象，昔日的繁华热闹不再；再到眼观春花而泪流，耳闻鸟鸣而怨恨，这是典型地以乐景写哀情，更显情感之悲；再写战事持续了很久，以致家里音信全无；最后写到自己的哀怨和衰老，层层递进，创造了一个能够引发人们共鸣、深思的境界。反映了同时代的人们热爱国家、期待和平的美好愿望，也展示出诗人忧国忧民、感时伤怀的深厚情感。

值得注意的是，儒家讲的仁爱，绝不是不讲原则、不讲是非的盲目的爱，而是有原则的爱：爱人以德，不做"老好人"。孔子说："唯仁者能好人，能恶人。"(《论语·里仁》)也就是说只有具备仁德的人，才能够真正正确地爱一个人，正确地厌恶一个人，即敢爱敢恨。《礼记·檀弓上》记载："君子之爱人也以德，细人之爱人也以姑息。"君子是按照道德的要求去爱护他人，小人的爱人是盲目的纵容。汉代贾谊《新书·礼》有"失爱不仁，过爱不义"，是说不去爱人是不仁，无原则的爱也是不道德的。无原则的爱就是爱了那些不该爱的人。无原则的爱不但不是真正的爱，而且会给个人、家庭、社会、国家带来灾祸。因此，坚持原则，不姑息养奸，不做老好人，是仁爱精神的基本要求。

除了儒家之外，墨家和道家也大力提倡"爱人"的思想。墨家的"兼爱"说主张平等地关爱天下所有的人，一切人都真诚相爱，视人如己，所有人互爱、互利和互惠，其目的是实现老百姓生活的安定和社会秩序的稳定，最终使社会达到和谐的状态。墨家的"兼爱"说反对宗法伦理，主张爱无差等，"视人之国若视其国，视人之家若视其家，视人之身若视其身"(《墨子·兼爱中》)，要求人们首先去爱利他人的父母，即"必吾先从事于爱利人之亲，然后人报我以爱利吾亲也"(《墨子·兼爱下》)，如果人人都能做到这一点，那么自己的父母也就会得到相应的回报。在爱与被爱的关系上，墨子提出了对等互报的原则，"子自爱不爱父，故亏父而自利；弟自爱不爱兄，故亏兄而自利；臣自爱不爱君，故亏君而自利，此所谓乱也。虽父之不慈子，兄之不慈弟，君之不慈臣，此亦天下之所谓乱也"(《墨子·兼爱上》)。墨子"兼爱"思想超越了传统的宗法等级制度，具有一定的积极意义，但他的"兼爱"说取消了我与他人的界限，具有平民性的空想色彩。[1] 因而，在历史上，远不如孔子的

---

[1] 冯达文、郭齐勇主编：《新编中国哲学史》上册，人民出版社2004年版，第65页。

"仁爱"思想影响深远。

　　道家主要是从"自然无为"思想出发而提倡无私之爱。老子说："我有三宝，持而保之。一曰慈，二曰俭，三曰不敢为天下先。"（《道德经·第六十七章》）这里的"慈"就是慈爱、慈善。具有这样的慈善之心，人与人才能互相关爱，互相帮助。庄子说："爱人利物之谓仁。"（《庄子·天地》）即泛爱众人的同时普利万物，才叫"仁爱"。与儒家重视人伦之道不同，道家更重视自然之道。庄子的"爱"是一种自由的精神境界，"泉涸，鱼相与处于陆，相呴以湿，相濡以沫，不如相忘于江湖"（《庄子·大宗师》）。从"齐物"的角度看，"道通为一"，人与天地万物都是由一气运化而成。因此，每个人都顺应自然的本性，才能真正获得精神的自由，这才是道家讲的无私之爱。

　　墨家的"兼爱"、道家的"无私之爱"，虽然在内涵上与儒家的"仁爱"不完全相同，但三者在本质上具有相似性，都是强调"爱人"。只有人与人之间互爱互敬、互帮互助，才能实现人际关系的和谐，让人真正体验到来自人间的温暖和爱。

三　关爱社会——实现社会和谐

　　社会关爱的本义应当是对社会、国家乃至天下关心爱护。人们首先关爱的是自己的亲人，但又能"善推其所为"（《孟子·梁惠王上》），推广这种关爱精神，使之惠及更广泛的社会成员。

　　孟子从人的良知良能出发，认为人天生就有不忍人之心即恻隐之心，将此善性存养并扩充，就会实现完满的人性。孟子曰："人之所不学而能者，其良能也；所不虑而知者，其良知也。孩提之童无不知爱其亲者；及其长也，无不知敬其兄也。亲亲，仁也；敬长，义也；无他，达之天下也。"（《孟子·尽心上》）虽然爱是从亲人开始，但又不局限于家庭血缘关系之中，要能够将爱扩大到对一切人的爱，"仁者以其所爱及其所不爱"（《孟子·尽心下》），"老吾老，以及人之老；幼吾幼，以及人之幼……推恩足以保四海，不推恩无以保妻子"（《孟子·梁惠王上》），通过"推恩"，使得爱超越了家庭、血缘、等级，成为人与人之间最温暖的情感，全社会都处在一个充满爱的氛围当中，在一个爱的世界、有情的宇宙之中，人与人之间和谐相处，人才会获得幸福，这样的社会才是一个和谐的社会。

儒家认为尧、舜、禹三代是"大同"时期，被称为"黄金圣世"。在这样的理想社会当中，社会关爱最主要表现为"故人不独亲其亲，不独子其子，使老有所终，壮有所用，幼有所长，鳏寡孤独废疾者皆有所养"（《礼记·礼运》），社会上的每一个人不能只赡养自己的父母，不能只抚养自己的儿女，让老年人能终其天年，中年人能有用武之地，幼童能健康成长，老而无妻的人、老而无夫的人、幼而无父的人、老而无子的人、残疾的人、重病的人都能得到社会的供养。这样的社会才是一个安定和谐、温暖有爱的社会。

这种关爱社会的思想，在墨家那里表现得更为明显，墨子主张"兼爱"说："今天下之士君子，忠实欲天下之富，而恶其贫；欲天下之治，而恶其乱，当兼相爱，交相利。此圣王之法，天下之治道也，不可不务为也。"（《墨子·兼爱中》）通过人人互爱互敬、互惠互利，最终达到"天下之人皆相爱"的社会理想。

如果说儒家和墨家更多地看到了人类文明的积极意义，那么道家则更多地看到了人类文明发展当中出现的诸多问题，比如，人与人、国与国之间的冲突，人生存处境的艰难，人性的压迫，等等，这些都不符合人性的本然状态。只有依照"道"的要求，自然无为，柔弱不争，才能恢复到人最本真的状态，社会也才能回归稳定和谐的局面。因此，老子认为最理想的社会是"小国寡民"的社会，在这样的社会里，没有战争、没有冲突，人永远定居在一个地方，自给自足、自由自在。"甘其食，美其服，安其居，乐其俗。"（《道德经·第八十章》）与孔子追求文明与秩序不同，老子设想的社会是更自然、更本真的社会。老子的目的并不是完全反对文明，而是要人们在享受文明带来的好处的同时，也要深刻地反思由文明和巧智所引发的各种社会弊病。

总之，儒家、墨家和道家都希望出现一个理想的社会，在这样的社会当中，人与人之间和谐友好地相处，每个人都能回归到自己的本真状态，以真情示人，只有这样，社会才能安定和谐。

四 关爱国家——实现国家和谐

中华民族在漫长的历史长河中，逐步凝结了对祖国深厚的爱国主义情感，形成了精忠爱国的民族气节。爱国主义情怀是中华儿女最质朴、最珍贵的情感和品性，它是爱亲爱家爱乡情感的扩充和升华。因为在中国古代社会中，家—家乡—国家相互贯通，家国同构、家国一体，家是小国、国是大家，所以，中国人常常习惯把自己的国家称为"祖国"。祖国不仅是我们赖以生存的物质基础，而且是我们精神的支柱、情感的源泉。

关爱国家，不仅仅是对其有着一份热爱，更有着一份沉甸甸的责任和关切。关爱国家会形成一种坚定而稳固的情感——"爱国主义情感"或"家国情怀"，对于祖国广袤的土地、秀美的山川的热爱，对中国的历史文化传统、语言文字的自豪，对于同族同胞的依恋，这是中华民族强大而深沉的精神源泉。

屈原是中国历史上第一位伟大的爱国诗人，中国浪漫主义文学的奠基人，被誉为"中华诗祖""辞赋之祖"。他是"楚辞"的创立者，开辟了"香草美人"的传统。屈原也是楚国重要的政治家，早年受楚怀王信任，任左徒、三闾大夫，兼管内政外交大事。他提倡"美政"，主张对内举贤任能，修明法度，对外联齐抗秦。因遭贵族排挤毁谤，被先后流放至汉北和沅湘流域。公元前278年，秦将白起攻破楚都郢，屈原悲愤交加，怀石自沉于汨罗江，以身殉国。生是楚国人，死是楚国魂。屈原用自己的一生践行了什么是真正的爱国。屈原的伟大诗篇《离骚》，通过对诗人为崇高理想而奋斗终生的描述，强烈地抒发了他遭谗被害的苦闷和矛盾的心情，体现了他为国献身的精神、与国家休戚与共的深厚的爱国主义情感和同情人民的家国情怀。

在中国古代社会，与国家密切相关的一个概念是"天下"。中国的仁人志士都以天下为怀。范仲淹的"先天下之忧而忧，后天下之乐而乐"（《岳阳楼记》），把个人道德修养与国家兴亡联系在了一起。北宋大儒张载说："为天地立心，为生民立命，为往圣继绝学，为万世开太平"（《横渠语录》），其中，"为万世开太平"就是以天下兴亡为己任。清代思想家顾炎武在《日知录·正始》中提出："保天下者，匹夫之贱，与有责焉耳矣。"这句话后来被概括为"天下兴亡，匹夫有责"。顾炎武所说的"天下兴亡"，不是指一家一姓的王朝的兴亡，而是指我们中国人生存的这块土地，我们这个民族文化的延续。所以从这个角度来讲，每个人都有责任关心这里的事情，所以是天下兴亡，匹夫有责。这是一个具有深远意义和影响的口号，成为激励我们中华民族不断奋进的一种精神力量。古人讲的"天下"观念，实际就是讲以天下为己任，就是一种责任心；以天下为己任，就是要有爱国心，这是我们中华民族的优良传统。

五　关爱自然——实现天人和谐

中国传统文化中的关爱不仅仅是一种人类性的爱，还包括对自然界一切生命物的珍爱。自然是人类社会赖以生存的自然条件和必然前提，社会关爱的思想必然要包含着对自然的关爱。孟子曰："亲亲而仁民，仁民而爱物。"（《孟子·尽心上》）由爱亲人到爱社会上一切的人，再将爱的情感推至天地万物。张载曰："民吾同胞，物吾与也。"（《正蒙·乾称篇》）万物犹如人的手足兄弟，因此，人应该像关爱自己的手足兄弟那样去关心、爱护和体贴万物。程颢曰："若夫至仁，则天地万物为一身，而天地之间，品物万形，为四肢百体，夫人岂有视四肢百体而不爱者哉？"（《二程遗书·语录》）在农耕文明中，中国人树立了"天人合一"的宇宙观。在中国人眼中，宇宙是一整体的存在，天、地、人三者合一。天人合一是中国文化区别于西方文化最突出的特点。中国文化比较重视人与自然的和谐统一，天与人、天道与人道、天性与人性相类相通，因而可以达到统一。天与人要达到一种和谐的状态，不是一方无条件地服从另一方，或把天看作一个被动的、可以随意征服的对象。天人合一昭示着人要服从天的规律，并对这种规律进行合理的利用。同时也昭示了人要不断地努力。天是一个生生不息的存在，人也要效法天道的创造精神，在努力创造的过程中实现自我，达到与外在必然的统一。天人合一是中华民族精神的精华。

天人合一不仅是中国哲学的总特征，也是中国美学和中国艺术的总原则。中国的绘画具有中和之美、气韵生动、虚实相生等特征，形成了中国艺术的意境之美。比如隋代展子虔的《游春图》，这是一幅山水画，描绘了人们在风和日丽、春光明媚的季节，到山间水旁"踏青"游玩的情景。全画以自然景色为主，人物点缀其间。湖边一条曲折的小径，蜿蜒伸入幽静的山谷。人们或骑马，或步行，沿途观赏着青山绿水、花团锦簇的胜境。在波光粼粼的湖面上，一艘游船缓缓荡漾，船上坐着的几个女子似被四周景色所陶醉，流连忘返。山腰和山坳间建有几处佛寺，十分幽静，令人神往。画家运用细而有力的线条勾画出物象的轮廓，人物虽然小如豆粒，但一丝不苟，形态毕现。

在这幅画作当中，人置身于大自然之中，遨游于天地之间，与天地万物亲密无间，正如庄子所言"与物为春"（《庄子·德充符》）。中国的建筑也讲究人与自然保持一种和谐的关系，中国传统建筑以群体取胜，注重虚实结合，以内敛的凹曲线与依附大地、横向铺开的形象特征表达出与自然相适应、相协调的价值观念。在房屋设计上，任意开墙，建长廊，也是室内建筑与自然保持和谐的一个桥梁。中国建筑的外观也是虚实相应，轮廓柔和，曲线蜿蜒，给人一种庄重而灵动的审美感受。

关爱自然不是禁绝人类对自然的开采利用，而是强调不能滥用和过度开采自然，要"取之有时，用之有节"，以不危害人类与其他物种的持续生存与发展为限度。孔子讲的"钓而不纲，弋不射宿"（《论语·述而》）就鲜明体现了这一价值取向，孔子也爱钓鱼和射鸟，孔子钓鱼，但不用绳网捕鱼；孔子射鸟，但不射栖居于巢中之鸟。这表明孔子不妄杀滥捕，取物以节，同时也是仁爱精神的体现。孟子在对待自然资源问题上提出要把握"时""度"原则以及常用不竭的持续性思想："不违农时，谷不可胜食也；数罟不入洿池，鱼鳖不可胜食也；斧斤以时入山林，材木不可胜用也。"（《孟子·梁惠王上》）他还说："君子之于禽兽也，见其生，不忍见其死；闻其声，不忍食其肉。是以君子远庖厨也。"（《孟子·梁惠王上》）君子有不忍人之心，也就是恻隐之心，不愿意看到杀生的场面，也不忍心听到动物的哀号声，这都是君子仁爱之心的体现。在儒家那里，对自然能否"取用有时"影响到对一个人的道德判断，如《礼记·祭义》所言："伐一木，杀一兽，不以其时，非孝也。"

在中国传统文化看来，关爱自然是人类的天职，也是成就人的品德和实现人自身价值的重要环节。《中庸》曰："诚者，非自成己而已也，所以成物也。""成物"是"成己"的一个不可或缺的环节，人只有在善待万物并"赞天地之化育"的过程中，才能成就自身的价值和意义。

第二节　中华传统文化社会关爱意识的当代意义

教育部颁发的《完善中华优秀传统文化教育指导纲要》中明确指出："开展以仁爱共济、立己达人为重点的社会关爱教育。着力引导青少年学生正确处理个人与他人、个人与社会、个人与自然的关系，学会心存善念、理解他人、尊老爱幼、扶残济困、关心社会、尊重自然，培育集体主义精神和生态文明意识，形成乐于奉献、热心公益慈善的良好风尚，培养青少年学生做高素养、讲文明、有爱心的中国人。"[1] 这不仅指明了当前开展社会关爱教育的着力点，而且也指出了开展社会关爱教育的目的和意义。学习和领悟中华传统文化的社会关爱意识，对于当代的中国社会具有重要的意义。

在传统的农业社会，农耕文明造就了中国人的思维习惯和行为习惯。一分耕耘一分收获、安土重迁、乐天知命、天人合一等，都是农耕文明带给中国人的启示。人们依照家族血缘关系和宗法等级关系来处理人与人之间的关系，人情感的获得、道德的养成、人格的完善都源自人对自己所属群体的认同感。传统的农业社会较为稳定，农民们祖祖辈辈生活在同一片土地上，缺乏流动性，由此建构起来的社会也被称为熟人社会。在这种社会中，人更容易获得爱和归属感。随着科学技术的不断革新，人类进入了一个前所未有的新时代。生产力的发展改变了原有的生产关系，产生了社会分工。每个人所承担的劳动种类单一化，每个人所承担的社会角色却更加的多元化。个体从封闭的家庭走向开放的社会，社会也由原来的熟人社会变成了陌生人社会。如何在一个更广阔的社会中生存和发展，如何处理好人与他人、人与社会、人与自然之间的关系就成了人们首要思考的问题。在当代中国社会，经济高速发展，人口生育率下降，家庭结构日趋小型化，并逐渐进入老龄化社会，人们对于社会关爱的需求与日俱增，除了依靠制度化的安排为社会关爱的实施提供必要的机制保障外，更重要的是要加强社会关爱的教育。中国传统文化的社会关爱思想，虽然已经是久远的历史传统，但在现代化不断推进的今天，其仍有其历久弥新的意义和价值。

一　有助于人们关爱自己的生命，成就伟大的人格和理想

"关爱"是理解、尊重、关心、爱护、帮助人的思想，是人类最值得珍惜的一种智慧和境界，是人类社会和谐稳定的根本。同时，它也是做人的

---

[1] 中华人民共和国教育部：《完善中华优秀传统文化教育指导纲要》，载《中国教育报》2014年4月2日第三版。

根本和道德的根基。因此,大力学习和弘扬中华传统文化中的社会关爱意识,首先对于人们关爱自己的生命、成就伟大的人格和理想,具有重大的启示意义。

冯友兰认为中国哲学是"境界之学",他把人生境界分为四个品位:自然境界、功利境界、道德境界、天地境界。① 自然境界中,人只是按习惯做事,不清楚他做事的意义。第二层是功利境界,一切行为都是为了自己的"利",利己也利他。第三层是道德境界,一切行为都是为了"义",是求社会的利,不以索取为目的,而是以贡献为目的。最高一层是天地境界,其行为的目的是"事天",人不仅是社会一部分,还是宇宙的一部分,知天、乐天,实现天人合一、万物一体的精神境界。② 冯友兰关于人生境界品位的划分给我们的启示是:人与他人、人与社会、人与天地万物都是相互贯通的,人应该跳出主客二分的思维模式,回归到"万物一体"的精神家园。

对于个体生命而言,身心的健康与和谐是一切的基础。只有学会自尊自爱,才会尊重和善待他人。有了爱的能力,才能成就真、善、美合一的人生境界。希望大学生们内心充满阳光,犹如美丽绚烂的向日葵一般,自信、乐观、积极地热爱生活、享受人生、成就自我!朱光潜在《谈美》中说:"人生本来就是一种较广义的艺术。每个人的生命史就是他自己的作品。这种作品可以是艺术的,也可以不是艺术的,正犹如同是一种顽石,这个人能把它雕成一座伟大的雕像,而另一个人却不能使它'成器',分别全在性分与修养。知道生活的人就是艺术家,他的生活就是艺术作品。"③ 大学阶段,正是培育品性、塑造人格的重要时期。加强社会关爱的教育,必须要以中华优秀传统文化为依托。从中华优秀的文化传统中,寻找生命的滋养、道德的楷模,成就理想的人格、完满的人性,实现高尚的德性、美好的生活。

"成人"和"成己"密切相连,一个人只有通过关爱他人、社会与国家,才能实现自我作为人的全部价值和意义。马斯洛说:"我们绝大多数人都一定有可能比现实中的自己更加伟大,我们都有未被利用或发展不充分的潜力。我们许多人的确回避了我们自身暗示给我们的天职,或者说召唤、命运、使

---

① 冯友兰:《贞元六书》(下),中华书局2014年版,第601页。
② 冯友兰:《贞元六书》(下),中华书局2014年版,第601—604页。
③ 朱光潜:《谈美》,安徽教育出版社1997年版,第146页。

命、人生任务等。"① 人人心中都渴望不平凡，渴望神圣和伟大。因此，作为青少年学生，从小就要树立远大的理想和崇高的志向，我们只有将自身的理想和国家、民族的命运相结合，能够积极适应时代的变化发展，才能让自己的理想真正变为现实。人应该像棵树，深深扎根于现实的土壤的同时又始终向往着自由辽阔的天空，让自己仅有的一次生命丰盈起来！

二 有助于形成"仁爱共济、立己达人"的人际和谐

在当今社会，一方面，我们的经济高速发展，科技日新月异；另一方面，也出现了与经济发展速度不相匹配的道德滑坡现象：人情冷漠、亲情弱化、爱心硬化、漠视生命、漠视自然。这些问题的核心是社会关爱的缺失，由此引发了严重的社会问题，比如青少年犯罪、校园欺凌案、自杀率上升，抑郁症人群与日俱增等。有人跌倒了，"扶不扶"都已成问题，更不用说主动关心和帮助了。人们更多秉持的是"多一事不如少一事"的自私、冷漠的心态。

当前为什么会产生社会关爱缺失这一问题呢？原因很多，但教育不足是重要原因之一。在学校教育中，教师更加注重知识的传授、技能的培养，而很少关心学生的身心健康和全面发展。在大、中、小学中，普遍存在着重智育轻德育、重科技轻人文、重实用轻审美的倾向，大学生们对中华传统文化、哲学、美学、艺术、宗教等人文学科普遍缺乏兴趣，认为这些学科对今后的事业没有用处，因而对这些课程的学习不够认真和深入，也很难体会到中华传统文化的精髓。在家庭教育中，很多家长对社会关爱教育不够重视，他们只关心孩子的学习状况、身体状况，很少有人顾及孩子的心理健康和道德养成，对于培养孩子关心他人、帮助他人的重要性还没有充分的认识。之所以如此，是因为随着现代生活节奏的加快，家长们本身生活在一个充满竞争的社会中，并把工作的节奏不自觉地带回了家中，让孩子感觉到只有通过和他人不断竞争才能适应社会，而这与社会关爱意识的利他逻辑背道而驰。在这种状况下，开展社会关爱教育，显得尤为重要和迫切。

马克思在《关于费尔巴哈的提纲》中说："人的本质不是单个人所固有的

---

① ［美］马斯洛：《自我实现的人》，许金声、刘锋等译，生活·读书·新知三联书店1987年版，第143页。

第五章　中华传统文化的社会关爱意识

抽象物，在其现实性上，它是一切社会关系的总和。"①　人除了生物性之外，更具有社会性。作为社会性的人，人际交往是不可避免的。一个人越是能够处理好人际关系，那么，他的事业也越成功、生活也更加幸福。反之，一个人不善于处理各种人际关系，经常在社会交往中与他人发生大的冲突，甚至因为一时冲动，触犯了道德和法律，这样的人，不仅事业会受影响，生活也不会幸福。因此，如何处理好人际关系很重要。人在社会性的交往中，不仅需要个体性的品性，更需要社会性的品性，比如诚实、友爱、正义、尊重、宽容、善良等，拥有这些美德的人才能更好地融入社会群体当中。正是这些美德，让人感受到了来自人间的温暖和爱。因此，一个具有社会关爱意识的人，与他人有共情的能力，能够设身处地地为他人着想，尊重和理解他人，这样的人就能与他人形成良好的协作关系，有利于个体在群体中的认同感和归属感。反之，没有社会关爱意识的人，且不论他对自身的身心健康是否有足够的关照，不考虑他人的感受，以自我为中心，时时处处把自己的利益放在首位，甚至为了自己的私利不惜损害他人的正当权益，这样的人，很容易被自己所属的群体孤立或者边缘化，也很难与他人形成良好的人际关系，甚至在社会上立足都很困难。由此可见，加强社会关爱意识的培养，对于建立良好的人际关系具有决定性的作用。

三　有助于形成乐于奉献、热心公益慈善的良好社会风尚

中国传统文化中的社会关爱意识要求人们不仅关心自己的家庭，慈爱自己的亲人，还要慈爱社会中所有的人，让社会中所有的鳏寡孤独和残疾人都得到社会的关怀和照料；要人们当别人处于危难时，尽可能地去救助，让普天下的百姓都过上安乐的生活。因此，乐善好施、扶贫济困、尊老爱幼、扶弱助残是中华民族一贯的美德。

"仁者爱人"并非空洞的口号，而具有实际内容。"仁爱"在实际生活中表现为对他人有一种恩惠和帮助，也就是"博施济众"。子贡曰："如有博施于民而能济众，何如？可谓仁乎？"子曰："何事于仁！必也圣乎！尧舜其犹病诸！夫仁者，己欲立而立人，己欲达而达人。能近取譬，可谓仁之方也已。"（《论

---

① 《马克思恩格斯选集》第一卷，人民出版社1995年版，第56页。

语·雍也》)孔子说,广泛地施与别人,帮助别人,就连尧舜都会感到难为,所以,"博施济众"不仅达到了仁的标准,而且已经远远超出了仁,达到了"圣"的标准。因此,"仁"是从内心自觉地爱人,与人为善,施济于人,所以,"仁"要求"立人""达人",不仅自己能在社会上立足并发展得很好,也要帮助他人,让他人也能在社会上立足并发展得很好。这表明孔子非常重视"博施于民"的功业成就。孟子也提出"出入相友,守望相助,疾病相扶持,则百姓亲睦"(《孟子·滕文公上》),倡导人与人之间互助友爱的伟大精神。老子提出"天道无亲,常与善人"(《老子·第七十九章》),墨子倡导"有力者疾以助人,有财者勉以分人,有道者劝以教人"(《墨子·尚贤下》),都体现了中国传统文化的社会关爱思想。

学习和弘扬中国传统文化中"博施济众""济困扶危"的精神,对于形成乐于奉献、热心公益慈善的良好社会风尚具有重要意义。任何一个社会,任何一种制度,都不会做到贫富均等,再加上天灾人祸,总是会有人需要得到帮助。目前我国社会总体上是稳定、和谐的,但也存在不少影响社会和谐的矛盾和问题。比如:城乡、区域、经济发展不平衡,就业、社会保障、收入分配、教育、医疗、住房等关系群众切身利益的问题比较突出等。这就需要我们大力弘扬中国传统文化的社会关爱意识,不仅时时处处心系他人、理解他人、尊重他人,而且要广行慈善之举,为他人积极奉献,好善乐施,慷慨解囊。世界各国发展慈善事业的历史和经验表明:大力发展慈善事业,对于帮助困难群众、调节贫富差距、增强社会责任、促进社会公平都具有十分重要的作用,有利于社会主义和谐社会的建设。

四 有助于培养集体主义情感、爱国主义情怀和勇于担当的社会责任感

集体主义情感是个人对社会的关爱以及愿意为社会的发展作出自己的贡献而产生的情感体验,这是一种高尚的道德情感。集体情感是每一个社会成员都应该树立的一种积极情感,它是使分散的社会成员组成一个社会有机体,并维持这个有机体有效运转的心理联系纽带。然而,在当今青年学生这个群体中,出现了部分人打着个性张扬的旗号,做着缺乏道德意识和集体观念的事情。集体的意识没有了,互助的精神消失了,表现为只顾自己张扬个性,不顾他人的所思所想;只讲索取,不讲奉献;只顾自己利益的实现,不惜损害他人和集体的利益等。因此当前学习和宣传中华传统文化的社会关爱意识，对于培养学生的集体主义精神具有重要的意义。因为学会关爱，就意味着彻底摒弃损人利己的想法，拥有团结互助、乐于助人的精神；就能时时处处为他人着想，做有利于团结、有利于他人的事，这样才能真正塑造出集体主义精神。

爱国主义情怀是中华民族的伟大精神。传统文化中的爱国主义情怀就是要人们关心国家大事，关注现实生活，积极参与社会实践，以振兴国家民族为己任。这有助于培养人们的爱国情怀和社会责任意识。关爱国家，是中华民族的伟大精神。中华一体、万众一心的民族认同感，崇尚和谐统一的博大胸怀，大一统的观念，天下一家，四海之内皆兄弟，都激发了民族自尊心、自信心和民族自豪感。刚健自强的精神激励着中国人民为了救亡图存和民族自强而进行斗争。以人为本激励人们尊重人的价值和尊严，在现实生活中去发现人，实现人的价值。天人合一、以和为贵的精神，激励人们自觉维护整体利益，坚持集体主义的价值取向。

关爱国家最终会作为一种价值信仰。国家是人们取得公民身份的基本条件，是公民权利的保护者，它是人们最高的信仰体系。这种信仰培养了中华民族的责任感，培育出了"先天下之忧而忧，后天下之乐而乐"的仁人志士，增强了中华民族的凝聚力和向心力。以大局为重、以他人为怀的情操，对营造良好的社会风气起到了重要作用。

总之，社会关爱教育要从国家的视角来思考问题，社会个体的发展，个人权利的实现、责任的承担都应该以国家的繁荣富强为前提和出发点，表现出对国家的认同、关切和热爱。

五 有助于培养生态文明意识，走可持续发展道路

进入20世纪中叶，全球性的"生态危机"严重威胁着人类的生存和发展。

如何处理人类和自然的关系成为当今世界的热点和焦点问题。所谓生态危机，主要是指由于人类不合理的活动，在全球规模或局部区域导致生态过程即生态系统的结构和功能的损害、生命维持系统的瓦解，从而危害人的利益、威胁人类生存和发展的现象。

从根源上讲，解决环境问题的先决条件，就是要改变西方那种"把自然看作与人完全对峙的异己力量和任人宰割的对象"的观念，树立人与自然和谐相处、共生共存的思想观念。以海洋商业经济为主体的西方文明是一种开拓进取的外向型文化。海洋商业文化的特征是：开拓进取、乐于冒险、勇于探索的精神；崇尚人力，对自然采取征服、利用的态度；文化极具扩张性。西方哲学从柏拉图开始提出了"二元对立"的观点，这对后来的西方哲学产生了重大的影响。主客二分的思维方式导致了人与自然的对立、人与人的对立、精神与肉体的对立等。《圣经》中人与自然是对立的，人只有上帝赋予的统治自然的权力，人只有通过战胜自然才能得以生存。古希腊哲学伊始就是探究自然的本原问题，近代以来，随着科学和技术的结合，人类改造自然的能力不断增强，这更让西方人确立了"人是自然的主人"这一观念。因而，西方的发展走的是一条"先污染后治理"的路子，对生态环境破坏很大。

以农耕经济为主体的中华文明是一种和平自守的内向型文化。大陆农耕文化的特征是：务实精神，一分耕耘一分收获；崇尚自然，讲求人与自然的和谐共处；爱好和平，追求和谐。中国古代艺术家都在审美活动中追求一种天人合一的精神境界，也就是把个体生命投入宇宙的大生命之中，从而超越个体生命存在的有限性。冯友兰说："一个人可能了解到超乎社会整体之上还有一个更大的整体，即宇宙。他不仅是社会的一员，同时还是宇宙的一员。他是社会组织的公民，同时还是孟子所说的'天民。'"[①] 都表明中华传统文化天人合一、万物一体的精神境界。

中华传统文化中关爱自然的思想具有普遍的指导意义，尤其是它所蕴含的"以时禁发""取用有度"的生态原则和"仁民爱物""民胞物与""仁者与天地万物为一体"的伦理关怀，正是当代人树立生态文明意识所必备的。这对于保护自然生态环境，建立生态伦理学，都具有积极的借鉴意义。

第三节　社会关爱意识的培育

在现当代的中国社会，如何培育大学生的社会关爱意识，是当下中国教

[①] 冯友兰：《中国哲学简史》，北京大学出版社1985年版，第390—391页。

育的一个核心问题。因为社会关爱意识的培育涉及教育的根本宗旨和目标：学以成人，即通过学习来教化人性，成就理想人格。具体而言，社会关爱意识的培育，要从以下几方面来展开：以道德教育为先导、以审美教育为基础、以家庭教育和社会教育为核心、以集体主义和爱国主义教育为目标、以生态教育为旨归，以下分而述之。

一 以道德教育为先导

德育，从狭义上讲即道德教育，这是"小德育"。道德教育源自中国文化的伦理型特性。中国文化从根本上说是一种伦理型文化。中国文化的伦理型特征，在社会根源上主要源于中国古代社会宗法体系的完善及其影响的长期存在。宗法文化强调伦常秩序，注重血缘身份，并使宗法因素渗透于政治、经济和思想文化各种关系中，进而从总体上影响民族意识、民族性格以及民族习惯的文化类型。而宗法制度就是宗法文化的制度性外化。宗法制度始于周代，兴于魏晋南北朝，衰于隋唐，在宋代又得以重建，这就是民间自发组成的、以男性血统为中心的宗族共同体。宋代宗族共同体具有多元社会文化功能：第一，伦常秩序非常明确，宗族共同体确立族长及其他尊长的权威，强化了宗族内的伦常等级秩序。第二，宗族共同体促进了小农经济的稳定，进而阻止了经济结构发生新变的势头。如：助农工、扶老弱、恤忧患、实义仓等。第三，宗族共同体在提高族人文化素质，深化传统社会意识形态熏染上也发挥着重要作用。[1] 宋代宗族共同体的构建，使得宗法观念、儒家伦理纲常渗透到中国文化的血脉中。

在中国文化体系中，伦理道德成了众多学科门类的出发点和归宿。文学艺术强调教化功能，成为"载道""助人伦"的工具。史学以"寓褒贬，别善恶"为宗旨。教育以德育为首位，知识传授为其次。哲学，主要是一种道德哲学。中华民族在五千多年的历史长河中，逐渐形成了十大传统美德：仁爱孝悌、谦和好礼、诚信知报、精忠爱国、克己奉公、修己慎独、见利思义、勤俭廉正、笃实宽厚、勇毅力行。[2] 这些美德在当代社会依然具有重要的启示意义。

---

[1] 冯天瑜、何晓明、周积明：《中华文化史》，上海人民出版社2015年版，第446—449页。
[2] 张岱年、方克立主编：《中国文化概论》（修订版），北京师范大学出版社2004年版，第212—219页。

从广义上讲,德育除了道德教育,还包括思想教育、政治教育、法制教育、心理教育和文化教育等,这是"大德育"。在当代社会中,应进一步加强大学生的思想道德建设。在继续发挥高校思想政治理论课引导作用的同时,将社会关爱的观念和精神融入高校专业课程学习的过程之中。尤其要在大中专院校开设《中国文化概论》《中华优秀传统文化》《国学经典》《美学概论》《伦理学导论》等课程,大力传播中国传统文化中的社会关爱思想,完善学生的道德品质、提升学生的审美修养、培育学生的理想人格、深化学生的人文素养、升华学生的人生境界。同时,把社会关爱意识的教育融入校园文化,把社会关爱所倡导的价值观植入校园公益广告、校园报刊广播、校园网络以及队日、团日、班会,让学生从日常的校园活动中体悟社会关爱的精神和理想。组织社会爱心人士、慈善组织、公益团体进校园开展讲座,使学生在充满温暖和爱的校园文化氛围中受到熏陶。用校规校训、师德建设、学生守则、考试评价等,建立与之相关的奖惩制度,以此彰显社会关爱的内容和理念。参观爱国主义教育基地、博物馆、纪念馆,组织青少年参加力所能及的社会实践活动,包括环保、助老、扶残等公益活动和志愿服务活动,在日常生活中通过行为养成将社会关爱理念厚植于学生们的心中。

二 以审美教育为基础

美育即审美教育。美育是以"审美体验"为中心,以丰富和提升人生境界为价值取向,围绕审美活动而展开的情感教育。整体上,美育属于人文教育,目的是发展完满的人性。席勒讲,人身上有两种冲动,感性冲动和理性冲动,二者都使人有压力。感性冲动使人受到自然要求的压力,理性冲动使人受到理性要求的压力,在这两种冲动中,人都是不自由的。席勒提出了第三种冲动,游戏冲动,认为游戏冲动就是审美冲动,游戏冲动的对象就是美,而美是"活的形象",所以席勒又把游戏冲动称为"审美的创造形象的冲动"[1]。这种活的形象是生活与形象的统一,感性与理性的统一,物质与精神的统一。因此,只有游戏冲动才能实现人格的完整、人性的完满,人才因此

---

[1] [德]弗里德里希·席勒:《审美教育书简》,冯至、范大灿译,上海人民出版社2003年版,第118页。

真正成为自由的人。席勒认为："只有当人是完全意义上的人时，他才游戏；只有当人游戏时，他才完全是人。"① 美育的根本目的是去追求人性的完满，也就是学会体验人生，使自己感受到一个有意味、有情趣的人生，对人生产生出无限的爱恋和喜悦，从而使自己的精神境界得到升华。

美育的功能大致有三点：第一是培育审美心胸。审美心胸也被称为审美态度，就是人在何种心境中才能获得审美的体验。人首先要去除功利心，对世界充满新鲜感和好奇心，才能获得审美的心境。朱光潜说："持实用的态度看事物，它们都只是实际生活的工具或障碍物，都只能引起欲念或嫌恶。要见出事物本身的美，我们一定要从实用世界跳开，以'无所为而为'的精神欣赏它们本身的形象。总而言之，美和实际人生有一个距离，要见出事物本身的美，须把它摆在适当的距离之外去看。"② 其次还要有童心，李贽说："夫童心者，绝假纯真，最初一念之本心也。"（《焚书·童心说》）童心就是赤子之心，像孩子一样，内心清澈纯真。就是要有真性情，"童心"就是要保持真心、真我、本色，表现为一种"率真至诚"的态度和情怀，正如朱光潜所言："于是天天遇见、素以为平淡无奇的东西，例如破墙角伸出来的一枝花，或是林间一片阴影，便徒然现出奇姿异彩，使我们惊讶它的美妙。"③ 最后，还要有闲心。张潮说："人莫乐于闲，非无所事事之谓也。闲则能读书，闲则能游名山，闲则能交益友，闲则能饮酒，闲则能著书。天下之乐，孰大于是？"（《幽梦影》）人为了生存，极容易让自己处于忙忙碌碌的状态，对于物质和名利的追求，使人变得庸俗、功利。只有从一切功利的事情中跳脱出来，对世界进行"无所为而为"的玩赏，才能真正静下心来体会世界和人生的美好。有了闲心，读书、交友、喝茶、聊天……都可以成为生活的乐趣。有了闲心，才能欣赏到一年四季不同的风景，张潮说："春风如酒，夏风如茗，秋风如烟，冬风如姜芥。春听鸟声，夏听蝉声，秋听虫声，冬听雪声，白昼听棋声，月下听箫声，山中听松声，水际听欸乃声，方不虚此生耳。"（《幽梦影》）

---

① ［德］弗里德里希·席勒：《审美教育书简》，冯至、范大灿译，上海人民出版社2003年版，第117页。

② 朱光潜：《谈美》，安徽教育出版社1997年版，第25页。

③ 《朱光潜文集》第一卷，上海文艺出版社1982年版，第23页。

第二是培养审美情感。审美情感是人在审美活动中被揭示和唤醒出来的人类的情感体验和情感模式。审美情感具有以下特点：（1）情感的形式性。审美情感总是伴随着形象和意象而出现，比如"问君能有几多愁，恰似一江春水向东流"（李煜），"今宵酒醒何处？杨柳岸，晓风残月"（柳永）。（2）审美情感的主体性。审美情感通过体验而来，如人饮水，冷暖自知。曹雪芹说："满纸荒唐言，一把辛酸泪，都云作者痴，谁解其中味。"（3）情感的趣味性，审美是一种精神的享受，趣味重在"味"，无论悲、喜、哀、乐、怨、惧都可以有趣味，让人回味无穷。袁宏道："世人所难得者唯趣。"（4）情感的精神性。情感是人性的集中体现，是人间大爱，其基础是自然性的血亲之爱。情理交融是情感精神性的重要特征。之所以要注重审美情感的培养，主要是因为审美过程是情景交融、物我合一的过程。按照利普斯的说法，即"移情"。所谓移情，就是人在观察外界事物时，设身处地在事物的境地，把原本没有生命的东西看作有生命的，仿佛它也有感觉、思想、情感和意志活动。同时，人自己也受到对事物的这种错觉的影响，多少和事物发生同情和共鸣。正因为人能移情，有同情心，所以，才会设身处地地为他人着想，才会对他人的喜、怒、哀、乐感同身受，这也是道德实现的心理基础。梁启超认为审美教育是一种"情感教育"。"天下最神圣的莫过于情感"，"情感这样的东西，可以说是一种催眠术，是人类一切动作的原动力"，"情感教育的最大利器，就是艺术。音乐、美术、文学三件法宝，把'情感秘密'的钥匙掌住了"。[①]

第三是培养审美趣味。审美趣味是审美偏好、审美标准、审美理想的总和。审美趣味、审美格调是在审美活动中逐渐形成的，受到人的家庭出身、文化教养、社会职业、生活方式、人生经历等多方面的影响，因此它带有稳定性，但随着生活环境的改变，一个人的趣味和格调会随之变化。总之，我们要培养高雅、纯正、健康的趣味，远离病态、低俗、恶劣的趣味。归根结底，就是要引导人走向审美人生，使人境界得到升华。梁启超还认为审美教育是一种"趣味教育"。"假如有人问我，'你信仰的什么主义'？我便答到，'我信仰的是趣味主义'"，"趣味是生活的原动力。趣味丧掉，生活便成了无

[①] 梁启超：《中国韵文里头所表现的情感》，见《饮冰室合集》之《饮冰室文集》（第十三册），中华书局1936年版，第71—72页。

意义"。① 梁启超要人们培养一种健康的趣味,并把趣味和审美相结合,作为改造人生的手段。朱光潜指出:"人可以分为两种,一种是情趣丰富的,对于许多事物都觉得有趣味,而且到处寻求享受这种趣味。一种是情趣干枯的,对于许多事物都觉得没有趣味,也不去寻求趣味,只终日拼命和蝇蛆在一块争温饱。后者是俗人,前者就是艺术家。情趣愈丰富,生活也愈美满,所谓人生的艺术化就是人生的情趣化。"② 总之,美育应渗透到学校教育和社会生活的各个方面。不论在任何一所学校,都要营造一种浓厚的文化氛围和艺术氛围。不仅学校,全社会都要注重美育,注重营造一个优良的、健康的、积极向上的社会文化环境。加强大众传媒的人文内涵,传播健康、积极的审美趣味。

总之,美育和德育相互贯通,共同培养大学生的社会关爱意识。会欣赏美的人,无论是生活中的美,还是艺术中的美,都会产生世界何等美好的感悟,导致一种为这个行为行善的冲动,一种回报的渴望,一种崇高的责任感。以美启真、以美储善,用美来启迪真理,引导善的德行,成就真、善、美合一的人生。通过德育和美育的协同作用,能够坚定学生的理想信念、厚植爱国主义情怀、提高思想道德修养、培养奋斗精神、增强学生德智体美劳等综合素质的培养、培养学生的审美能力和创新能力,为实现中华民族伟大复兴的中国梦贡献力量。

三 以家庭教育和社会教育为核心

社会关爱教育要取得实效,做好家庭教育是十分重要的环节。而做好家庭教育必须通过家长的亲身示范,家庭成员的共同参与,形成良好的家风家教。在日常生活层面,父母要摒弃功利心,弱化竞争意识,把教育子女的重心放在好习惯的养成、优秀品德的形成、爱心和同情心的培养上。父母以身作则,通过言传身教,潜移默化地引导子女心存善念、心中有爱。让子女从小懂得自尊自爱,并学会同情、关爱、理解、尊重他人,培养他们诚实守信、知恩图报、乐于助人的高尚道德品质,健康阳光的心态和积极上进、乐于奋

---

① 梁启超:《趣味教育与教育趣味》,见《饮冰室合集》之《饮冰室文集》(第十三册),中华书局1936年版,第12—13页。
② 朱光潜:《谈美》,安徽教育出版社1997年版,第152页。

斗的人生态度。大力倡导爱国守法、遵守公德、珍视亲情、勤俭持家、邻里和睦的良好家风，营造良好的家庭教育氛围。父母应该利用节假日，带领子女去博物馆、艺术馆、纪念馆以及爱国教育基地学习考察，同时，积极参与传统文化体验、主题教育实践活动和各种公益环保活动，关注空巢老人、留守妇女儿童、困难职工、残疾人等群体。父母和子女共同参与志愿服务活动，会让父母在子女心目中树立好的榜样。在家庭中，父母与子女多进行思想和精神上的交流，促使双方相互理解、增进情感。温暖和谐的家庭氛围有利于子女情绪平和稳定、身心健康和谐。

在社会教育方面，充分利用重大节日，如端午节、中秋节、五四青年节、六一儿童节、春节等，展现中华优秀传统文化的美德伦理。组织开展以社会关爱为主题的各类文化艺术活动，引导人们尊重他人、关爱社会、热爱祖国、热爱自然。当社会遭遇重大的自然灾害和人为灾难时，有效组织各种志愿服务活动，引导人们合法、有序、积极参与。充分发挥道德模范的示范作用，采取多种形式褒奖优秀志愿者、见义勇为者、献爱心者，引导人们见贤思齐。新闻媒体要发挥传播社会主流价值的主渠道作用，以正面宣传为主，传播正能量，传播优秀志愿者的感人事迹。创作一批反映仁爱共济、立己达人的文学艺术作品，在媒体中广泛传播，形成一种互助友爱的良好社会氛围。道德教育关键是道德主体能够积极接受，而道德接受主要依赖于道德情感。在道德教育中，充分发挥道德情感的传递作用，以情感人、以美兴人、以德化人，这有利于形成人和人相互交流的良性循环，也有利于社会主义和谐社会的建设。

四 以集体主义和爱国主义教育为目标

与西方以个体为核心的个体本位不同，中国传统文化主张以家庭为核心的群体本位。中国文化把人看成是整个社会关系中的一个成员，是群体中的一分子，个人的命运和利益依附于群体，个人的价值只有通过群体的认同才能实现，个人的存在只有通过对群体的负责才得以向社会昭示。中国传统文化中，人的社会存在依附于以血缘关系为纽带的家庭，这与中国的小农经济有极大的关系。血亲意识，即"六亲"和"九族"的观念构成了社会意识的核心，由此形成了宗法式的血亲伦理道德，长久地左右着中国人的社会心理和行为规范。中国文化的群体本位要求个人的存在和发展必须与整个家庭、社会和国家相统一，严格地适应其在家庭关系与社会结构中被确定的身份和角色。以家庭为核心的群体本位观念，培养了中华民族的责任感，培育出了"先天下之忧而忧，后天下之乐而乐"的仁人志士，增强了中华民族的凝聚力和向心力。以大局为重、以他人为怀的情操，对营造良好的社会风气起到了重要作用。

爱国主义是中华民族精神的核心和灵魂。中国传统文化中蕴含着深厚的家国情怀，家国情怀是对家庭、国家的感觉、认识和认同。一个人首先有了对家、国的意识，才会有维护和热爱之心，最终产生爱国主义的情怀，形成精忠爱国的浩然正气和民族气节。家国情怀是一种强大的精神力，是民族凝聚力的心理基础，"家国情怀，情系故土"。家国情怀包括"先天下之忧而忧，后天下之乐而乐""天下兴亡，匹夫有责"的对家国天下的深厚责任感，"为天地立心，为生民立命，为往圣继绝学，为万世开太平"的使命感，"格物、致知、正心、诚意、修身、齐家、治国、平天下"的"家国同构"的价值观念，将个人、家庭、社会和国家的发展紧密联系在一起，形成了深厚的集体主义情感和爱国主义情怀，并成为中国人的价值信仰和行为准则。

中华民族的历史文化是与爱国主义密切交织在一起的。爱国主义作为一根精神支柱在五千多年的历史长河中对于中华民族的生存和凝聚起到了无法估量的作用，是民族认同、团结、发展、进步的文化心理基础。爱国主义是中华民族的传统美德之一。特别是在中华民族遭遇外敌入侵，处于危亡的时候，爱国主义在激发人们为民族存亡而奋斗中发挥着重要作用。当代爱国主义是中华民族崛起用之不竭的源泉。坚持爱国主义就要坚定维护祖国统一、爱好和平；热爱祖国、建设家乡；抵御侵略、英勇无畏；心忧家国、团结协作；爱岗敬业、乐于奉献。

五 以生态教育为旨归

生态教育，也即生态道德教育、生态文明教育，主要处理人和自然关系的问题。在人与自然的关系上，西方文化总是将人的意志强加给外在自然，导致人与自然总是处于一种紧张的关系当中。培根认为"知识就是力量"，主张作为主体的人应该主动征服自然，让自然服务于人类。近代以来，科学与技术的结合，让人意识到人类力量的伟大，人成为自然的主人，自然成为人征服、攫取的对象,这就导致了"人类中心主义"观念的诞生。正因为"人类中心主义"把人作为自然界的主宰,一切为了人类的利益,由此损害了自然生态平衡,导致了全球性的环境问题,人与自然关系日趋紧张,矛盾冲突日益严重。

  中国人对自然美的认识,经历了一个从敬畏、崇拜,到征服、改造,再到人与自然和谐统一、共生共荣的漫长的历史过程。第一个阶段是自然崇拜和图腾崇拜。在人类社会的早期,原始人思维的最主要特点是万物有灵。山川草木、鸟兽虫鱼,在原始人看来都是有灵的,并且都可以与人交感。自然崇拜和图腾崇拜显示了人把自然看作一种崇拜、敬畏的对象。自然崇拜是最初的宗教表现。太阳、大地是原始先民崇拜的主要对象,中国古代"五礼"当中最重要的就是"吉礼",包括祭天神、祭地祇、祭人鬼。其中,祭天的礼仪是中国古代社会最重要的礼仪。新石器时代的中华先民认为自己的氏族与某种动物、植物或无机物之间存在着一种特殊的亲密关系,因而以之作为氏族崇拜的对象和标志,这就是"图腾"。"图腾"要么取自自然物(如鸟、鱼、熊),要么是人类抽象思维的结果(如龙、凤)。总之,对原始人来说,周围的世界异常陌生和神秘,令人敬畏。第二个阶段是神话传说。随着人类认识和实践能力的提高,人类渴望征服自然,改造自然。在中国的神话传说当中,后羿射日、大禹治水、女娲补天、精卫填海、愚公移山、嫦娥奔月、夸父追日……这些都反映了人类在想象活动中渴望征服自然、战胜自然的信念。由此,人与自然的关系发生了重要的改变:从敬畏、顺从到征服、改造,表现了人类主体力量的伟大。第三个阶段是"比德",即人在自然物中看到了自己,自然物被用来比喻人的品德。比如:视梅、兰、竹、菊为"四君子",孔子说"知者乐水,仁者乐山",在此,自然与人合二为一。这体现出人与自然的关系不再是崇拜或对抗,而是交融与协调,自然物作为人格美的象征被人们加以称颂。第四阶段是畅神。畅神说,更进一步去除了人与自然在实用和道德层面的影响,形成了人对自然物的纯粹欣赏,把自然物当作一种悦情畅神的对象来欣赏,从而获得一种悦耳悦目、悦心悦意、悦志悦神的审美体验。"这是自然美中人与自然在生命意味与生命情调层面上的交融与契合。"[①] 李

[①] 李勇:《美学原理》,中央编译出版社2015年版,第180页。

清照的"水光山色与人亲,说不尽,无穷好",辛弃疾的"我见青山多妩媚,料青山见我应如是",李白的"相看两不厌,只有敬亭山",都显示了人与自然在生命层面和情感层面的整体性和联系性。畅神说体现了人对自然生命的真诚、深切的感悟和体验,是一种"民胞物与"的"天人合一"的境界与情怀。

中华传统文化中蕴含着丰富的生态伦理思想,为大学生生态教育提供了丰厚的思想资源,使大学生体悟到人与自然和谐相处的重要性,感受自然之美和自然之善,热爱生命、尊重自然,共创人与自然和谐共生的绿色家园。

综上,中国传统文化的社会关爱意识从关爱自身、关爱他人,到关爱社会、关爱国家,再到关爱天地万物,由己推人及物,具有很好的逻辑,可以为我们今天培育和弘扬社会主义核心价值观做出贡献。中华传统文化的社会关爱意识是中国古人留给我们现代人的一笔极其宝贵的精神财富,值得我们继承并发扬光大。

思考题

1. 中华传统文化的社会关爱意识包含哪些内容?它们之间具有怎样的内在逻辑?
2. 儒家的"仁爱"与墨家的"兼爱"有何异同?
3. 如何关爱自然?如何正确认识人与自然的关系?
4. 什么是家国情怀?如何做到关爱国家?
5. 关爱自身有何意义?如何关爱自身?
6. 关爱他人对于个体生命而言有何重要意义?
7. 当今时代社会关爱缺失的原因有哪些?
8. 如何培育大学生的社会关爱意识?

参考文献

1. 陈望衡:《当代美学原理》,人民出版社 2003 年版。
2. 程树德:《论语集释》,中华书局 1990 年版。
3. 冯达文、郭齐勇主编:《新编中国哲学史》上册,人民出版社 2004 年版。
4. 冯天瑜、何晓明、周积明:《中华文化史》,上海人民出版社 2015 年版。

5. 冯天瑜、杨华、任放编著：《中国文化史》，高等教育出版社 2005 年版。

6. 冯友兰：《贞元六书》，中华书局 2014 年版。

7. 冯友兰：《中国哲学简史》，北京大学出版社 1985 年版。

8. 冯友兰：《中国哲学史》上、下册，华东师范大学出版社 2000 年版。

9. ［德］弗里德里希·席勒：《审美教育书简》，冯至、范大灿译，上海人民出版社 2003 年版。

10. 郭庆藩：《庄子集释》，中华书局 2004 年版。

11. 李建中：《中国文化概论》，武汉大学出版社 2014 年版。

12. 李勇：《美学原理》，中央编译出版社 2015 年版。

13. 梁启超：《饮冰室合集》之《饮冰室文集》（第十三册），中华书局 1936 年版。

14. 《马克思恩格斯选集》第一卷，人民出版社 1995 年版。

15. ［美］马斯洛：《自我实现的人》，许金声、刘锋等译，生活·读书·新知三联书店 1987 年版。

16. 蒙培元：《情感与理性》，中国人民大学出版社 2009 年版。

17. 王先谦：《荀子集解》，中华书局 1988 年版。

18. 杨伯峻：《孟子译注》，中华书局 2010 年版。

19. 叶朗：《美学原理》，北京大学出版社 2009 年版。

20. 张岱年、方克立主编：《中国文化概论》（修订版），北京师范大学出版社 2004 年版。

21. 张岱年：《中国哲学大纲》，中国社会科学出版社 1982 年版。

22. 张世英：《境界与文化》，人民出版社 2007 年版。

23. 章启群：《百年中国美学史略》，北京大学出版社 2005 年版。

24. 朱光潜：《谈美》，安徽教育出版社 1997 年版。

25. 《朱光潜文集》第一卷，上海文艺出版社 1982 年版。

26. （南宋）朱熹：《四书章句集注》，中华书局 1983 年版。

第六章　中华传统文化的德治法治理念

中华传统文化在现实的国家与社会治理中注重以道治世,通过以道治世积极探求与构建体系化的治理思想及治理途术。治道论是中华传统文化中的重要内容,大略相当于现在所说的政治哲学,但在内容涵摄面上更广,涉及政治学、伦理学、管理哲学、法哲学等多方面的内容。

传统治道论在思想内容方面非常丰富,在具体治理方式、途径方面也多种多样。其中,德治与法治是传统治道论的鲜明主题,是国家与社会治理的两大基本思想理念与路径选择,主要由儒家与法家较为系统地展开相关的理论建构,并自秦汉后不断付诸国家与社会治理之实践。历经实践检验的德治与法治思想及其互补结合的治理路径,即使就现代国家与社会治理的视域来看,依然具有丰富而深刻的智慧意蕴,非常值得我们做更深入的挖掘,并随时代发展而不断予以充实完善,同时积极寻求传统治理智慧的现代转化。

第一节　儒家的德治论

一　儒家德治的基本内容

孔子言"政者,正也"(《论语·颜渊》),即强调为政重在正己正人。人是为政中最基本的要素,儒家言为政就是从这个最基本的要素出发。由此,必然要解决人的本质如何、人性是善是恶等关于人自身或者说是人性的问题。人性论是探究治理的逻辑起点与理论基础。就主流而言,儒家倡导性善论[①],认为人本有善端善根(如孟子的"四端说"),人性说到底并非食色等自然属性,

---

[①] 儒家倡导的性善论不能当作一种理论的预设或假设,于儒家它更是一种对待人生诉诸深切体认工夫的活生生的"真实"。孟子以"乍见孺子入井"的例子来说明人皆有不忍人之心即是如此。

而是根本地体现为所固有而非外铄的仁义礼智等道德属性,"君子所性,仁义礼智根于心"(《孟子·尽心上》)。而所谓的恶则是由不能存养、扩充本心之"四端"且受后天恶的社会习染所致。孔子言"民之于仁也,甚于水火"(《论语·卫灵公》),《孟子》《中庸》称"仁者人也"。据朱熹的解释:"仁者,人之所以为人之理也。"①"仁"是"人之所以为人"的根据,也可以说,仁是人最本质的规定性。儒家的德治主张就立基于如此的性善论之上。孟子对此说得明白,"以不忍人之心行不忍人之政"(《孟子·公孙丑上》),这实际上是将性善论推扩于为政领域。

儒家力主德治除了性善论的思想基础外,还有对法治局限性的深刻认知。"道(引者注:导)之以政,齐之以刑,民免而无耻。道(引者注:导)之以德,齐之以礼,有耻且格。"(《论语·为政》)以政令引导民众顺从,用刑罚使民众齐一有序,民众仅因避免惩罚而遵守诉诸国家强制力的政令及律法但无道德耻辱心。无道德耻辱心,则不能自觉而自正。不能自觉而自正,则既做不到发自内心意愿真正地遵守政令及律法,反而还会出于侥幸不断地作奸犯科。而以德礼之教化与规范作引导与约束,民众则会出于道德耻辱心而自我守正。鉴于政令、法律诉诸他律的局限性,儒家显然强调道德的自律作用及意义,但这并不能推导出儒家就忽视甚至否定或排斥法治。

> 夫礼者禁于将然之前,而法者禁于已然之后。……导之以德教者,德教洽而民气乐;驱之以法令者,法令极而民风哀。哀乐之感,祸福之应也。(《汉书·贾谊传》)

相较于法禁于已然之后恶果已成,儒家更倾心于禁于将然之前而杜绝恶果初萌之德礼之治。而且,法治之手段在现实中较为容易极尽其所能,如此也就很容易导致民风之哀戚。德教之方式即使再多致力犹嫌不足,更不论至其极。若多尽一分德教之力,民风之和乐与民众之福祉便会多一分。再有,法治之效能犹待人而行,正如孟子所谓"徒法不足以自行"(《孟子·离娄上》)。隆礼重法的荀子也指出:"有良法而乱者,有之矣;有君子而乱者,自古及

---

① (宋)朱熹:《四书章句集注》,中华书局2012年版,第375页。

今,未尝闻也。《传》曰:治生乎君子,乱生乎小人。此之谓也。"(《荀子·王制》)唯有在有德有才的人手中,良法才能真正发挥出其应有的效能。正如唐代杨倞对以上《荀子》中引文所作的注,"其人存则其政举;其人亡则其政息"[①]。儒家对采取单一的法治模式及手段治国持批评态度,同时对法治本身的局限性进行揭示,自有其理据与现实验证,绝非妄谈枉议。正是基于"仁者人也"之价值贞定与"民免而无耻"之法治局限,儒家才始终坚定地力主德治,也因此才有了体系化的德治思想建构与希冀满怀的治理愿景。

儒家德治的基本框架或模式可谓内圣外王,内圣与外王不能截为两段或两事。内圣侧重内在的心性修养,外王重在外在事功的开拓。外王之事功开拓必然要以内圣之道德修养为基础而体现内圣之基本要求,而内圣之修养工夫也需要贯彻呈现于外王之事功的开拓过程中。《中庸》所谓的"成己"与"成物"的一体一贯实则就是内圣与外王的一体一贯。在现实的治理中,于次第的意义上不妨说由内圣开出外王。根本而论,内圣实为外王之根柢,不言内圣则休谈外王。否则,就不是儒家所谓的德治。儒家德治所讲的内圣外王也就是《大学》所言的修齐治平。"自天子以至于庶人,壹是皆以修身为本",修身为枢纽,修身为必要条件与前提,由此方可谈治平。由修身到治平,即由内圣而外王,正如孔子所言的"修己以安人""修己以安百姓"(《论语·宪问》)。儒家倡导的内圣外王之德治长期以来更多且更主要地寄托于君王、士大夫等在位者,特别是君王,可谓得君行道。但在传统社会的后期发生了由得君行道向觉民行道的转变,这一转变在王阳明及其后学身上表现得最为明显。较之于得君行道,觉民行道是内圣主体的下移以及大众化、普遍化,更是由自上而下的社会政治治理路线走向自下而上的治理路线,更注重每一社会个体本有良知的自我觉醒与自我呈现,由此以求敦人伦、美风俗、促和谐基础上的社会治理。

儒家德治在具体治理上奉行先富后教、藏富于民、由教而政、寓治于教的治理理念及举措。这四者实为儒家德治之要目所在,具有丰富而精深的思想内容。

先富后教由孔子提出,主张在民用丰足的基础上施以以道德礼义为主的

[①] (清)王先谦:《荀子集解》,中华书局2016年版,第179页。

教化。《尚书》言"民惟邦本，本固邦宁"，广大民众的日用生计与安康是社会治理的基础与保障，为政的目的更在于固本宁邦。由此，儒家德治极力反对在位者的横征暴敛与贪得无厌。孟子主张"制民之产"，"必使仰足以事父母，俯足以畜妻子，乐岁终身饱，凶年免于死亡"（《孟子·梁惠王上》）。《大学》如此警示："财聚则民散，财散则民聚。"荀子更是严厉批评："聚敛者，召寇、肥敌、亡国、危身之道也，故明君不蹈也。"（《荀子·王制》）就社会财富的分配而言，"百姓足，君孰与不足？百姓不足，君孰与足？"（《论语·颜渊》）儒家讲均平（均衡公平），在此基础上主张藏富于民而反对与民争利、搜刮聚敛，这是儒家德治注重民本、民生的基本要求。

"善政不如善教之得民也。善政，民畏之；善教，民爱之。善政得民财，善教得民心。"（《孟子·尽心上》）善于做好政事未必能得民心，而唯有善于教化民众才能真正得民心，如此才能真正做到"民信之矣"。对于一个邦国而言，"民信之矣"可谓其政权合法性之根源，毕竟"民无信不立"。一个邦国或政权若没有民众的信服与拥立是无法建立的，即使勉强建立也势必不能长久。由此，教化的意义得以彰显，甚至被当作为政之根本。如贾谊所言：

夫民者，诸侯之本也；教者，政之本也；道者，教之本也。有道，然后教也；有教，然后政治也；政治，然后民劝之。（《新书·大政下》）

教先于政、由教而政，有了教化才能谈得上政事的治理。可以说，教化是儒家政治文化的轴心，儒家的社会理想借教化以落实，道德人格借教化而完成，儒家的政治生命以教化为轴心而运转，进而保持其活力。[①] 一般意义上而言，儒家的教化是让人真正成为人，真正成为顶天立地、经天纬地而德位益彰之大人，可谓成人之教。而且，儒家的教化在根本上重在德性的塑造，由德性而德行（道德践履行为），也就是孟子所言的"由仁义行"而非"行仁义"。儒家言政治教化注重"上行下效"，注重通过教化以规范和确保人伦秩序与社会政治秩序，由人伦秩序而社会政治秩序是基本进路。

孔子说："子欲善而民善矣。君子之德风，小人之德草，草上之风必偃。"

[①] 参考韩星《寓治于教——儒家教化与社会治理》，《社会科学战线》2012年第12期。

(《论语·颜渊》)又说:"上好礼,则民莫敢不敬;上好义,则民莫敢不服;上好信,则民莫敢不用情。"(《论语·子路》)如此政治教化中的"上行下效"不仅是一种道德表率作用,更是对为政者的一种道德规范与约束。儒家教化的方式及途径很多,主要的是礼乐教化。发挥礼乐教化的政治功能实则也就是以礼乐为治理之具,如此则寓治于教。因为是以乐辅礼、以礼为主,故儒者常称之为礼治或以礼治国。以礼义(礼的思想观念)、礼制(具体而广泛的制度规定)、礼仪(具体而广泛的礼节仪式仪容等规范)为主要内容的儒家之礼显然具有很强的现实操作性,其社会政治功能就在于以礼匡世。经孔子纳仁于礼的改造后,以敬、序、时、和为实质内容的礼更多地呈现出仁义道德方面的思想意涵。《礼记·经解》提出:"礼之教化也微,其止邪也于未形,使人日徙善远罪而不自知也。是以先王隆之也。"《礼记·乐记》揭明:"乐也者,圣人之所乐也,而可以善民心,其感人深,其移风易俗,故先王著其教焉。"礼辨异,乐尚同。礼在社会功能上主要体现为一种差异性原则。"夫礼者,所以章疑别微,以为民坊者也。故贵贱有等,衣服有别,朝廷有位,则民有所让。"(《礼记·坊记》)而乐在社会功能上主要体现的是一种和同原则。"乐者为同,礼者为异。同则相亲,异则相敬。乐胜则流,礼胜则离。合情饰貌者,礼乐之事也。礼义立则贵贱等矣。乐文同则上下和矣。"(《礼记·乐记》)"乐由中出,礼自外作。乐由中出,故静;礼由外作,故文。大乐必易,大礼必简。乐至则无怨,礼至则不争。揖让而治天下者,礼乐之谓也。"(《礼记·乐记》)乐之和同原则是礼之差异原则的补充,也是一定意义上的防偏纠偏,故礼治进展到一定程度,必然要引进乐治,否则"礼胜则离"。"有知礼而不知乐者也,无知乐而不知礼者也",故"礼之所至,乐亦至焉"(《礼记·乐记》)。以乐辅礼,同异结合,礼乐和合而治。有学者就指出:"中国古代文化的一大发明是以乐辅礼。……这是中国文化从上古以来即有的一种辩证智慧的体现。"[①] 礼乐和合而治,也可说是儒家德治所展现出的一种辩证智慧。

此外,还有以孝治国的孝治。孝治发端于"移孝作忠"的思想传统,所

[①] 陈来:《古代宗教与伦理——儒家思想的根源》,生活·读书·新知三联书店2009年版,第303页。

依据的文本是《孝经》。《孝经·广扬名章》言:"君子之事亲孝,故忠可移于君;事兄悌,故顺可移于长;居家理,故治可移于官。是以行成于内,而名立于后世矣。"无论礼治还是孝治,皆通过教化而起作用。总之,儒家之教化自有其伟力所在,切不可以空疏无用视之。王阳明一生之事功,特别是成功治理南赣就鲜明地展现了儒家教化的伟大力量以及教化在治理中的重要作用与意义。①

儒家德治有其立意高远的理想治理目标,即仁化天下。就社会形态而言,则是《礼记·礼运》篇所标举的天下为公的大同社会;就政治形态而言,则是"无偏无党,王道荡荡;无党无偏,王道平平;无反无侧,王道正直"(《尚书·洪范》)的王道政治。无论大同社会还是王道政治,在传统儒家的话语中大多只是存在于遥远的尧、舜、禹三代,可谓"先王之道,斯为美"(《论语·学而》),孟子也是"祖述仲尼"而"言必称尧舜"。悬设此理想,励人无尽奔趋之余,更多则是一种对现实治理的批判与价值引领。

综上,可以看到儒家之德治在思想内容上非常丰富又自成体系,而且多有精深之义涵,特别是关于道德心性的形上论说部分(涉及德治的形上奠基,兹不及详)。儒家德治既有高远的理想追求又有现实的操作之方,故而切不可以笼统、空疏、浮泛而不切实用视之。

二 儒家德治与人治

笼统地将人治与法治对立而论且取非此即彼、有他无我的态度与做法是有问题的,将儒家的德治不加辨别分析而直接等同于人治更是粗率的。这涉及对人治的不同理解及概念界定问题。在当前一般语境下,人治指向以人的意志及情感好恶来治理,这当然与本乎理性精神的依法治理判然有别甚至冲突对立。但我们还可以从另一维度来理解或界定人治,即以人治人,从人本身出发来治理,或者说是从人道出发来治理。《中庸》言:"君子以人治人,

---

① "先生谓民风不善,由于教化未明。今幸盗贼稍平,民困渐息,一应移风易俗之事,虽未能尽举,姑且就其浅近易行者,开导训诲。即行告谕,发南、赣所属各县父老子弟,互相戒勉,兴立社学,延师教子,歌诗习礼。出入街衢,官长至,俱叉手拱立。先生或赞赏训诱之。久之,市民亦知冠服,朝夕歌声,达于委巷,雍雍然渐成礼让之俗矣。"参见《王阳明年谱一》,《王阳明全集》,吴光等编校,上海古籍出版社2011年版,第1381页。

第六章 中华传统文化的德治法治理念

改而止。"朱熹为之作注解：

> 若以人治人，则所以为人之道，各在当人之身，初无彼此之别。故君子之治人也，即以其人之道，还治其人之身。其人能改，即止不治。①

注意朱注中的"所以为人之道"及"以其人之道，还治其人之身"，其实就是本乎或出乎每个人所固有且共通的人性、人道价值及所当遵循的礼仪规范而进行治理，以期社会个体改过迁善。正如现代新儒家大师熊十力所言："若夫道（引者注：导）民以德者，则因人之自性所固有而导之，使其自知自觉者也。"② 由此可见，儒家的德治当然是以人治人，并且始乎以人治人，追求道德自觉自律乃至自治（改而止）。如此的德治，注重人本身的价值，更多地体现了终极的人道本怀及现实的人文关怀，这也是儒家德治注重教化的主要原因。因而，儒家的德治究其实质可归结为一种人本主义或人道主义的治理方式及理念。将儒家所倡导的政治形态称为一种重人本教化的贤能政治似乎较为客观些。

需要说明的是，要将儒家的德治主张本身与历史中的诸多出乎德治之名的具体德治实践相区分。后者因为囿于封建君主专制，尽管也或多或少、程度不一地体现了一些儒家德治的要求，但在位者出乎个人意志及情感好恶来治理，其弊端确实很难避免。

三 儒家德治的局限性

客观而论，任何一种治理之理念与模式，无论在思想层面构建得多么自洽完善，抑或在实践层面历经多么长久的反复检验，其理念与模式之本身必然还会有这样或那样的问题。就此而言，儒家之德治当然也不能例外。

其一，浓郁的道德理想主义。

儒家的德治极大地彰显了道德在社会政治治理中的重要意义，对人之德性、社会整体的道德水平以及社会治理之理想目标满怀信心与希望，在此意义上可

---

① （宋）朱熹：《四书章句集注》，中华书局2012年版，第23页。
② 熊十力：《读经示要》，岳麓书社2013年版，第36页。

以称之为一种极富道德理想主义的治理理念及模式。此一道德理想主义式的治理当然可以起到批判、规范、引导现实治理的重要意义，但若色彩过浓，很容易走向诸如司马迁所批评孟子仁政之"迂远而阔于事情"（《史记·孟子荀卿列传》）之偏颇。为政与社会治理毕竟是复杂而具有诸多风险与不确定性的，其间所资资源的有限性、人性在现实层面的幽暗面以及政治权谋之机变诡异等因素无不成为横亘于德治过程中的巨大阻碍。浓郁的道德理想主义倾向使得德治对于现实维度下的社会政治治理仍嫌不足。

其二，伦理与政治过多过度的纠结会产生诸多弊端。

儒家德治的一个显著特色就是伦理的政治化与政治的伦理化，这两个方面又紧密不可分。伦理的政治化，一方面有利于借助政治权力来推广儒家道德，但另一方面又不可避免地凿伤了诸如仁爱、孝悌等道德之本身。如移孝作忠的孝治就有此问题。"纲常之教本君主所利用以自护之具，与孔子《论语》言孝，纯就至性至情不容已处以导人者，本迥乎不同。……纲常为帝者利用，正是凿伤孝悌。"[①] 政治的伦理化，一方面有利于对政治权力及秩序保持一种伦理道德的制约与规范，保留一些人伦道德之脉脉温情，可以有限度地避免权力争夺之修罗场的出现。另一方面，泛道德倾向在客观上也限制了政治的相对独立发展，严重制约着对公权力更具硬性约束力的系统化的政治制度的建构与完善。伦理与政治的互动必不可缺，但伦理与政治过多过度的纠结、为政中的泛道德倾向势必会引起诸多问题，产生系列弊端，这可以说是儒家德治最要害的一个症结所在。

其三，强调德治容易在现实治理中产生忽视功利与事功的倾向。

儒家并非完全不重功利事功，而是强调"先义后利"的价值选择，以道义为先即是以道义为首为重，而"利者，义之和也"（《易传·乾文言》）。董仲舒出于反对当时上层贵族与民争利而提出的"正其谊不谋其利，明其道不计其功"（《汉书·董仲舒传》）往往被断章取义理解，甚至将道义与功利之价值相互对立。在儒家阵营中，围绕王霸问题的争论与分歧，轻视甚至忽视功利者并不在少数。朱熹激烈地反对与抨击陈亮、叶适等永嘉学派之"事功之学"，更是彰显了儒家德治在这方面存在的隐患。

[①] 熊十力：《原儒·序》，岳麓书社2013年版，第3页。

其四，德治的时效性问题。

"法之所用易见，而礼之所为生难知也。"（《汉书·贾谊传》）诚然，德治主要诉诸道德之感召力，并以教化为主要途径，这就需要锲而不舍、持之以恒且久久为功，其治理之效用确实很难在短时期内出现，立竿见影几乎不可能。德治在治理的时效性上耗时较长，也就导致了治理之效率较低的问题。若逢乱世，似乎德治几无所用之处而必"乱世用重典"？当然，这就儒家而言，政在于人而治生乎君子。德治的时效性问题其实与德治本身的特点相适应，若就治理的彻底性以及在德治真正发挥作用后其持续而广泛的影响力而言，德治之效率似乎并不低。但与以时效性见长的法治相比较，这一问题或者说局限确实是存在的。

第二节 法家的法治论

一 法家法治的基本内容

司马谈《论六家要旨》一文首次言及作为思想学派意义上的法家，"不别亲疏，不殊贵贱，一断于法"。作为传统法家代表人物的韩非子在其《韩非子·有度》中明确说："以法治国，举措而已矣。"[①] 以法治国可以说是法家最为显著的特色，正如我们将儒家以德治国简称为德治，我们也将法家以法治国简称为法治（本章皆是在此意义上使用法治概念）。"凡治天下，必因人情"（《韩非子·八经》），此处的"人情"乃人之情实，实则涉及对人本身也即人性之真实情形的认识。法家法治思想体系的建构，其基本理路与儒家相仿，也是由人性论出发或者说是以人性论为逻辑基础。

传统法家论及人性，几乎无不突出现实的人为己求利、趋利避害之"真实"情状：

人莫不自为也。（《慎子·因循》）

[①] 就现存文献而言，《管子·明法》中最早提出"以法治国"主张，"以法治国，则举措而已"。韩非子当是对《管子》中相关思想的继承与发挥，其间作为韩非子的老师且曾三为稷下学宫祭酒的荀子当起了重要作用。

> 民之于利也，若水之于下也。(《商君书·君臣》)
> (人)皆挟自为心。(《韩非子·外储说左上》)
> 夫民之性，恶劳而乐佚。(《韩非子·心度》)

"自为"即是为自，一切皆是为自己计算、为自己求利。人性为己求利、趋利避害、恶劳乐佚，在法家看来这是既成的经验事实，下至贩夫走卒上自王公贵族概莫能外，只要诉诸日常之经验观察，人性之"真实"情状即是如此，几乎不证自明。这是种不完全归纳法下对人性的本然、实然之评价[1]，人性本来如此，事实也是如此。出于此，韩非子等法家对人性并不作善或恶的道德评价，并不认为人性之为己求利、趋利避害、恶劳乐佚就是自私就是为恶，从而违背人伦道德。法家思想价值取向中的现实主义与功利主义品格决定了他们不会抽象地谈论人性，只会更现实更功利地看待人性。"舆人成舆，则欲人之富贵；匠人成棺，则欲人之夭死也。非舆人仁而匠人贼也，人不贵则舆不售，人不死而棺不卖，情非憎人也，利在人之死也。"(《韩非子·备内》)造车的并非有仁爱之德而欲人富贵，只是求其车舆得售。做棺材的并非品德败坏而望人早死，只是人不死而棺不得卖。需要注意的是，韩非子等法家如此论人性，所揭示的乃是其所谓的人性之本然与实然，切勿受西方法治思维的影响而认为这是中国法家的人性预设，更不能粗糙地认为韩非子等法家持人性恶的观点。在很大意义上，韩非子等法家的人性论毋宁说更倾向于人性朴，为己求利、趋利避害，人性本来如此，事实也如此。如此朴实（非朴素）的人性并没有什么抽象空洞且浮华不实之大道理可讲。

相较于以"化性起伪""性伪合"(《荀子·礼论》)论人性且归于"涂（引者注：途）之人可以为禹"(《荀子·性恶》)而儒家底色不改的其师荀子，韩非子则主张人性当循而不当化，因为"凡治天下，必因人情。人情者，有好恶，故赏罚可用。赏罚可用，则禁令可立而治道具矣"(《韩非子·八经》)。

韩非子等法家持法治主张，一方面源于对人性的认知，另一方面更是出

---

[1] 从人际关系与社会角色的角度，韩非子就此人性"真实"情状分群别类地作了经验式的总结，如君臣关系、主仆关系、家庭中的夫妇关系与父子关系、医患关系、商业往来中的各种关系等，但无论如何也是不完全归纳法下的总结。充其量，这只可以说是韩非子对人性为己求利、趋利避害的例证而已。

于对儒家德治局限性的认知及批判。首先,韩非子从治道必须因循世道的变易而适时调整的角度来批评儒家的德治。"世异则事异,事异则备变。"(《韩非子·五蠹》)而儒家"法先王"、以德治国显然不能适应当时争于气力的时代,"上古竞于道德,中世逐于智谋,当今争于气力"(《韩非子·五蠹》)。若还不能变通求新而墨守成规,无异于守株待兔。其次,韩非子突出法治方式的特点与优胜来批评儒家的德治。

圣人之治国,不恃人之为吾善也,而用其不得为非也。恃人之为吾善也,境内不什数;用人不得为非,一国可使齐。为治者用众而舍寡,故不务德而务法。(《韩非子·显学》)

韩非子托圣人以立言,指出治国不依靠人皆能做到自我道德之完善(注意是"为吾善"而非"为善"),而是依靠能够做到使人不得为非即可。能够做到自我道德之完善,如此的人一国也不出十人以外。而通过法治的手段就能使众人不得为非,如此则国家有序齐一。治国者当然要用治理大众有效的方法而不是采取对少数人有效的治理方法,因而治国务求法而不致力于德。治国"不务德而务法",明确地表达了韩非子对德治采取否定摒弃的态度与观点,但这并不意味着韩非子连道德本身也一并否定摒弃掉。最后,韩非子指责儒家德治之治理效率低下,进而彰显法治之高效有力。韩非子借舜各用一年时间解决"历山之农者侵畔""河滨之渔者争坻""东夷之陶者苦窳"各自纠纷的典故,指出:"舜救败,期年已一过,三年已三过,舜有尽,寿有尽,天下过无已者,以有尽逐无已,所止者寡矣。"(《韩非子·难一》)以上说明,在韩非子看来以儒家的德治方式来治国不仅不合时宜而且更不可行。更进一步,就连儒者,"称先王之道以籍仁义,盛容服而饰辩说,以疑当世之法"(《韩非子·五蠹》),也被韩非子视为危害社会的五种蛀虫之一。

韩非子集法家思想之大成,完成了法家法治思想的系统化、理论化建构。首先,韩非子通过援道入法,特别是吸收了当时较为流行的黄老道家思想,补齐了以往法家思想最大的一个短板,即缺乏对于以法治为主的治道思想的形上建构。法家主张以法治国,那么,法究竟是什么?法从何而来?即使现实中君主制法,其根本依据在哪儿?所制之法如何体现最大的普遍性、必然性以及公正性与合理性以成为上自君王下至民众所必须遵守的不易轨则？韩非子之所以重新诠释《老子》之"道"就在于为法家一系列的治理方式及手段寻找或者说奠定终极超越、绝对不易的价值根据与形上本原。

韩非子所论之道是宇宙万物存在的终极根据，也是宇宙万物运行的根本法则，"道者，万物之所然也"（《韩非子·解老》）。道因其无形无状但又玄虚周行而不同于万物，这就如同治理天下的明智君主不同于群臣一样。"道无双，故曰一，是故明君贵独道之容"（《韩非子·扬权》），道绝对而至一，体现着整个宇宙的最高统一性，由此明君体道而一天下。明君当"虚心以为道舍"（《韩非子·大体》）。因为，"夫能有其国保其身者，必且体道。体道则其智深，其智深则其会远，其会远众人莫能见其所极"（《韩非子·解老》）。道"虚静无为"，故"君道无为"。韩非子"以道尊君"，实则强调明君当因道而治，"凡道之情，不制不形，柔弱随时，与理相应。万物得之以死，得之以生；万物得之以败，得之以成"（《韩非子·解老》）。道在万物的运行中得以形著而发生作用，且与事物之理则相应，万事万物违背此道必然败亡，遵循此道则会有生有成。韩非子的道论突出的一个特点就是引入了"理"这个概念。"万物莫不有规矩"（《韩非子·解老》），韩非子的"理"实则指向万事万物之理则或者说法则，如果说道为最普遍最一般的法则，那么，"理"就是某类事物较为具体之法则。"物有理不可以相薄，故理为物之制"（《韩非子·解老》），掌握了此类理则，则可以宰制规范各种事物。而各种事物之理则实则是道于具体事物的呈现或形著，"道者，万物之所然也，万理之所稽（引者注：合，同）也。理者，成物之文（引者注：法则）也；道者，万物之所以成也。故曰：道，理之者也"。而道在现实中因无形无状而不可见，唯由各种理则而认知道，"故理定而后可得道也"（《韩非子·解老》）。由此，"夫缘道理以从事者无不能成""得事理则必成功"（《韩非子·解老》）。韩非子关注的事物之理则，其实就是治理中的法、术、势本身。特别是法，"法所以制事，事所以名功也"（《韩非子·八说》），"法者，事最适者也"（《韩非子·问辩》）。如此，法即治事最适宜之理。如此治事之理，更主要地体现为名实之理。法作为天下之程式与万物之仪表，其决疑而明是非无不通过审核名实之理。由此名实之理，才能谈刑名法术，才能谈"编著之图籍，设之于官府，而布之百姓"的成文之法典、法律或法制。另外，法这一理则所展现的价值，如公正、平直、齐一、定分等，皆本乎道自身之品性，正所谓"道者，天地之始，是非之纪也"（《韩非子·主道》）。因而，即使圣人之为法，也要"平不夷，矫不直"（《韩非子·外储说右下》），明君更须"去私曲就公法"（《韩非子·有度》），而不是肆意妄为。韩非子所谓的"因道全法"（《韩非子·大体》），说到底就是为其法治思想的系统建构提供形上超越的根据，同时也是为其现实的循法而治奠定合理性正当性之思想基础。① 韩非子这一系统的思想建构突出了"道—理—事"之框架结构。正是这一框架结构的建立，才能实现对商鞅、申不害、慎到所重视的法、术、势思想的系统化、理论化之集大成。（当然其间也借鉴与补足了三者思想之缺陷）法、术、势三者，皆为君主治国之具，但其中的循法而治毕竟是主要的。

其次，结合对法本身的反思与探究（这涉及法哲学问题），韩非子就以法治国中的诸多问题，如立法、执法、守法、法治环境的培植以及法治人才的培育等问题，皆作了较详细的说明与阐述。君主虽有现实之立法权，但也须遵循恒常且不易之根据，即顺天道、循事理、因人情、随时变、量可能。所制之法必明白易知，即使"境内卑贱莫不闻知也"（《韩非子·难三》）。所制之法必严格执行且"一断于法"，"法不阿贵，绳不挠曲。法之所加，智者弗能辞，勇者弗敢争。刑过不避大臣，赏善不遗匹夫"（《韩非子·有度》）。所制之法必君主与臣民共守之，韩非子积极倡导"慈于身者不敢离法度，慈于方圆者不敢舍规矩"（《韩非子·解老》）的守法爱己精神。就法治环境的培植而言，商韩不无简单而粗暴地禁绝他说以独尊己见，进而以求法治文化土壤之厚植。主"壹教"的商鞅"燔诗书而明法令"（《韩非子·和氏》），韩非子"息文学而明法度"（《韩非子·八说》），更试图确立"以法为教""以吏为师"的"法吏文化"② 以再现上古官师合一之文化传统。而专制主义中央集权政治制度以及重农抑商的农本经济则为这一法治环境提供了政治与经济保障。法家的法治思想体系建构与其主张的专制主义中央集权政治制度、农本经济以及"以法为教""以吏为师"的"法吏文化"是相配套的，或者说是一体的。如此的法治环境下，"能法之士"或"法术之士"则秉持公义以尽

---

① 韩非子如此的思想建构在细节上多有精微与独创之处，可参考宋洪兵《韩非子道论及其政治构想》，《政法论坛》2018年第3期。

② 《韩非子·五蠹》言："明主之国，无书简之文，以法为教；无先王之语，以吏为师。"

力致功，刚毅劲直以矫奸革新，远见明察以烛私正法，名实相持以务实求治。

基于对法治力量的高度信肯与推崇，同时对法治之前景充满信心，韩非子融会道家的虚静自然、无为而治的治道思想及其君人南面之术，提出了其法治之理想目标，也可谓其法治之理想国。

> 古之全大体者，……不以智累心，不以私累己；寄治乱于法术，托是非于赏罚，属轻重于权衡；不逆天理，不伤情性；不吹毛而求小疵，不洗垢而察难知。不引绳之外，不推绳之内；不急法之外，不缓法之内；守成理，因自然；祸福生乎道法而不出乎爱恶，荣辱之责在乎己而不在乎人。故至安之世，法如朝露，纯朴不散；心无结怨，口无烦言。……故大人寄形于天地而万物备，历心于山海而国家富。上无忿怒之毒，下无伏怨之患，上下交朴，以道为舍。故长利积，大功立，名成于前，德垂于后，治之至也。（《韩非子·大体》）

此理想之治世，系于明君之因道而治以及体道之境界修养，寄托于似乎近于完美的法治理念及模式。"至安之世，法如朝露，纯朴不散"发挥《老子》"朴散为器"之说，说明了于此"上下交朴（引者注：素朴），以道为舍"之治世，尽管法之根本理则（可称为"道法"）至纯至真而实存，但在现实事务中法禁人为非的实际作用已经用不上了。如此法治之世，法之意义即在于其作用之消亡。韩非子"法如朝露，纯朴不散"之譬更是借道家之思想阐发了法家无为而治的治理理念及高远理想，也是对商鞅"以刑去刑"①以求大治思想的重大思想推进与理论升华。以韩非子为代表且集大成的法家法治思想，其系统且理论化的建构依然是种哲学式的建构。就治道层面而论，这种法治思想实则属于一种以君权为核心，以尊君、崇法、尚力、趋利为主要特征的实用型政治哲学。

---

① 《商君书·定分》说："故圣人立天下而无刑死者，非不刑杀也。行法令，明白易知，为置法官吏为之师，以道之知，万民皆知所避就，避祸就福，而皆以自治也。故明主因治而终治之，故天下大治也。"

二　法家法治的局限性

法家的法治理念及治理模式当然也有其固有之局限与缺陷，而且因秦帝国之短命覆亡以致其固有之局限与缺陷愈加彰显于后世。

其一，治理中的去道德化①倾向存在极大偏蔽，由此导致强力治世、暴力驭民、强国弱民。法家治国"不务德而务法"，治理中的去道德化毋庸置疑。这种治理中的去道德化，究其根源，第一，在于人性论方面。为己求利、趋利避害、恶劳乐佚的现实功利主义人性论基于经验观察的不完全归纳，极易被否证或证伪。虽然人性在现实层面确有幽暗面，但不能以此为人性之全部，更不能将之直接视为人之本质规定性。指出人性为己趋利在治理中虽有现实意义，但韩非子等法家对此问题的论说确实失之简单与粗率。法家对人之所以为人、人之所以异于禽兽之德性之维显然重视不够②，这就在根本上导致了法家对人本身的价值注重不够，而儒家的崇德人本被法家转化为尊君君本③也就在情理之中了。第二，韩非子等法家近乎无视德治的优点与价值，而人本、人文、人生的价值取向是不可否弃的。同主因道而治、循道而为，但对道的不同理解与异向诠发便根本注定了儒法两家必于治理理念及方式取径上分道扬镳甚至针锋相对。

法家之法治本就诉诸国家之强制力，又以富国强兵为目标，因而说其强力治世并无问题。但治世显然不能一味用强更不能一直逞强，否则借助政治强力的法治强力摧伤民力至极而必然引发更具强力的暴动反弹，所谓"民不畏死，奈何以死惧之"。暴力驭民本不当为以法治国所有，亦非以法治国之应有之义，但治理的去道德化一旦至极其势必不能免，其后果与前者等。而强国弱民更是将举国大众捆绑于无休之耕战大车而处处依附时时俯首几无人身

---

① 参考李友广《政治的去道德化努力——韩非对政治与道德关系之思考》，《哲学动态》2019年第2期。

② 齐法家相对而言较为重视礼义道德，不似秦晋法家那般极端，如反映齐法家思想的《管子》就强调礼义廉耻是国之四维。但齐法家的重视是有限的，不会像孔孟那般重点强调人之所以为人、人之所以异于禽兽之德性之维。

③ 有学者指出："尊君是法家价值体系的前提和基础，也是法家权力价值观的首要特点。法家所倡导的势、法、术，都是尊君价值观的延伸与体现，都从属于君。"见赵馥洁《中国传统哲学价值论》（修订本），人民出版社2009年版，第138页。

与人格之独立性可存。

> 民弱国强,国强民弱。故有道之国务在弱民。朴则强,淫则弱。弱则轨,淫则越志。弱则有用,越志则强。故曰:以强去强者,弱;以弱去强者,强。(《商君书·弱民》)

民众质朴少欲则国强,民众欲多志满则国弱。民众弱小则守规就法,民众欲多志满则放纵任性。民众弱小方可为治,民众放纵任性则强横无法。因而,法家认为,以强民政策去除强横乱法者,国家会被削弱;以弱民方略去除强横乱法者,国家会走向强盛。治理的去道德化,再加上"国皆有法,而无使法必行之法"(《商君书·画策》)之法治难题,终究会导致强力治世、暴力驭民、强国弱民之治理弊端出现。尽管言"道法"与"因道全法",然舍却道德良知,良法何以可能呢?善治又从何说起呢?治理的去道德化肯定是缺乏民心民情民意基础的,传统法家的以法治国并不能长久持续亦是必然,其良法善治的法治理想国终是理据不足而沦为自负偏狭之空想,强秦之短命而亡岂非明证?

其二,"以法为教,以吏为师"所导致的文化专制流毒甚深。以法治国必然需要法治文化之土壤,然而即使再推崇法治文化及其教化也不能禁绝其他思想文化。正如熊十力先生所言:"学术思想,政府可以提倡一种主流,而不可阻遏学术界自由研究、独立创造之风气,否则学术思想锢蔽,而政治社会制度何由发展日新?"[1]

其三,出于公义、公利,法家之法治更侧重群体(国家)本位,对于社会个体的关注(如人格尊严、现实权利等),可谓引而不发、隐而不彰。[2] 这自有其理论之先天局限问题,而不仅仅是历史局限性的问题。

总体而言,法家虽不断吸收融会儒家、道家、墨家、名家等诸多思想,

---

[1] 熊十力:《与友人论张江陵》,《十力丛书》,上海古籍出版社2018年版,第97页。
[2] 《慎子·逸文》与《商君书·定分》皆记载的"街兔"之譬就涉及权利问题,后者更明确指出:"吏不敢以非法遇民。"《韩非子》中"主卖官爵,臣卖智力,故自恃无恃人"(《外储说右下》)以及"以功受赏,臣不德君"(《外储说左下》)中的"君臣互市"观念,也隐隐透出一些权利意识。诸如此类,可以说法家对于个体权利问题是引而不发、隐而不彰。

不断由经验式的治理走向思想的理论化、系统化构建，但其现实功利且付诸强力的治理思想及方法未免陷于绝对与单一。面对复杂多变的社会国家治理，其辗转腾挪、左右转圜的空间与余地其实并不大。两相比较，德治与法治各因其局限皆会引发治理的不良影响或弊端，但法治在这方面似乎更为严重更为致命。

第三节 "礼法之争""王霸之辩"下德治与法治的融合

儒家的德治主要通过礼治来实现，因而战国中后期以来儒法之间围绕治国方略问题而展开的争论被称为"礼法之争"。这一争论折射于儒家阵营内部则体现为"王霸之辩"。"礼法之争""王霸之辩"，是中国传统治道或政治哲学一贯的探讨主题。依孟子的解释，"以力假仁者霸"，而"以德行仁者王"（《孟子·公孙丑上》），霸道是以力服人，非心服而实为力不足；王道则是以德服人，心悦而诚服。无论"礼法之争"还是"王霸之辩"，其实都主要地关联德治与法治之间的关系问题。

治国中德与法的关系，据《孔子家语》记载，孔子曾以御马为喻形象地予以说明：

> 闵子骞为费宰，问政于孔子。子曰："以德以法。夫德法（引者注：以德为法度）者，御民之具，犹御马之有衔勒也。君者，人也；吏者，辔也；刑者，策也。夫人君之政，执其辔策而已。"子骞曰："敢问古之为政。"孔子曰："古者天子以内史为左右手，以德法为衔勒，以百官为辔，以刑罚为策，以万民为马，故御天下数百年而不失。"（《孔子家语·执辔》）

御马之衔勒，为辔（缰绳）所牵，两者在御马过程中共同配合起主要作用，使用也最为频繁。鞭策，必要但并不常用，是不得已的补充手段。治国犹如御马，人君须借助各级官吏主要且经常地推行德治并辅以必要之法治。由此，德治与法治因主辅关系而得以结合。诉诸强力、以刑罚为主要手段的法治方式，很大程度上也可归为以力服人的霸道。孔子对霸道并不轻视，更无贬抑之处。如其以仁称许管仲，"桓公九合诸侯，不以兵车，管仲之力也。如其仁，如其仁"（《论语·宪问》）。孔子主张为政宽猛相济以致政通人和，更是体现出了王霸结合的思想。"政宽则民慢，慢则纠之以猛；猛则民残，残则施之以宽。宽以济猛，猛以济宽，政是以和。"（《左传·昭公二十年》）

被认为是孔子后学著作集成的《礼记》，更是明确主张礼乐与刑政的结合。

> 礼以道（引者注：导）其志，乐以和其声，政以一其行，刑以防其奸。礼乐刑政，其极一也，所以同民心而出治道也。（《礼记·乐记》）
> 礼节民心，乐和民声，政以行之，刑以防之。礼乐刑政四达而不悖，则王道备矣。（《礼记·乐记》）

孔子王霸并用、宽猛相济，而后世儒者则就此出现了分歧，或侧重德治仁政而贬抑霸道（崇王贱霸），如孟子、程朱等；或礼法结合、王霸并用，如荀子、董仲舒等。就德治与法治具体的融合而言，主要有三种模式或路径。

一 相互转化模式

荀子的外王学重在"隆礼重法"，"隆礼尊贤而王，重法爱民而霸"（《荀子·大略》）。就"隆礼重法"而言，似乎礼与法并重且并举。当然，我们可以在礼与法的功能与作用方面作如此的理解。荀子十六岁求学齐国稷下，后又三为稷下学宫祭酒，很大程度上受齐法家影响较大，往往礼法连称、礼法并举，确实异于孔孟。但在根本上，或者在价值层级上，于荀子而言礼更为根本，礼高于法，"礼者治辨之极也，强国之本也，威行之道也，功名之总也，王公由之所以得天下也，不由所以陨社稷也"（《荀子·议兵》）。而且还是"礼义生而制法度"（《荀子·性恶》），先有礼义之思想，而后才有依礼义思想所制之法度。如此之法度，当然在思想层面与商韩之法度不同，显然是突出了儒家道德之义涵。

> 隆礼，虽未明，法士也。（《荀子·劝学》）
> 礼者，法之大分，类之纲纪也。（《荀子·劝学》）

礼可谓最大最根本最普遍最广义的法。崇礼而行，即使未能明了礼义之思想，但也如同遵纪守法、循法而为的法士，其行为无不合乎法之规定。如此而言，崇礼就是循法。因为"礼义生而制法度"，循法其实也就是崇礼。在现实层面，尊礼与守法相互一致也相互转化，那么，礼治与法治两种治理方式事实上也就形成了一种相互转化的结合模式。

荀子如此的"隆礼重法"，一方面给儒家之礼增加了更为丰富的现实规范作用，另一方面又给法注入了丰富的礼义道德内容。这种模式，实则贯穿了"德—礼—法"这一思想结构，礼之礼义层面必然展现儒家道德之原则与人文价值理想，而儒家道德之原则与人文价值理想则通过礼制融合渗透于法治之具体规范之中。荀子"隆礼重法""礼法并举"所呈现的这种"德—礼—法"的思想结构，自汉代而后事实上转化为传统社会较为稳定且深层的内在治理结构。正是在这种意义上，可以说"二千年来之学，荀学也"（谭嗣同《仁学·二十九》）。

二 主辅模式

于荀子，礼法、王霸并举并用，"治之经（引者注：常），礼与刑"（《荀子·成相》），特别是礼法相互融和而互相转化，如此便不能以主辅界定两者之关联。相较于荀子礼治与法治相互转化的结合模式，似乎德主刑辅的模式更为儒家化，这种方式对儒家而言更为主流，此方面以董仲舒为代表。

董仲舒对于德治与法治以主辅方式结合有很详细的说明与阐发。德治与法治两种手段各有其作用与功能，两者不可不具，也不可不备。"圣王之治天下也……爵禄以养其德，刑罚以威其恶，故民晓于礼谊而耻犯其上"（《汉书·董仲舒传》），因而"庆赏刑罚之不可不具也，如春夏秋冬不可不备也"（《春秋繁露·四时之副》）。德治与法治的结合必然呈现主辅之关系，董仲舒常用阴阳、大小、本末来阐发这种主辅结合的关系。

> 阳常居实位而行于盛，阴常居空位而行于末。天之好仁而近，恶戾之变而远，大德而小刑之意也。（《春秋繁露·阳尊阴卑》）
>
> 教，政之本也；狱，政之末也。其事异域，其用一也。（《春秋繁露·精华》）

这种主辅模式下的德治与法治的结合，实则是以儒家德治统摄法治，进而归极于儒家王道之治道追求。这在很大意义上体现了儒家之德治其实是可以与法治兼融的（并非简单的兼容），但对于韩非子等法家而言，其力主法治就必然要排斥摒弃德治。儒家并不排斥法治，只是反对苛政严刑，反对单一且走向极端的法治模式，儒家也具有丰富的法及法治思想。[1] 孔孟"正名"所主的"君君、臣臣、父父、子子"及父子有亲、君臣有义、夫妇有别、长幼有序、朋友有信所要实现的人伦秩序与社会秩序，必然需要系统的制度化建构作为现实保障。儒家主张的权力为公、反对的横征暴敛等，更需要法治提供现实保障。儒家言仁，"唯仁者能好人，能恶人"（《论语·里仁》）；言礼，其礼义与礼制、礼仪之维含括了仁义道德之义理内涵与制度规范、行为规范之现实考量，如此便为兼融法治留下了余地。德治与法治结合的主辅模式，依然强调的是作为根本的道德教化。

  教化立而奸邪皆止者，其堤防完也；教化废而奸邪并出，刑罚不能胜者，其堤防坏也。古之王者明于此，是故南面而治天下，莫不以教化为大务。（《汉书·董仲舒传》）

  非常值得注意的是，主辅模式下的德治与法治的结合，并不是让德治与法治各自适时发挥其应有作用以求互济互补，而这恰恰是下面要探讨的德治与法治结合的互补模式。主辅模式，在一些儒家看来，也并不是因为德治之不足或德治之作用穷尽而必有资于法治，需要法治来辅翼助益。于此，熊十力先生就指出："夫德礼为本，则政刑皆本德礼之义以运用之。其精神与作用，自与专尚政刑者不同。故德礼中自有政刑，非穷而后有之也。若夫德礼之治，底于极隆，万物各正，则刑措（引者注：搁置）不用，行所无事，而政刑之名不立矣。"[2] 其中"德礼中自有政刑，非穷而后有之也"之论颇值玩味，切莫轻疏而过或简单地认为是自美儒家德治而已。

---

[1] 可参考俞荣根《儒家法思想通论》（修订本），商务印书馆2018年版。
[2] 熊十力：《读经示要》，岳麓书社2013年版，第36页。

第六章 中华传统文化的德治法治理念

三 互补模式

主辅模式下的德治与法治结合，或许对于执政者而言，偏重于儒家之治国理念而儒家底色过浓，虽长期效能令人期待但现实操作难度确实也不小，而且面对复杂多变之政治形势其灵活机变有限。因而，更为现实且更具操作性的就是，持德治与法治互济互补之基本理念，因应复杂多变的政治形势而就德治与法治各自应有的功能作适宜之调整，这样便无所谓主辅或者说主辅视时而定。如此而为，德治与法治之方式与手段在具体的治理中便呈现出"杂用"之情形。汉宣帝较早倡导这种互补模式下的德治与法治的结合。

    汉家自有制度，本以霸王道杂之。奈何纯任德教用周政乎！（《汉书·元帝纪》）

德治与法治互补共济、霸王道杂之，体现了执政者在治理方略与具体策略上因地制宜、因时制宜的机变灵活性。如果说，主辅模式下的德治与法治结合体现的是治理之经常，那么互补模式下的德治与法治结合体现的就是治理之权变。治理之道本就是经与权、常与变的统一，单纯强调某一面都是不完备的。"夫道有经有权，经立大常，权应万变。变体其常，故可于变而知常。权本于经，守贞常而不穷于变。故权行，而后见经之所以称常道者，正以其为众妙之门耳。"① 德治与法治互补共济、霸道王道杂之，毕竟使得治理在根本依据上无所宗主，虽灵活有余但久之必生混乱。主辅模式下的德治与法治结合在义理上虽必不排斥前者，但在现实层面也须注重前者之权变意义。

第四节 传统治道中德治法治结合的治理智慧及其现代转化

儒、道、墨、法、名诸家都有自己的治道学说，而尤以儒家之德治与法家之法治在思想建构上更为系统。儒法结合、德治与法治结合在漫长的中国传统社会治理中是主流，是常态。历先秦而至近现代的"礼法之争""王霸之

---

① 熊十力：《读经示要》，岳麓书社2013年版，第28页。

辩"的持续上演与理论推进，客观上促成了诸家诸子之间思想的交汇与融合。德治与法治的结合，无疑凝结了先秦至近现代诸子思想之精华，既有深刻的义理探寻与高远的理想追求，又有具体可行的操作途术，且形上道体与形下器用融为一体，集中展现了中国传统治理之特色，更是内蕴"极高明而道中庸"的高深治理智慧。

一　治理智慧

其一，德治与法治的结合，总体上看是辩证对待德与法、德治与法治之关联，进而取长补短、相须互发。德治与法治之间，存在自律与他律、禁于将然之前与禁于已然之后、长期效果与短期效用、宽与猛、义与利、常与变、自然与人为、正义与效率等诸多辩证关系。就德治与法治间择取其一而能做好已属不易，更不用说结合两者了。睽而知其类，异而观其通，德治与法治的结合就是在睽异对立中寻求辩证的有机的统一。德治与法治结合的治理智慧就在于善于运用辩证思维与辩证方法以克服德治与法治各自之不足与局限，进而形成宗旨一贯且涵摄面宽广、既综合化又一体化的治理体系，由此确保治理不走偏颇与极端而行稳致远。

其二，德治与法治的结合，体现了中国传统治理对于良法善治的不懈追求与艰辛探索。治世之良法如何可能，德治与法治的结合对此给出了答案，包含了法的形上本体根据，法的价值，制法、执法、守法等方面。其中至为重要的是，舍却或离开道德良知的法绝非良法，良法必然呈现德性生生之世界以及德性生生之人生。然而，唯法治亦不可致至休善治，孟子所谓"徒善不足以为政，徒法不足以自行"，良法善治的实现必然要求德治与法治的结合。此外，无论儒家之德治还是法家之法治，发展之极皆有无为而治的致思，也可以说是儒法两家对道家无为而治思想的吸收与融会。德治与法治的结合也是体现了无为而治这一治理之至高之境。无为而治也可说是德治与法治结合下良法善治之理想且终极之形态。

其三，德治与法治的结合体现与贯彻了人本、人文、人生之理念。无论任何治道，其所达至之治世无不以人为本位，以广大的人民大众为本位。舍却人本，无治世可言。人本，关注人自身之价值及实现。人文，即是以文化人，以人文化成天下。人生，即是注重现实的人伦日用、生活生计。人本为根，人文为花，人生为实，人本、人文、人生相依互存而一体一贯。德治与法治的结合，于现实的人伦日用、生活生计亲切指点、提撕警省，进而以文化人、以人文化成天下，由此以至每一社会个体实现"真的自己"之觉悟而成就新我并新开世运。

其四，德治与法治的结合，能够将道德的教化与法的教育意义相融合，从而成为更广义的教化。旨在导人为善的道德教育与重在禁人为非的法的教育两者完全可以相融而互相增益。尽管使人主动地为善更根本，但使人被动地不为恶也是必要的。德治与法治相结合而形成的这种更广义的教化，普遍推行之下必然更有利于凝聚治理的社会共识，进而形成治理更广泛、更坚定的社会合力。教化之作用发挥得越充分，社会治理的成本与代价也就相应地越低。将导人为善与禁人为非相结合，注重充分发挥敦人伦、安人心、美风俗、稳秩序、促和谐的教化作用，这是德治与法治结合所昭示的又一种治理智慧。

其五，德治与法治的结合，体现了因革损益、因世而治、与时偕行的治理精神。儒家言礼治，注重礼的因革损益。法家论法治，主张"法与时转则治，治与世宜则有功"（《韩非子·五蠹》）。德治与法治的结合更是突出了社会国家治理所必需的与时俱进要求。注重时变、与时消息、与时偕行可谓中国文化的一大特点，体现于为政，更是种善察时变、变易趋时、穷变通久的治理智慧。

以上就主要方面略谈了德治与法治结合的治理智慧，除此之外应当还有许多方面，兹不及详。之所以说是德治与法治结合的治理智慧，是因为这种智慧乃历代先哲思想探索并付诸实践之精华凝结与思想要义所在，虽历时空之变迁而其生命力常在且历久弥新。

二 现代转化

由以上所论，其实无论儒家德治、法家法治还是德治与法治的结合，其思想中的诸多精华内容依然具有现代价值。如儒家德治所主的先富后教、藏富于民、由教而政、寓治于教等理念即使放在当下也并不过时，韩非子"慈于身者不敢离法度"的守法爱己精神也契合现代法治精神，如此等等，不胜枚举。就德治与法治结合的传统治理智慧在新的历史条件与社会环境下创造性转化与创新性发展的问题，我们还需要注意以下几个方面。

其一，由传统政治之民本向现代人本的转化。其间要区分一个问题，即以孔孟为代表的儒学所说的民本，就其实质意义而言更多地指向人本，主要是关注人自身的价值。这与传统政治语境中的民本在意义上有所不同，后者之民本工具性意义较突出。现在我们谈德治与法治结合，就需要有现代人本的观念，在注重人本身价值的同时尤其要突出权利意识。对于权利意识的注重不够，是历史局限性下儒法两家共同之不足。现在我们谈人本，权利问题则不得不再三措意与致力。

其二，由古代君主专制环境下的德治与法治结合转向现代民主建构中的德治与法治结合。不可否认，古代君主专制对于儒家德治、法家法治以及德治与法治的结合，既有积极的推动作用，更有程度不同的阻碍与破坏，也使得德治与法治结合之实际效能大打折扣。而在现代条件下，大可降低甚至消除如此不必之风险与代价，这就需要在现代民主环境中建构新的德治与法治的结合。也可说，在现代民主环境中实现德治与法治的新结合。

其三，克服传统德治理想主义之偏颇。传统德治道德理想主义色彩过于厚重，"法先王"、效法三代之治，甚至有"三代而下有乱无治"（黄宗羲：《明夷待访录·题解》）之议，似有复古倒退之嫌。即使在德治与法治结合的情境下，此问题似乎也未能消退多少。倘若真能刚健进取开拓日新，此过重之道德理想主义色彩倒不妨抹去。

以上仅就一些较突出的问题而言。如何将德治与法治结合的传统智慧予以现代转化确实是个大问题，还需要不断的理论与实践之探索。总之，传统是个动态流变的过程，可以说传统就是过去的现在，现在就是未来的传统。尽管传统的未必就是落后的，但在新的历史条件与社会环境下，德治与法治结合的传统治理智慧仍然需要创造性转化与创新性发展，这也是焕发传统治理智慧新生命之必需。

思考题

1. 儒家德治思想为什么注重道德在国家治理中的重要意义？
2. 法家的人性论思想与法治思想的内在关联是什么？
3. 如何实现德治与法治具体而有效的结合？
4. 传统治道中德治法治结合的治理智慧体现于哪些方面？

参考文献

1. （清）王先谦：《荀子集解》，中华书局2016年版。
2. （清）王先慎：《韩非子集解》，中华书局1998年版。
3. 俞荣根：《儒家法思想通论》（修订本），商务印书馆2018年版。
4. （南宋）朱熹：《四书章句集注》，中华书局2012年版。

第七章 中华传统文化的礼制礼仪文明

我国自古被称为"礼仪之邦",由此可见"礼"是中华传统文化的重要组成部分。不仅如此,礼还渗透到古时人们生活的方方面面。可以讲,"礼"在当时不仅仅是一种文化符号,而且是大到国家制度,小到百姓饮食起居的一种生活方式,是整个社会正常运转的保障。"道德仁义,非礼不成;教训正俗,非礼不备;分争辨讼,非礼不决;君臣上下,父子兄弟,非礼不定。"(《礼记·曲礼》)由此可见,礼具有十分丰富的文化内涵。本章将从礼的起源、表征以及当代价值等方面对"礼"加以介绍。

第一节 "礼"文明的源起

礼作为儒家文化的重要内容,是中华文化的重要组成部分,在这一点上,学者们已经达成共识。但礼的起源问题,学术界却众说纷纭。本章将从社会、文本、文化三方面对礼的起源进行探究。从社会起源来看,有两种观点:一种认为礼起源于祭祀,另一种认为礼起源于饮食。从文本方面来看,主要分析《周礼》《礼记》《仪礼》这三部基础性著作中的礼。最后,文化方面,主要从礼与天性之间关系来分析礼的起源。

一 "礼"之社会根源

(一)事神致福之敬

何为"礼"?《礼记·乐记》云:"乐者为同,礼者为异,同则相亲,异则相敬。"可见,礼是用来强调差异性的,并且这种差异性是具有等级次第的:"礼者,贵贱有等,长幼有差,贫富轻重皆有称者也。"(《荀子·富国》)可见人们通过礼来别贵贱尊卑,使得每个人各安其位,最终达到整个社会的和谐统一。

那么,"礼"是如何起源的呢?大家众说纷纭。占主流思想的观点认为"礼"源于祭祀活动。"礼"的繁体字写为"禮",本字为右边的"豊"字。"豊"字的甲骨文为 ,此字由两部分构成,上半部分为穿起来的玉串,下半部分为有脚手的建鼓。所以整个字表示击鼓献玉,敬奉神灵。后来金文加了"示"字旁,强调祭拜的含义。许慎《说文》云:"礼,履也,所以事神致福也。从示从豊。"古人把鞋子称为"履",引申为践行之含义。徐灏笺云:"礼之言履,谓履而行之也。礼之名起于事神,引申为凡礼仪之称。"也就是讲礼是源自祭祀的一种行为,后引申为一般性规范。《荀子·大略》云:"礼者,人之所履也,失其履,必颠蹶陷溺。"也就是讲,礼是一种规范性活动。《管子·轻重戊》云:"黄帝作,钻燧生火,以熟荤臊,民食之无兹胃之病,而天下化之。黄帝之王,童山竭泽。有虞之王,烧曾薮,斩群害,以为民利,封土为社,置木为闾,始民知礼也。"也就是讲通过祭祀,人们开始知礼。郭沫若《十批判书》:"礼之起,起于事神,其后扩展为对人,更其后扩展而为吉、凶、军、宾、嘉等各种仪制。"[1] 柳肃《礼的精神——礼乐文化与中国政治》:"礼从它的起源开始,最早的表现形式就是祭祀——对天地自然和鬼神祖先的祭祀。"[2] 可见大部分学者比较认同礼源自古代的祭祀活动,后引申为生活中的各种规范性礼仪。

(二)饮食本能之欲

此外也有学者认为"礼"源自饮食而非祭祀。同样从"礼"的甲骨文来解读,认为礼的甲骨文 的下半部是"豆"。"豆"是古代一种盛食物的器具。其形上为深盘,下为高足圆座。《尔雅》言:"木豆谓之豆,竹豆谓之笾,瓦豆谓之登。"而上面的玉正代表可口的美食,后来就逐渐演化为一切美好之物的代表。如《尚书·洪范》:"惟辟作福,惟辟作威,惟辟玉食。"马融解释曰:"玉食,美食也。"并且古代人们饮食所用的器具数目也是有严格等级要求的。如《礼记·燕义》有:"俎豆牲体荐羞皆有等差,所以明贵贱也。"《礼记·礼器》中有:"天子之豆二十有六,诸公十有六,诸侯十有二,上大

---

[1] 郭沫若:《十批判书》,人民出版社1954年版,第82—83页。
[2] 柳肃:《礼的精神——礼乐文化与中国政治》,吉林教育出版社1990年版,第3页。

夫八，下大夫六。"《礼记·乡饮酒礼》里记录："六十者三豆，七十者四豆，八十者五豆，九十者六豆，所以明养老也。"因此人们通过饮食体现尊卑贵贱，后来逐渐形成一系列等级结构。

另外，《礼记·礼运》云："夫礼之初，始诸饮食，其燔黍捭豚，污尊而抔饮，蒉桴而土鼓，犹若可以致其敬于鬼神。"也就是讲礼是源自饮食行为，这种饮食之次序也可作为祭祀鬼神之礼。这种观点认为礼的雏形脱胎于进食的次第。原始社会由于食物匮乏，饮食都是由强者开始再轮到弱者。因此也就产生了这种礼的次第形式。在氏族公社时期，长者是氏族生存技能和知识的传授者，首领是氏族安全的保卫者，因此进食时要先把优质食物给予他们。之后再在他们的主持下依次分给其他人员食用。这种起源于饮食的尊卑次序随着社会的发展，逐渐深入祭祀、婚姻、丧葬、交往等各个领域。总之，不论从文字还是从社会演化进程来看，上述观点都认为礼文化源自饮食文化。

总之，不论"礼"是源自原始社会的祭祀还是出于饮食的次第顺序，礼后来都发展成为中华文化不可或缺的重要部分。

二 "礼"之文本根据

我国最早记载古代礼的著名典籍有《周礼》《仪礼》和《礼仪》，统称为"三礼"。下面就分别对这三部书做一个简单介绍。

（一）建国体之《周礼》

《周礼》原名《周官》，是一部通过官制来表达治国方案的著作，内容极为丰富，涉及社会生活的方方面面。郑玄为其作注，由于郑玄在当时有着很高的学术声望，其一跃位居"三礼"之首，后成为儒家煌煌大典《十三经》之一。

相传《周礼》为周公旦所著，《史记·周本纪》云："既绌殷命，袭淮夷，归在丰，作《周官》。兴正礼乐，度制于是改，而民和睦，颂声兴。"《今本竹书纪年疏证》云："武王没，成王少，周公旦摄政七年。制礼作乐，神鸟凤皇见，蓂荚生，乃与成王观于河、洛，沈璧。礼毕，王退俟。至于日昃，荣光并出幕河，青云浮至，青龙临坛，衔玄甲之图，坐之而去。礼于洛，亦如之。"《魏书》卷一〇八之一志第一〇云："周文公制礼作乐，垂范万叶，可祀于洛阳。"《春秋繁露》卷第七云："周公辅成王受命，作宫邑于洛阳，成文武之制，作汋乐以奉天。"但此书作者到底是谁，何时成书在学术界一直颇有争议。大致有西周说、春秋说、战国说、秦汉之际说、汉初说、王莽伪作说等六种说法。但不管《周礼》到底由何人所著，其始终是研究礼文化的重要文献之一。

《周礼》全书内容可分为六篇，分别是"天官冢宰""地官司徒""春官宗伯""夏官司马""秋官司寇""冬官司空"。其中，"冬官"一篇早已散佚，西汉时补以"考工记"，称为"冬官考工记"。可见《周礼》以"天、地、春、夏、秋、冬"即天地四方六合，也就是古人所说的宇宙来设置六卿而每卿又统领六十官职。所以，六卿的职官总数为三百六十，而三百六十正是周天的度数。由此可见国家的官职设置也充分体现了"天人合一"的中国传统思想。这六种官职分别管理不同的国家事务，《天官·大宰》谓之"六典"："一曰治典，以经邦国，以治官府，以纪万民；二曰教典，以安邦国，以教官府，以扰万民；三曰礼典，以和邦国，以统百官，以谐万民；四曰政典，以平邦国，以正百官，以均万民；五曰刑典，以诘邦国，以刑百官，以纠万民；六曰事典，以富邦国，以任百官，以生万民。"《天官·小宰》谓之"六属"："一曰天官，其属六十，掌邦治"；"二曰地官，其属六十，掌邦教"；"三曰春官，其属六十，掌邦礼"；"四曰夏官，其属六十，掌邦政"；"五曰秋官，其属六十，掌邦刑"；"六曰冬官，其属六十，掌邦事"。也就是说天官冢宰负责宫廷事务；地官司徒负责民政事务；春官宗伯负责宗族事务；夏官司马负责军事事务；秋官司寇负责刑罚事务；冬官百工负责营造事务。

历代都会参照《周礼》中的"六官"来架构政治体制。例如隋朝的"三省六部"制。后来唐朝把六部命名为"吏、户、礼、兵、刑、工"，作为中央官制的主体，并为历代所遵循，一直沿用到清朝灭亡。另外历朝修订典制，如唐《开元六典》、宋《开宝通礼》、明《大明集礼》等，也都以《周礼》为蓝本，可见《周礼》在国家制度方面的重要地位。

（二）别人伦之《仪礼》

《仪礼》简称《礼》，亦称《礼经》《士礼》。魏晋时期，始有《仪礼》之名，是中国春秋战国时的礼仪汇编。共十七篇。内容涉及周代的冠、婚、丧、祭、乡、射、朝、聘等各种礼仪。

关于《仪礼》的作者和成书时间，自古以来，众说纷纭。主要有以下三种观点：一种说法认为此书是周朝时期周公旦所撰写，此观点也是被大多数学者所认可的；另一说法认为此书是春秋时期孔子所撰写；还有一种说法认为此书并非由一人完成，而是经由长时期多人修订而成，即认为此书成书于春秋之前，但未必是周公所作，后经孔子对其进行整理增损，并传授给学生，最终定型于战国时期，后又经汉儒编定。

《仪礼》的具体内容，可分为冠、婚、乡、射、朝、聘、丧、祭八类，基本涵盖了古时贵族日常行为规范和人际交往准则。我们下面以冠礼为例说明之。冠礼是嘉礼的一种，是古代中国汉族男性的成年礼。行冠礼代表着男性青年已经成人可以婚配，可以参与氏族各项活动。《左传》云："冠而生子，礼也。"古人认为冠礼是礼仪的开始。《礼记》云："凡人之所以为人者，礼义也。礼义之始，在于正容体、齐颜色、顺辞令。容体正、颜色齐、辞令顺，而后礼义备。以正君臣、亲父子、和长幼，君臣正、父子亲、长幼和，而后礼义立。故冠而后服备，服备而后容体正、颜色齐、辞令顺。故曰：冠者礼之始也。"单从"冠"字来看，也可见其重要性。《说文解字》中对"冠"字的解释是："冠，卷也。所以卷发，弁冕之总名也。从冖，从元，元亦声。冠有法制，从寸。"可见"冠"有三从。从"冖"，即以布帛蒙覆；从"元"即为头，徐锴曰："取其在首，故从元。古亦谓冠为元服"；从寸，即尺度。经书记载，冠礼实行于周代。按周制，男子二十岁行冠礼。《礼记·曲礼上》云："男子二十冠而字。"然天子诸侯为早日执掌国政，多提早行礼。传说周文王十二岁而冠，成王十五岁而冠。《仪礼·士冠礼》贾公彦疏："诸侯十二而冠也。若天子，亦与诸侯同，十二而冠。"冠礼的过程也是繁琐而隆重的。古代冠礼在宗庙内举行，日期为二月，冠前十天内，受冠者要先卜筮吉日，十日内无吉日，则筮选下一旬的吉日。然后将吉日告知亲友。及冠礼前三日，又用筮法选择主持冠礼的大宾，并选一位"赞冠"者协助冠礼仪式。行礼时，主人（一般是受冠者之父）、大宾及受冠者都穿礼服。先加缁布冠，次授以皮弁，最后授以爵弁。每次加冠毕，皆由大宾对受冠者读祝辞。祝辞大意谓：在这美好吉祥的日子，给你加上成年人的服饰；请放弃你少年儿童的志超，造就成年人的情操；保持威仪，培养美德；祝你万寿无疆，大福大禄。然后，受礼者拜见其母。再由大宾为他取字，周代通常取字称为"伯某甫"（伯、仲、叔、季，视排行而定）。然后主人送大宾至庙门外，敬酒，同时以束帛俪皮（帛五匹、鹿皮两张）作报酬，另外再馈赠牲肉。受冠者则改服礼帽礼服去拜见君，又执礼贽（野雉等）拜见乡大夫等。若父亲已殁，受冠者则须向父亲神主祭祀，表示在父亲前完成冠礼。祭后拜见伯、叔，然后飨食。

由以上介绍可知，《仪礼》是以记录古时贵族日常生活的礼仪为内容，繁琐枯燥。但通过此书不仅能了解周鲁各国贵族生活的一些侧面，还可以从中窥探远古的史影，是研究古代文化不可忽略的一部典籍。

（三）明道义之《礼记》

《礼记》是中国古代一部重要的典章制度选集，共二十卷四十九篇，书中内容主要涉及先秦的礼治。体现了先秦儒家的哲学思想、教育思想、政治思想、美学思想等，是研究先秦社会的重要资料，是一部儒家思想的资料汇编。

《礼记》的作者不详，据传为孔子及其弟子所作。现代一些学者也有人认为《礼记》是战国末到汉初儒家的作品，作者并非一人，著作时代从战国延续到汉初。其是先秦礼学家讲习《仪礼》时附带传下来的"记"，在长期的传抄讲习过程中，经过不断加工和增益，其驳杂不纯在所难免。自东汉学者马融、卢植、郑玄相继为《礼记》作注以后，《礼记》的影响越来越大，逐渐摆脱了从属于《仪礼》的地位，与《周礼》《仪礼》并称"三礼"，到了唐代，它便从"记"升为"经"，成为士子科举的必读经典之一。

流传至今的《礼记》有两个版本，分别由西汉礼学家戴德和戴圣所编。戴德和戴圣两人是叔侄关系。两人都是西汉经学家。从战国到西汉初儒学家写了许多关于"礼"的文章，戴德删繁就简，选出八十五篇，名《大戴礼记》。但《大戴礼记》现今仅存三十九篇。其余的四十六篇，即第一篇至第三十八篇、第四十三篇至第四十五篇、第六十一篇、第八十二篇至第八十五篇，至迟在唐代已亡佚。戴圣所选编的《礼记》为四十九篇。由于东汉末年，著名学者郑玄为《小戴礼记》作了出色的注解，这个本子便盛行不衰，并由解说经文的著作逐渐成为经典，到唐代被列为"九经"之一，到宋代被列入"十三经"之中，为士子必读之书。

《礼记》共四十九篇，始于《曲礼》，终于《丧服四制》。按照内容可分为四类：第一类：记礼节条文，补他书所不备。如《曲礼》《檀弓》《玉藻》《丧服小记》《大传》《少仪》《杂记》《丧大记》《奔丧》《投壶》等。第二类：阐述周礼的意义。如《曾子问》《礼运》《礼器》《郊特牲》《内则》《学记》《乐记》《祭法》《祭义》《祭统》《经解》《哀公问》《仲尼燕居》《孔子闲居》《坊记》《中庸》《表记》《缁衣》《问丧》《服问》《间传》《三年问》《儒行》《大学》《丧服四制》等。第三类：解释《仪礼》之专篇。如《冠义》《昏义》《乡饮酒义》《射义》《燕义》《聘义》等。第四类：专记某项制度和政令。如《王制》《月令》《文王世子》《明堂位》等。

　　《礼记》按文体可分为议论文、说明文、记叙文三种类型。第一类议论文：主要运用论述的表达方式，以阐述礼义、发挥儒家思想为宗旨。这些文章的特点是：文章结构比较完整，论证透辟，条理清晰，逻辑性强。如《曾子问》《礼运》《礼器》《大传》《学记》《乐记》《祭义》的大部分、《祭统》《经解》《哀公问》《仲尼燕居》《孔子闲居》《坊记》《中庸》《表记》《缁衣》《三年问》《儒行》《大学》《冠义》《昏义》《乡饮酒义》《射义》的大部分、《燕义》《聘义》《丧服四制》等。第二类说明文：这类文章以说明的表达方式，记录各种礼。这些说明性的篇章常常不避繁琐，详细记载各种礼仪末节，诸如君臣、父子、夫妇相见之礼，饮食、洒扫、言语、应对之法，朝聘、会盟、交友之仪等，无不备于文字。主要篇目有《曲礼上》《曲礼下》《王制》《月令》《文王世子》《郊特牲》《内则》《玉藻》《明堂位》《丧服小记》《少仪》《杂记上》《杂记下》的大部分、《丧大记》《祭法》《奔丧》《问丧》《服问》《间传》《深衣》《投壶》等。第三类记叙文：这一类篇目主要以叙述的表达方式，记载有关"礼"的言行及事件。这些记述文篇章的文体特征主要是：叙事性较强，有完整的叙述情节。主要有《檀弓上》《檀弓下》，还有散见于《杂记下》《祭义》《哀公问》《仲尼燕居》《孔子闲居》《射义》等篇的一些片断。

　　总之，《礼记》作为阐述儒家礼之大义的一部经典，是研究中国礼文化不可忽略的一部重要著作。

三 "礼"之文化起源

　　礼作为一种外在规约，自先秦就对其有两种看法。一种认为礼应是内心情感的外在表现。孔子在《论语·八佾》中就曾提道："人而不仁，如礼何？人而不仁，如乐何？"可见，礼乐是内在仁的一种外化表现。而仁爱之心才是根本。孟子继承了孔子这一看法，并将之深化，认为仁义礼智等品格就像是人的"四端"一样是人本身天然所固有的。"恻隐之心,人皆有之;羞恶之心,人皆有之;恭敬之心,人皆有之;是非之心,人皆有之。恻隐之心,仁也;羞恶之心,义也;恭敬之心,礼也;是非之心,智也。仁义礼智,非由外铄我也,我固有之也,弗思耳矣。"(《孟子·告子上》)到了汉代,董仲舒提出"以名为教"的观点,名教成为礼法的代称正式登上政治舞台。然而当名教成为一种固定的政治制度和规范时,其起初的伦理意义难免会被扭曲,人反而成为礼教的牺牲品。其后,魏晋王弼提出了"名教本于自然"的观点,重新把人放在了名教观念的核心位置。这种提法在一定程度上克服了汉代名教思想的某种理论缺陷,具有一定进步意义。

虽然荀子同样属于儒家学派,但其对礼的看法却有不同。他认为礼是后天习得的,而不是先天的。"故圣人化性而起伪,伪起而生礼义,礼义生而制法度。"(《荀子·性恶》)并且认为人性是恶的,只有通过礼乐教育加以限制才能使人们和谐相处。"今人之性,生而有好利焉,顺是,故争夺生而辞让亡焉;生而有疾恶焉,顺是,故残贼生而忠信亡焉;生而有耳目之欲,有好声色焉,顺是,故淫乱生而礼义文理亡焉。然则从人之性,顺人之情,必出于争夺,合于犯分乱理,而归于暴。故必将有师法之化,礼义之道,然后出于辞让,合于文理,而归于治。用此观之,人之性恶明矣,其善者伪也。"(《荀子·性恶》)可见其观点与孟子截然不同。荀子认为人只有通过学习礼乐才能成为善良之人。

因此,此小节第一部分以孔孟的观点为出发点,认为礼是顺成人之本性即天性的角度对礼的文化起源加以论述。第二部分以荀子的观点为出发点,认为礼是对本性的规范来加以论述。

(一)承"天"之性

通过《论语》中对孔子行为的一些描述,可以看出,孔子对礼是相当重视的,他十分痛恶僭越礼的行为。"孔子谓季氏:八佾舞于庭,是可忍也,孰不可忍也?"(《论语·八佾》)在古代礼乐是并称的,乐不仅仅是一种艺术欣赏,同时也是礼的表现,内含上下尊卑的等级关系。据《周礼》规定,只有周天子才可以使用八佾。古时一佾八人,八佾就是六十四人排列的舞曲。诸侯为六佾,卿大夫为四佾,士用二佾。季孙氏是卿,按规定只能用四佾的舞曲,却用六十四人的八佾舞于庙堂之上。孔子对季氏这种僭越行为十分气愤,认为如果这件事可以忍受，还有什么不能忍受的呢！"三家者以《雍》彻，子曰："'相维辟公，天子穆穆'，奚取于三家之堂？"(《论语·八佾》)这里的"三家"指的是鲁国当政的三家大夫孟孙、叔孙、季孙。《雍》是《诗经·周颂》中的一首，为周天子举行祭礼后撤去祭品、祭器时所唱的诗。彻为通假字，同"撤"，古代祭礼完毕后撤祭馔，乐人唱诗以娱神。可见，这三家的做法同样是僭越礼法的。孔子认为这么神圣的天子之礼，怎么能在大夫的庙堂中举行呢！

由以上两个例子可知，孔子对礼是十分重视的。但其实孔子并不是固执于礼的外在形式，而更注重的是礼所传达的人的内在情感。"子曰：人而不仁，如礼何？人而不仁，如乐何？"(《论语·八佾》)可见，礼如果没有仁作为内涵，徒留形式是没有任何意义的。礼只是天然情感的自然流露。《论语》有一则关于"三年之丧"的讨论：宰我认为"三年之丧"太久，孔子问他"食夫稻，衣夫锦"是否能"安"？宰我回答"安"。孔子气愤地说："予之不仁也。子生三年，然后免于父母之怀。夫三年之丧，天下之通丧也。予也有三年之爱于其父母乎？"(《论语·阳货》)孔子认为，"三年之丧"只是子女对父母之爱的一种表达形式，是内心自发的行为。

孟子继承了孔子的思想，将孔子仁爱的思想发展为"四端"说。他认为仁、义、礼、智各有其内在的根据，不是外在强加于人的，而是"我固有之"。"恻隐之心，仁也；羞恶之心，义也；恭敬之心，礼也；是非之心，智也。仁义礼智，非由外铄我也，我固有之也，弗思耳矣。"(《孟子·告子上》)因此，对礼的践行可以讲就是人回归本性的一种行为。礼是人本性的自然流露，是顺成天性的一种行为。

在这里人的本性被看作由仁义礼智信所构成的善，而礼的践行正是本性之善自然而然流露的结果。"夫喜、惧、哀、乐，民之自然，应感而动，则发乎声歌。所以陈诗采谣，以知民志风。既见其风，则损益基焉。故因俗立制，以达其礼也。"[①] 这里王弼所讲的也就是说礼的制定是依据人们情感表达的需要而产生的。

---

① （三国）王弼：《王弼集校释》，楼宇烈校释，中华书局1980年版，第625页。

（二）化"性"之教

荀子虽然属于儒家，但与传统儒家对人性的认知不同。首先荀子认为人具有"群"的特性，也就是要把人放到一个群体里来研究。而传统的孔孟更多的是把人作为抽象的个体看待。正如东方朔先生所言："与孟子不同，荀子从具体的历史文化与社群结构及人在其中的社会文化角色来理解和回答人及人之所以为人的问题，并以此阐释礼教的起源与必要性。"[1] 荀子认为人之所以能够群而有序就是因为礼之分。"人能群，彼不能群也。人何以能群？曰：分。分何以能行？曰：义。"（《荀子·王制》）因而在荀子看来人是一种社会存在。人在礼分的作用下得到社会身份的认同，整个社会也由礼的规范而有序运行。正如牟宗三先生对荀子的评价所言："从未孤离其所牵连之群与夫其所依以立之礼（理）。"[2]

除了人的社会属性，荀子还看到了人性中好恶之欲对人的驱使。"若夫目好色，耳好听，口好味，心好利，骨体肤理好愉佚，是皆生于人之情性者也；感而自然，不待事而后生之者也。"（《荀子·性恶》）并认为人的本性是恶的，如果任其本性发展必然导致社会的混乱，因此才需要礼的规范。"今人之性，生而有好利焉，顺是，故争夺生而辞让亡焉；生而有疾恶焉，顺是，故残贼生而忠信亡焉；生而有耳目之欲，有好声色焉，顺是，故淫乱生而礼义文理亡焉。然则从人之性，顺人之情，必出于争夺，合于犯分乱理，而归于暴。故必将有师法之化，礼义之道，然后出于辞让，合于文理，而归于治。用此观之，人之性恶明矣，其善者伪也。"（《荀子·性恶》）

由以上分析可知，荀子认为礼产生于"人生不能无群"的社会性与"人之性恶"的内在矛盾。而礼教可以使人的欲望得到控制，情感得到恰当的表达，逐渐使人从自然状态过渡到社会状态。最终使整个社会达到"群居而一"的理想状态。

第二节 "礼"文明的表征

礼作为儒家文化中的重要概念并不是孤立地存在的，其与儒家文化中的

---

[1] 东方朔：《合理性之寻求：荀子思想研究论集》，上海人民出版社2016年版，第18页。
[2] 牟宗三：《名家与荀子》，台湾学生书局1979年版，第210页。

其他概念有着紧密联系。本章将通过对仁与礼的关系、孝与礼的关系以及法与礼的关系的分析，进一步深化对礼内涵的探究。

一　礼仁之美

"仁"和"礼"是儒家思想的两个核心概念。这两个核心概念并不是相互孤立的，而是相互联结，互为表里关系。

（一）礼为表

首先"礼"为"仁"之表。所谓表，也就是形式或现象。虽然形式并不是核心，但在一定意义上却是不可或缺的。因为本质要通过形式来表现。"礼"在一定程度上体现了内在之"仁"。颜渊问仁，子曰："克己复礼为仁。一日克己复礼，天下归仁焉。为仁由己，而由人乎哉？"颜渊曰："请问其目？"子曰："非礼勿视，非礼勿听，非礼勿言，非礼勿动。"颜渊曰："回虽不敏，请事斯语矣。"（《论语·颜渊》）孔子最喜欢的弟子颜渊问孔子什么才是仁。孔子回答他说："克制自己，一切都照着礼去做，这就是仁了。如果每个人都这么做，那么天下的人就都能仁爱了。践行仁，完全在于自己，并不在于别人。"之后，颜渊又继续追问："那么具体怎么做呢？"孔子回答他说："不合于礼的不要看，不合于礼的不要听，不合于礼的不要说，不合于礼的不要做。"之后谦逊的颜渊说："虽然我并不聪明，但谨遵您的教诲去做。"

通过整部《论语》可知，孔子并未对"仁"作出具体的定义，而是在不同场合下根据学生不同的性格，作出不尽相同的回答，真正体现了他因材施教的教学艺术。颜渊作为孔子最喜欢的弟子，具有"不迁怒""不二过"的品格。所谓"不迁怒"就是不会因自己不开心而迁怒于无关之人。所谓"不二过"也就是同样的错误不会犯两次。这两种品格虽然听起来容易，但真正能够在生活中做到，却是十分难得的。另外颜渊还特别聪明好学，悟性极高。这点孔子自己都自叹弗如。"子谓子贡曰：'汝与回也，孰愈？'对曰：'赐也何敢望回！回也闻一以知十，赐也闻一以知二。'子曰：'弗如也，吾与汝弗如也。'"（《论语·公冶长》）所以当颜渊英年早逝时，孔子感到极为悲痛，不禁哀叹到；"噫！天丧予！天丧予！"（《论语·先进》）由此可知，当极受孔子欣赏的弟子颜渊询问何为"仁"时，孔子根据其天资应该给出了孔子内心认为的何为"仁"的终极标准。

下面再具体看一下孔子给出的这个答案。虽然颜渊问何为"仁",但孔子并未直接回答他什么是"仁",转而回答他要践行"礼"。可见,"仁"和"礼"必然有着密切的关联性。孔子让颜渊践行礼,笔者认为应该有两重含义。

一方面,是通过"礼"来恰当地表现"仁"。《说文解字》中对"仁"的解释是:"仁,亲也。从人,从二。"可见,"仁"是一种内在情感,而内在情感是需要恰当表现出来的。正如《毛诗序》中所言:"言之不足故嗟叹之,嗟叹之不足故咏歌之,咏歌之不足,不知手之舞之,足之蹈之也。"也就是讲,人的情绪总要找到一种形式表现出来,这种表现也是一种自我疏导。而孔子认为"礼"恰恰是"仁"这一情感的一种表现。"仁"可以通过"礼"得到恰当的表达。比如通过礼对等级的划分来突出君爱臣、臣忠君的互敬互爱关系。所以这也就可以理解孔子对一些臣子的僭越行为表现出愤怒的原因了。"孔子谓季氏:八佾舞于庭,是可忍也,孰不可忍也?"(《论语·八佾》)孔子对季氏作为一个臣子在家中表演天子才可采用的八佾舞感到很愤怒。在孔子看来形式是内在的表现形式。如果形式都丢掉了,那么内在的仁爱之心也早已丧失。

另一方面,"礼"也可以塑造培养"仁"。形式一方面可以表现内在,同时形式也可以培养塑造内在。通过对"礼"的践行,逐渐培养内在的仁爱之心。行为学家认为,人的内心不仅影响人的行为,人的行为同样会作用于人的内心。"礼"作为一种行为,可以帮助我们培养起内在的良好品格和生活习惯。传统意义上"礼"很强调等级,但其实这种等级是为了维持社会的秩序,培养对他人恭敬的态度。例如《礼记·曲礼》中对饮食礼仪的规定:"共食不饱,共饭不泽手。毋抟饭,毋放饭,毋流歠,毋咤食,毋啮骨,毋反鱼肉,毋投与狗骨。毋固获,毋扬饭。饭黍毋以箸。毋嚃羹,毋絮羹,毋刺齿,毋歠醢。"也就是讲,大家共同吃饭时,不可以只顾自己吃饱。如果和别人一起吃饭,就要检查手是否清洁。不要用手搓饭团,不要把多余的饭放进锅中,不要喝得满嘴淋漓,不要吃得喷喷作响,不要啃骨头,不要把咬过的鱼肉又放回盘碗里,不要把肉骨头扔给狗。不要单单只吃食物,也不要为了热饭凉得快而簸扬食物,吃黍蒸的饭不用筷子,不可以大口囫囵地喝汤,也不要当着主人的面调和菜汤。不要当众剔牙齿,也不要像喝汤一样地吃肉酱。这些餐桌礼仪看似是规定个人吃饭的规矩,但其实处处体现的是对他人的尊敬。

一个践行餐桌礼仪之人，必然有一颗为他人着想之心。

总之，礼作为一种表现形式一方面是内在的反映，另一方面又塑造着内在。下面就具体了解一下内在的"仁"。

（二）仁为里

"仁"最初指一种美好的品格。如《诗·郑风·叔于田》"洵美且仁"；《诗·齐风·卢令》"其人美且仁"。在《尚书》中也曾多次提到"仁"，如"呜呼！惟天无亲，克敬惟亲。民罔常怀，怀于有仁"（《尚书·商书·太甲下》），"虽有周亲，不如仁人"（《尚书·周书·泰誓》），等等。到了孔子，其更是把"仁"作为一种最本质最崇高的德行。正如蔡元培先生所言："平日所言的仁，乃是统摄诸德完成人格之名。"① 唐君毅先生也认为在孔子那里"仁"处于至高地位。"以仁为一德，与忠信礼敬智勇等相对，自古有之，而以仁统贯诸德，则自孔子始。"② 那么在孔子那里到底何为"仁"呢？孔子针对不同学生，回答有所不同。但其核心是指一颗仁爱之心。"樊迟问仁，子曰：'爱人。'"（《论语·颜渊》）何晏注释"或曰：博爱之谓仁。"《春秋繁露·仁义法》中也提道："仁为爱，而仅自爱，非是仁，爱人方足为仁。"并且想要获得"仁"的方法并不在外，而在内。"为仁由己，而由人乎哉？"（《论语·颜渊》）"仁远乎哉？我欲仁，斯仁至矣。"（《论语·述而》）

在"礼""仁"关系中，礼作为形式不可或缺，而作为精神内核的"仁"更是不能忽视。"子曰：人而不仁，如礼何？人而不仁，如乐何？"（《论语·八佾》）在孔子看来，礼乐如果徒有形式而失去了仁的精神内核，那么也就失去了存在的意义。保存形式的最根本意义其实也是在于以形式寄托精神的归宿。"礼"的存在意义在于服务于最根本的精神内核"仁"。孔子本质上是反对徒留形式而缺乏精神内核的僵死之礼。如"祭如在，祭神如神在。子曰：'吾不与祭，如不祭。'"（《论语·八佾》）这就是讲，祭祀祖先时，就要好像祖先真的在面前；祭神的时候，好像神真的在面前。如果不亲自参加祭祀，祭了就跟不祭一样。可见，孔子在践行礼的时候是更加强调礼所蕴含的恭敬仁爱的精神内核。《礼记·祭统》中也曾对祭祀有过类似的要求："夫祭者，

---

① 蔡元培：《中国伦理思想史》，上海古籍出版社2005年版，第13页。
② 唐君毅：《中国哲学原论·原道篇》，中国社会科学出版社2006年版，第1页。

非物自外至者也，自中出生于心也，心怵而奉之以礼。"

当形式与精神内核相比较时，显然孔子也更加强调礼所蕴含的精神内涵。"林放问礼之本，子曰：'大哉问！礼，与其奢也，宁俭；丧，与其易也，宁戚。'"（《论语·八佾》）当孔子的弟子林放向孔子询问"礼"的根本是什么时，孔子回答他，礼与其奢华不如节俭，丧礼与其礼节周到，不如对逝者的故去表示悲伤。在《礼记》中借子路之口也曾表达过类似的内容："丧礼，与其哀不足而礼有余也，不若礼不足而哀有余也。祭礼，与其敬不足而礼有余也，不若礼不足而敬有余也。"（《礼记·檀弓上》）由此可见，孔子更重视的是"礼"所表达的内在情感。

不明所以者往往看到的是一个执着于陈旧礼仪显得迂腐的孔子形象，却不知孔子其实并非为了形式而执着于礼，而是希望能用礼来唤醒人们内在的仁爱之心。孔子并不是墨守成规的守旧之人。"子曰：'麻冕，礼也；今也纯，俭，吾从众。拜下，礼也；今拜乎上，泰也；虽违众，吾从下。'"（《论语·子罕》）麻冕，是祭祀时戴的一种帽子，这种帽子做出来比较麻烦，耗费人力、物力、财力。朱子注解："以三十升布为之，升八十缕，则其经二千四百缕矣。"但戴这种帽子表明对祭祀的重视，也是礼的要求，因而到了孔子的时代，人们不想这么麻烦了，就用黑色丝绸帽子替代。孔子认为这是一种节俭的行为，因此对这种改变也是持支持的态度。而君臣拜见之礼，依古礼臣对君行礼，皆在堂下拜稽首，君辞之，又升而再拜稽首于堂上。但后来臣子逐渐骄泰，只在堂上拜，不先拜于堂下。孔子认为这是一种骄慢的行为，所以他还是遵从古礼，而非如当时之人仅拜乎上。由此可见，孔子并不是反对对传统进行变革，而是要变革的有所进步，不能盲目变革，更不能为了满足自身的欲望而随意改变传统。

由以上分析可知，一方面孔子对礼的执着其实是对其内在"仁"的精神的坚持；另一方面孔子也并非传统守旧，只是认为改良应以"仁"的尺度来进行。形式可与时俱进，但其仁爱之心应一以贯之。

（三）表里相通

虽然"礼"是一种形式，"仁"是内在的精神内涵，但"礼""仁"两者必然是相得益彰的。"礼"如果没有了"仁"的内涵，那么就会流于空洞的形式，甚至禁锢人的行为，成了"杀人的礼教"。其自身也会失去进化的原动力。而"仁"如果失去"礼"的形式，也会失去表现形式，使得人们手足无措。正如《毛诗序》中所言："故变风发乎情，止乎礼义。发乎情，民之性也；止乎礼义，先王之泽也。"因此两者是彼此相互支撑的关系。

"礼""仁"问题还涉及一个更深层次的哲学问题就是"现象"与"本质"的问题。一般意义上认为本质都是通过现象加以表现的。正如孔子对礼这一形式的坚持，其实就是想通过坚持形式来体现礼的内在精神。"子贡欲去告朔之饩羊，子曰：'赐也！尔爱其羊，我爱其礼。'"（《论语·八佾》）告朔饩羊是古代一种祭礼制度。周天子于每年秋冬之交向诸侯颁布来年的历书，历书包括指明有无闰月、每月的朔日是哪一天，这就叫"告朔"。诸侯接受历书后，藏于祖庙。每逢初一，便杀一头羊祭于庙。而子贡想把每月初一告祭祖庙的羊废去不用。孔子就说了："赐呀！你爱惜那只羊，我则爱惜那种礼。"孔子认为形式（现象）就是对内在（本质）的体现。因为本质并无具体形式，所以似乎只能通过其表现出来的现象来加以判断。但现象表现本质的途径其实不仅有正向，还有逆向。这也是人们往往容易忽视的一个维度。一个处处完美之人反而也许并不是真正知礼之人，而一个看似不懂礼的人，也许正是一个温良恭俭让的知礼之人。孔子正是这样一人。"子入太庙，每事问。或曰：'孰谓鄹人之子知礼乎？入太庙，每事问。'子闻之，曰：'是礼也。'"（《论语·八佾》）孔子本以知礼著称，但到太庙后什么都要问，就有人说：谁说他懂礼啊，什么事情都不懂，还要问。孔子听到后说，不懂就问才是知礼。可见，人们的判断往往会流于表面的形式而忽视精神的体现。正如这个人看到孔子什么都要问，就认为其不知礼，却忽视了这种"每事问"的举动才真正体现了孔子虽博学却不卖弄、谦逊好学的精神。而谦逊恭敬也才恰恰是"礼"最本质的特征。如果仅凭形式正向判断内在，这样的结果就会产生许多伪君子，即表面仁义礼智信博得众人好感，实则为荒淫无道者。因此现实生活中过于"完美"的形式，人们反而应加以反思。

通过孔子问礼的事情可知，真正的仁者和知礼者并不是不懂装懂者，而是实事求是者。正如孔子教育子路时所讲："子曰：'由，诲女知之乎！知之为知之，不知为不知，是知也。'"（《论语·为政》）真正的知礼守仁者也不是不犯错误者，而是勇于承认错误改正的人。孔子也并非完人，只是不怕犯错误，能够积极改正错误。"陈司败问：'昭公知礼乎？'孔子曰：'知礼。'

孔子退，揖巫马期而进之，曰：'吾闻君子不党，君子亦党乎？君取于吴，为同姓，谓之吴孟子。君而知礼，孰不知礼？'巫马期以告，子曰：'丘也幸，苟有过，人必知之。'"（《论语·述而》）陈指的是陈国。司败是类似司寇一类的官职名称。昭公指的是鲁昭公。这段话就是讲，一天陈国的司败问孔子，鲁昭公懂礼数吗？通过后面的回答可知，陈国的司败之所以这样问，其实是明知故问，故意试探孔子的。因为他知道鲁昭公娶同姓之女，这种行为是有违礼法的。因为《周礼》规定"同姓不婚"。而鲁昭公与孔子同是鲁国人，他就想试探孔子会怎么回答。孔子回答鲁昭公是知礼的，说完就走了。这下陈国的司败可认为抓住了孔子的错误行为。在孔子走后，就跟孔子弟子吐槽孔子，认为他有意包庇鲁昭公。之后这话就被孔子的这个弟子传给了孔子。孔子听后不但没有生气，还认为自己有过错别人就会指出来，这是一件幸运的事情。由此可见，真正的知礼守仁者并不是不犯错误，而是勇于接受别人的批评并勇于改正错误的人。子贡也曾讲："君子之过也，如日月之食焉。过也人皆见之，更也人皆仰之。"（《论语·子张》）

总之，"礼"为表，"仁"为里，而表里又是相通的。一方面两者的关系是正向的，"礼""仁"是相互促进、内外协调一致的；另一方面也会出现逆向展现的关系，即完美的外在"礼"也许并不能展现内在的"仁"。如何才能把两者有机地连接在一起呢？必须以实事求是的精神贯穿于其中。能够接受错误，并积极改正，才能做一个内外一致的真君子。

二 礼孝之爱

上文提到"礼"为表，"仁"为里。而依儒家看，"仁"的起点在于"孝"。"有子曰：'其为人也孝弟，而好犯上者，鲜矣；不好犯上而好作乱者，未之有也。君子务本，本立而道生。孝弟也者，其为仁之本欤！'"（《论语·学而》）因而"礼"和"孝"也有着紧密关系。并且"孝"文化作为中华文化的一个核心概念，其落实自始至终都贯穿着"礼"。

（一）以敬为礼

《论语》中孟懿子曾问孝于孔子。"孟懿子问孝，子曰：'无违。'樊迟御，子告之曰：'孟孙问孝于我，我对曰：无违。'樊迟曰：'何谓也？'子曰：'生，事之以礼；死，葬之以礼，祭之以礼。'"（《论语·为政》）一天，孟懿子问孔子何为孝，孔子回答他不要违背。后孔子又给驾车的樊迟解释"无违"的含义就是对待父母从生到死都要依礼行事。在《论语》中其实有多人曾问过孔子何为孝，孔子的回答也各不相同。这正体现了孔子因材施教的教学技巧。那么为何孟懿子问孝，孔子要以"无违"对答呢？我们知道，孟懿子作为三桓之一，其在鲁国的势力可谓炙手可热，其行为早已僭越礼的约束。孔子提出"无违"之孝，是在三桓僭礼的背景下所言，与其说是对孟懿子问孝的回答，不如说是对当时僭礼的一种劝诫。那么又如何理解"无违"呢？目前对"无违"之孝的解释主要有两种：一是不违于礼，依礼行孝，如孔子所言"生，事之以礼；死，葬之以礼，祭之以礼"；一是不违于志，不违背父母的意志，如《论语》中也曾提道："子曰：'父在，观其志；父没，观其行；三年无改于父之道，可谓孝矣。'"（《论语·学而》）笔者更倾向于第一种解释，即认为"无违"更倾向于无违于"礼"。因为在《孝经·诤谏》中曾提道："父有争子，则身不陷于不义。"可见，孔子并不是让子女一味顺从父母，当父母行为有所偏失时，也要进行劝谏。那么如何以礼侍亲呢？孔子给出的回答是："生，事之以礼；死，葬之以礼，祭之以礼。""生，事之以礼"，也就是父母健在时要以礼侍奉。《注疏》解为："谓冬温夏清昏定晨省之属也。"① 也就是讲冬天要替父母暖床，夏天要帮父母清床，早晚要向父母请安。这些都体现了对父母的关爱和让父母放心。所谓"死，葬之以礼"，指能按礼安葬父母。《注疏》解为："谓为之棺椁衣衾而举之，卜其宅兆而安措之之属也。"② 即在父母下葬时准备好棺椁丧服，然后请卜者择阴宅安葬父母。并且个人生前地位与身份不同，其葬礼的标准也不同，应以相应的规制安排父母的丧礼。

由以上分析可知，能够以礼来侍奉父母即可称为"孝"。但以礼侍奉父母又不是单单按礼做就行了，还要有对父母"敬"的态度。"子游问孝。子曰：'今之孝者，是谓能养。至于犬马皆能有养；不敬，何以别乎？'"（《论语·为政》）孔子认为只养父母之身并不能算孝，还要保持对父母恭敬的态度才可。同样，在回答子夏问孝时，孔子提出："色难。有事，弟子服其劳；有酒

---

① （三国）何晏注，（宋）邢昺疏：《论语注疏》，北京大学出版社1999年版，第17页。
② （三国）何晏注，（宋）邢昺疏：《论语注疏》，北京大学出版社1999年版，第16页。

食，先生馔，曾是以为孝乎？"（《论语·为政》）也就是讲，能替父母效劳，将酒食让父母先吃，并非真正的孝；真正的孝是既能养活父母，又能在父母面前始终保持恭敬祥和的态度。《礼记·祭义》篇中，孔子的弟子也曾区分"孝"的三个等级："大孝尊亲，其次弗辱，其下能养。"不仅在父母活着的时候，侍奉父母以敬，在父母亡故后，也要对父母进行哀悼。"孝子之丧亲也，哭不偯，礼无容，言不文，服美不安，闻乐不乐，食旨不甘，此哀戚之情也。"（《孝经·丧亲》）也就是讲父母去世后，子女因思念亡故的父母，悲痛至极，甚至行为都有些失常，不再穿华丽的衣服，不再听乐曲，不再吃美食。可见其悲伤之情。

总之，在践行孝的时候，子女要以礼来侍奉父母从生到亡的整个过程。并且在这个过程中不是机械地践行礼，还要有敬爱的态度才是真正的"孝"。正如《孝经》中所言："生事爱敬，死事哀戚，生民之本尽矣，死生之义备矣，孝子之事亲终矣。"（《孝经·丧亲》）

（二）以爱为孝

"孝"虽然以"礼"为落实的形式，但"孝"的核心仍然是"爱"。这些"礼"的规定仅仅是内在情感的流露。"宰我问：'三年之丧，期已久矣！君子三年不为礼，礼必坏；三年不为乐，乐必崩。旧谷既没，新谷既升，钻燧改火，期可已矣。'子曰：'食夫稻，衣夫锦，于女安乎？'曰：'安！''女安则为之！夫君子之居丧，食旨不甘，闻乐不乐，居处不安，故不为也。今女安，则为之！'宰我出。子曰：'予之不仁也！子生三年，然后免于父母之怀。夫三年之丧，天下之通丧也，予也有三年之爱于其父母乎！'"（《论语·阳货》）一天宰我和孔子就应为父母守丧几年的问题发生了争论。传统上子女应为父母守丧三年。宰我认为守丧一年就够了。他认为君子三年不讲究礼仪，礼仪必然败坏；三年不演奏音乐，音乐就会荒废了。孔子反问宰我，丧期不到三年就吃稻米，穿锦缎，对你来说心安吗？宰我说：心安。孔子接着说：你心安，就那样做吧！君子服丧，吃美味不觉得香甜，听音乐不感到快乐，日常生活不觉得舒适安宁，所以不那样做。现在你心安，就那样去做吧！宰我出去后，孔子说：宰我不仁啊！孩子生下来三年后，才能完全脱离父母的怀抱。三年丧期，是天下通行的丧礼。宰予难道没有从他父母那里得到过三年怀抱之爱吗！可见，对父母生前的照料和去世后的缅怀都是出于对其的爱，而非"礼"生硬的规定。

首先,"孝"本身是由天然血缘关系所决定的。《礼记·祭仪》中讲"身也者父母之遗体也"。可见,子女的身体本身就是父母血肉的延续。父母是我们每个人生命的源头。父母与子女之间的爱也正是基于这种血肉之亲,自然而然地流露。父母把子女视作自身生命的延续,天然对子女呵护备至。这种由血缘联结的天然关系是无法割舍的。正是由这种血缘关系决定了,在情感关系上,两者也是最为密切的。因此不论从血缘还是情感上来看,父母和子女始终是最亲密的关系。父母与子女之间的爱是基于天然血缘关系的最自然的表达。正如一位学者所言:"在所有的情感中,血缘之爱是无可置疑的。儿子爱他的父亲,弟弟爱他的哥哥。这都是从血缘中自然生出来的真性情,这种真性情引出真感情,这种真感情就是孝悌。"[1]

其次,"孝"是子女对父母之爱的反馈。这种父母之爱,首先体现在父母给予了子女生命。人类作为灵长类生命,是可以选择是否保留自己后代的,对后代的繁衍并不像其他生命体一样是一种本能的自然反应,而是一种理性选择。"人类的产生后代,从来就不是完全被动的,一个人具有生命,不是无所谓的偶然,其中确有父母和祖先的赐予。"[2] 父母之爱,其次体现在养育之恩上。父母对子女的爱一方面是自然本性的流露;另一方面是在朝夕相处中逐渐累积起来的情感,最终形成了这种"至亲"的关系。"孝"便是子女对父母给予生命和抚养自己成人的一种感恩的体现。"孝之情,初乃源于子女感父母之爱,而便有一自然之回报,所谓报养育之恩是也。"[3] 这种对父母的感恩之情也是一种自然的流露。"由于人时间的意识的深远化,慈爱之流,天然地会反激出孝爱的回流。"[4]

总之,孝亲之爱并不是简单地对礼形式的一种践行,更重要的是对父母之爱的一种流露。这种对父母之爱的流露一方面是对父母给予生命的感恩,另一方面是对父母将其养育成人的感恩。因而"孝"本质上是一种爱的流露。

---

[1] 葛兆光:《七世纪前中国的知识、思想与信仰》,复旦大学出版社1988年版,第181页。
[2] 张祥龙:《家与孝——从中西视野看》,生活·读书·新知三联书店2017年版,第63页。
[3] 刘梦溪编:《中国现代学术经典·唐君毅卷》之《生命存在与心理境界》篇,河北教育出版社1996年版,第684页。
[4] 张祥龙:《孝意识的时间分析》,《北京大学学报》(哲学社会科学版)2006年第1期。

而这种爱以一种理性的形式表现出来就是"礼"。"此一报恩之心，乃直以所感于父母之爱为其所对，则全不依生物之延续本能而发，而纯出于其生命先感父母之爱，而此报恩之心即纯为精神性的，而非生物性的。"①

（三）爱敬相交

"礼"和"孝"是儒家文化的两个重要概念，也是随着漫长的历史发展过程被误解很深的两个概念。在历史中"礼"曾沦为杀人的工具，"孝"曾成为不肖父母的挡箭牌的事件也存在过。因此我们必须重新回到先秦，从文化的源头处，重新对"礼"与"孝"进行考察，以还原其最初的面貌。孔子倡导"礼""孝"的初衷一定不是让其沦为杀人的工具和子女的负担。历史上会出现这些荒谬现象是对其的误读和错解。所以应回归"礼"的本质——"敬"，"孝"的本质——"爱"。

首先，"爱"与"敬"是一个双向的互动过程。这一点往往会被人们所忽略。例如在讲君臣关系时，并非要臣子无条件听命于君主。"定公问：'君使臣，臣事君，如之何？'孔子对曰：'君使臣以礼，臣事君以忠。'"（《论语·为政》）也就是讲，君主要以礼来对待臣子，臣子才忠心于君主。"孝"也是同样的。父母要对子女慈爱，子女相应地也会对父母孝顺。《大学》讲："为人子，止于孝；为人父，止于慈。""请问为人父？曰：宽惠而有礼。请问为人子？曰：敬爱而致恭。"（《荀子·君道》）可见，儒家并不是单向度地只要求子女孝顺而对父母没有要求。父母也应对子女做到慈爱。

孔子强调"礼"的一个重要原因是对秩序的维护，社会只有在有序的状态下才能良好地运转。在孔子看来良好秩序的一个重要条件就是每个人能够各安其位。即"君君，臣臣，父父，子子"（《论语·颜渊》）。也就是君主做到君主该做的，臣子做到臣子该做的，父亲做到父亲的本分，子女做到子女的本分。这样整个社会才会和谐。由此可见，孔子并非仅对下位者的行为有所规定，对上位者也是有要求的。之所以会造成误解，可能由于父母对子女的爱更为天然，子女更容易忘记父母的养育之恩，所以讲授者更侧重于讲子女对父母的"孝"，因而产生了一定的偏颇。但其实这个过程是一个双向的过程。"父

---

① 刘梦溪编：《中国现代学术经典·唐君毅卷》之《生命存在与心理境界》篇，河北教育出版1996年版，第684页。

子之道,自然慈孝,本乎天性,则生爱敬之心,是常道也。"(《孝经》)

其次,"爱""敬"并非无"净"。子女对待父母也并非一味顺从,在父母做得不对的时候也要及时对其进行纠正。"子曰:'事父母,几谏,见志不从,又敬不违,劳而不怨。'"(《论语·里仁》)这就是讲,侍奉父母,对他们的缺点应该委婉地劝止,如果自己的意见没有被采纳,仍然要对他们恭敬,不加违抗,只在心里忧愁而不怨恨。《孝经·谏诤》里也曾提道:"昔者,天子有争臣七人,虽无道,不失其天下;诸侯有争臣五人,虽无道,不失其国;大夫有争臣三人,虽无道,不失其家;士有争友,则身不离于令名;父有争子,则身不陷于不义。故当不义则争之。从父之令,又焉得为孝乎?"这也就是讲,如果父母、领导、朋友有不道义的行为、不正确的观念,我们就要及时劝谏。一味盲从父母,怎么能够称为孝呢!

"人非圣贤孰能无过",无论"君主"还是"父母"也都是常人,都会犯错误。所以我们每个人的一生中并不是不犯错误,而是犯错误后能及时发现并改正。真正的"爱"并非一味的顺从。不论是父母对待孩子还是孩子对待父母都一样,不能一味顺从,否则就是害了对方。父母一味顺从子女就是"溺爱",子女一味听从父母就是"愚孝"。我们要互爱互敬,但也不能让爱蒙蔽双目,反而害了对方。

最后,"爱""敬"始于"己"。《孝经·开宗明义》中提道:"身体发肤,受之父母,不敢毁伤,孝之始也。"可见,我们敬爱别人的前提是先爱敬自己,并非为了做到"孝"而伤害自己。爱护自己才能更好地孝敬父母,恭敬他人,为社会做贡献。

《孔子家语》中也曾记录曾子的一个故事。一次在田里干活时,曾参一不小心惹怒了父亲,父亲拿起农具就打曾参,直至把他打晕了。孝顺的曾参醒来后不关心自己的伤,却问父亲身体是否不适。孔子知道后,教导曾参说,以前舜帝为人子很孝顺,其父用小棍子打他的时候,他就受着;但当他父亲用大棍子打他的时候,他就急忙逃跑了;当他的父亲想要杀他的时候,他就躲起来了。舜这样做,既保全了父亲的名声,又尽到了孝子的本分。由此可见,孔子并非要弟子"愚孝",也教导他们首先要爱护自己。爱护自己才是行孝的前提。

三 礼法之和

中国自古被称为"礼仪之邦",可见"礼"渗透到人们生活的方方面面,因而也会产生一种"重礼轻法"的错觉。其实并非如此。中国传统社会有其独特性,人们生活的各个方面,小到个人的起居饮食,大到国家政务,"礼"都做出了明确规定,人们日常如果都按照"礼"来生活,并不会触及法律犯罪。因此"法"似乎就没有被过多地强调。由于其自身特有的文化传统,古代中国社会的法律系统有其自身的独特性。

(一) 引义入法

中国传统社会的司法体系区别于当代欧美的司法体系。现代西方有两个主要司法体系:一个是英美法系,依据"先例"判决;另一个是大陆法系,依据"成文法"判决。二者都是一般民众所不知而需要法律职业者解释的知识。而中国传统社会的"法"明显异于此两者。古代中国社会有其独特的"情礼法"的司法模式。所谓"情礼法"的司法模式就是判案大多以"情"即常理,"礼"即礼法伦理,来进行。因此并不太需要所谓的专业法律知识。其评判依据多为传统伦理。这种"情礼"也可统称为"义"。所谓"义"也就是一种道德准则,以此衡量人们行为的对错。"何谓人义?父慈,子孝,兄良,弟弟,夫义,妇听,长惠,幼顺,君仁,臣忠,十者,谓之人义。"(《礼记·礼运》)下面就列举《清代名吏判牍七种汇编》中的两个案件作为案例。

案例1 王小山父王桂林贪图二百金之微利,至将亲爱之子,付诸刀俎之下,不特犯国法,且无人情,依律应处无故杀害子女罪减等,杖二百,流五千里。姑念其子小山,孝悌性成,初次审问时,即哀吁泣请,勿累父母,并愿以一命牺牲,不累堂上,泪随声下,满堂为之弹指。今果按律惩处,不几大伤厥心,本府爱护孝子计,一体准予免责。[①]

这个案子是讲父亲贪图钱财把自己的亲生儿子卖给地主。儿子很孝顺同意了父亲的决定。后此事被查出。按照当时的法律,这位父亲应该以无故杀

---

① 金人叹、吴国迟:《断案精华》,海峡文艺出版社2003年版,第329页。

害子女判刑，被判处杖责二百，流放五千里。但由于儿子求情，府官感念儿子的孝心，从而对其父亲从轻发落。这个案例是很典型的"因孝弃法"的做法。这种做法可以追溯到大舜"窃负而逃"事件。"桃应问曰：'舜为天子，皋陶为士，瞽瞍杀人，则如之何？'孟子曰：'执之而已矣。''然则舜不禁与？'曰：'夫舜恶得禁之？夫有所受之也。''然则舜如之何？'曰：'舜视弃天下，犹弃敝蹝也。窃负而逃，遵海滨而处，终身欣然，乐而忘天下。'"（《孟子·尽心上》）也就是讲，一天孟子弟子桃应问孟子：舜是天子，皋陶是掌管法律的士，如果舜的父亲瞽叟杀了人，会怎样？孟子认为，舜首先不能阻止皋陶对此事做出公允的裁决，同时他会放弃天下大权，背着父亲逃到天涯海角，相守度日。可见，舜依旧以孝养父母为第一位，甚至为了父亲可以放弃天下。可见"孝"在传统社会中有相当重要的地位。并且"孝"甚至已经不是个人事情，而被提升到治国的高度。"夫孝，天之经也，地之义也，民之行也。天地之经，而民是则之。"（《孝经·三才》）因而，"孝"成为全社会都要维护的一种伦理品格。当法律和传统伦理道德发生冲突的时候，必定以传统道德伦理为判决依据。

  案例2 陶文凤者，涎弟妇丁氏美貌，屡调戏之，未得间。一日其弟文麟因事赴亲串家，夜不能返。文凤以时不可失，机不可逸，一手执刀，一手持银锭两只，从窗中跳入丁氏房中，要求非礼。丁氏初不允，继见执刀在手，因佯许也。双双解衣，丁氏并先登榻以诱之。文凤喜不自禁，以刀置床下，而亦登榻也。不料丁氏眼快手捷，见彼置刀登榻即疾趋床下，拔刀而起。文凤猝不意，竟被斩死……审得陶丁氏戳死陶文凤一案，确系因抗拒强奸，情急自救，遂至出此……强暴横来，智全贞操，夺刀还杀，勇气加人。不为利诱，不为威胁。苟非毅力坚强，何能出此！方敬之不暇，何有于仗！此则又敢布诸彤管载在方册者也。此判。[①]

  这个案件是讲哥哥垂涎于弟媳的美貌，想要趁弟弟外出未归之时强奸弟媳。弟媳誓死不从，并误杀了哥哥。但弟媳并未因杀人而被判刑，反而因其

[①] 金人叹、吴国迟：《断案精华》，海峡文艺出版社2003年版，第302页。

不被利诱威胁、坚守贞操而受到官员的表扬。传统中国社会认为"男女有别",认为男女之间应保持一定距离。如《礼记·内则》中规定"七年男女不同席,不共食",通过一系列的规定来防止男女间混乱的关系。同时,传统社会也十分重视"夫妇有义",重视男女间的婚姻关系。《礼记·坊记》中规定:"故男女无媒不交,无币不相见,恐男女之无别也。"认为婚姻必须有父母之命、媒妁之言才符合义。此案件中的弟媳正是坚守了礼法中"男女有别"和"夫妇有义"的道义,因而虽然失手杀了人,但并未受到惩处反而获得褒奖。

从以上两个案例的分析可知,在古代社会对案件的判定并不单单依据法律,还要参考道义。是否符合道义也是很重要的一个断案依据。

(二) 重德慎刑

在法律的应用上,中国传统社会更注重以德化人,并不是特别强调刑罚。孔子曾讲:"道之以政,齐之以刑,民免而无耻;道之以德,齐之以礼,有耻且格。"(《论语·为政》)也就是讲,孔子认为用政令来治理百姓,用刑罚来制约百姓,百姓可暂时免于罪过,但不会感到不服从统治是可耻的;如果用道德来统治百姓,用礼教来约束百姓,百姓不但有廉耻之心,而且会纠正自己的错误。可见儒家认为一个人由于害怕受惩罚而守法,并不是出于本心,这样,当外界压力消失时就会继续犯错误。

在提到为政时,孔子也特别强调"德治"。领导者首先要自身做好,只有自己身先士卒,堪为表率,才配为人君。"子曰:'苟正其身矣,于从政乎何有?不能正其身,如正人何?'"(《论语·子路》)领导者自身做好,别人才会臣服于他。"子曰:'为政以德,譬如北辰,居其所而众星共之。'"(《论语·为政》)

但重德思想并非孔子首先提出的。孔子也是传承了前代。"德"字在甲骨文中就已出现,这证明"德"在殷商时期就已经是个很重要的概念。《尚书·盘庚》中提到,"予亦不敢动用非德","式敷民德,永肩一身"。可见,在殷商时期,"德"已经具备朴素的道德含义,但还并未与政治联系起来。到了周朝,不仅强调"敬德",还把国家的兴亡与"德"联系了起来。"皇天无亲,惟德是辅。民心无常,惟惠是怀。"(《尚书·蔡仲之命》)也就是讲,作为统治者要以德治天下,要善待百姓,这样才能得到上天的庇佑,社稷稳固。统治者还要慎用刑罚。"其惟王位在德元，小民乃惟刑用于天下，越王显。"（《尚书·诏告》）总之，在周朝时，就已经倡导统治者要重视德治，慎用刑罚。这里面包含两层含义。一方面要求统治者要加强自身修养，另一方面要惠民爱民，只有这样社稷才可稳固。孔子很推崇周朝，正如其自己所言："周监于二代，郁郁乎文哉！吾从周。"（《论语·八佾》）由此可见，孔子推崇重德慎刑的做法也是继承了周代的治国理念。

此处要强调的是虽然儒家强调道德的重要性，但并非完全忽视"法"的作用。"礼乐不兴，则刑罚不中；刑罚不中，则民无所措手足。"（《论语·子路》）可见孔子并不是不去惩罚有罪之人，只是要求不可滥用刑罚。他很推崇郑国子产宽严相济的治国方法。"善哉！政宽则民慢，慢则纠之以猛。猛则民残，残则施之以宽。宽以济猛，猛以济宽，政是以和。"（《左传·昭公二十年》）孟子也曾提到要"德""法"并重。"徒善不足以为政，徒法不足以自行。"（《孟子·离娄上》）荀子也曾提过治国要"德""法"并用。"明礼义以化之，起法政以治之，重刑罚以禁之。"（《荀子·性恶》）由此可见，儒家并不是不讲法治，而是在德治与法治之间更侧重讲德治。

儒家侧重德治以其"人性善"作为理论基础。儒家认为人性本善，故可教导感化。其治国路径也是由修身开始，逐渐向外推扩到齐家、治国、平天下。而以韩非子为代表的法家却与儒家的观念恰恰相反，其认为人性本就是趋利避害的。"夫安利者就之，危害者去之，此人之情也。"（《韩非子·奸劫弑臣》）因此他提出要依据人这种趋利避害的本性，采取"不务德而务法"的治国方式，因此更加侧重刑罚。"凡治天下必因人情。人情者有好恶，故赏罚可用。赏罚可用则禁令可立，而治道具矣。"（《韩非子·八经》）到底是儒家人性善对，还是法家认为的人性是趋利避害的论断对呢？或许人性本就复杂，不可以善恶做简单的论断。但我们回顾历史似乎可以汲取一些经验和教训。周朝以礼治国长达八百多年，是中国历史上延续时间最长的朝代，而暴虐的秦朝仅仅二世而亡。可见，还是重德爱民才能深得民心，长治久安。

（三）以礼为防

相比较犯罪后的惩处，儒家更侧重的是犯罪前的教化。认为如果因为没有教化而导致无知被杀，那是一种暴虐的行为。"不教而杀谓之虐；不戒视成谓之暴。"（《论语·尧曰》）所以儒家特别强调礼的教化作用，认为人们如果能知礼、懂礼、守礼，那么犯法受刑罚的概率就会减少许多。

拿男女之事为例，男女间本就容易产生亲密行为，古代法律对通奸罪行有明确的惩处规定。最早关于通奸罪的说法见于《尚书》："男女不以义交者，其刑宫。"也就是对通奸者实施宫刑，即割去其生殖器。其实历朝历代都对通奸深恶痛绝，会对其处以极刑。《史记·始皇本纪》中便有："有子而嫁，倍死内外，禁止淫佚，男女洁诚，夫为寄豭，杀之无罪……"《唐律》："诸奸者徒一年半，有夫者徒二年。"疏议曰："和奸者，男女各徒一年半，有夫者二年。"《明律》对通奸罪的处罚："无夫奸杖八十，有夫奸杖九十……其妇人犯罪，应决杖者，奸罪去衣受刑。"可见，各朝各代对通奸罪行的惩处都是相当严酷的。为了防止人们犯此罪行遭受惩罚，古人通过"礼"对男女的日常行为作出了严格的规定。

首先，突出"男女有别"的界限。如《礼记》中规定"男女不杂坐"，郑玄注曰："不杂坐，谓男子在堂，女子在房也。"（《礼记集解·曲礼上》）吕大临注曰："男子在堂，则女子在房；男子在堂下，则女子在堂上；男子在东方，则女子在西方。坐也宜然。"（《礼记集解·曲礼上》）根据这种礼仪规范，在居处上相应地为男女划定了不同的生活空间：女人们活动于后宫、内室、闺阁（未婚女子），而男人则活动于其外。"男子居外，女子居内，深宫固门，阍寺守之。"（《礼记·内则》）按照礼的这种男女分开而居的规定，男女间在空间上就产生了距离，从而很难互相接触并产生过于亲密的行为。

其次，媒妁婚配。古人十分重视男女婚姻，认为是万物的开始。"天地合，而后万物兴焉。夫昏礼，万世之始也。"（《礼记·郊特牲》）为了防止"男女杂游，不媒不聘"（《列子·汤问》）而导致亲子关系混乱，礼规定，适龄男女只能通过媒妁这一权威中介来缔结婚姻，并禁止婚外的一切男女交往，以免发生混乱的性行为。《礼记·曲礼》郑玄笺注："媒者，通二姓之言，定人家室之道。""男女非有行媒，不相知名；非受币，不交不亲。"在古代为了防止乱伦和从优生的角度出发，礼法规定同姓是不可以结婚的。"不娶同姓者，重人伦，防淫泆，耻与禽兽同也。"（《白虎通义·嫁娶》）双方只有通过媒人才可互知姓名，纳币订婚。

由以上分析可知，儒家并非不采用刑罚，而是通过日常生活中的礼规定人们的行为，让人们能够预防犯罪而避免惩罚。中医在治病方面主张"治未病不治已病"也就是要人们提前预防疾病，平日里应注重起居有常，饮食有节，注重养生，而非注重生病后的治疗。与此类似，在治国方面强调平日里通过礼的教化，防止百姓犯罪，这样既能够降低犯罪率，减少政府财政支出，又能避免人们受皮肉之苦。惩罚只是手段而并非目的。目的始终是能够让人人守法，家家安居乐业。

第三节 "礼"文明的当代价值

礼作为儒家文化中的重要概念不仅在中国传统社会中有着重要作用，在现代社会中对促进公民道德建设，对社会主义核心价值观的落实甚至对人类命运共同体的构建也都有重要的借鉴意义。

一 "礼"文化有助于公民道德建设的落实

2019年10月，中共中央、国务院印发了《新时代公民道德建设实施纲要》（以下简称《纲要》），《纲要》共有七个部分，主要包括新时代公民道德建设的总体要求、重点任务、深化道德教育引导、推动道德实践养成、抓好网络空间道德建设、发挥制度保障作用和加强组织领导等内容。《纲要》作为新时代公民道德建设的纲领性文件，说明新时代公民道德建设已上升为国家发展的战略任务。而"礼"文化作为中国优秀传统文化的重要内容，对落实公民道德建设有着巨大的促进作用。

（一）有助于个人道德品格的养成

社会是由人构成的，人的素质决定了整个社会的素质。因此对人的塑造和培养才是社会良好发展的根本。早在1980年，邓小平同志在给《中国少年报》和《辅导员》杂志的题词中写道："希望全国的小朋友，立志做有理想、有道德、有文化、有纪律的人，立志为人民作贡献，为祖国作贡献，为人类作贡献。"这便是"四有新人"的雏形。2014年5月，习近平总书记在北京大学师生座谈会上的讲话中提道："有信念、有梦想、有奋斗、有奉献的人生，才是有意义的人生。"[1] 可见，做一个讲道德有理想的新青年不仅可以实

---

[1] 习近平：《习近平谈治国理政》第一卷，外文出版社2018年版，第175—176页。

现自己的理想，还可以为推动整个社会的发展出一份力。因此，个人的塑造和培养就显得尤为重要。

中华传统文化也很注重个人品格的培养，尤其重视自我约束即修身。《大学》云："自天子以至于庶人，壹是皆以修身为本。其本乱而末治者，否矣。其所厚者薄，而其所薄者厚，未之有也。此谓知本，此谓知之至也。"那么如何"修身"呢？首先，要能够自我反省。曾子就讲每日都要反省："吾日三省吾身：为人谋而不忠乎？与朋友交而不信乎？传不习乎？"（《论语·学而》）反省的内容是，是否竭力替他人谋划，与人交往是否遵守诚信，是否复习了旧知识。除了要自我反省有没有做好外，见到比自己优秀的人也要积极学习。"子曰：'见贤思齐焉，见不贤而内自省也。'"（《论语·里仁》）要能够真正做到内省没有愧疚才可安心。"子曰：'内省不疚，夫何忧何惧？'"（《论语·颜渊》）除了自省外，还要慎独。《大学》讲："诚于中，形于外，故君子必慎其独也。"也就是一个人独处的时候也要时时刻刻保持警醒不可造作。

一个能够时刻反省自己，不论有没有人监督都坚守道德的人，必定是一个具有极高修养和品格的人。当代大学生正处于成长求学阶段，正需要通过不断的反省修正，逐渐养成良好品格，做新时代合格的"四有新人"，为社会主义现代化建设出一份力。

（二）有助于良好家风的建立

在中共中央颁布的《纲要》中对新时代下家庭美德建设作出了新的重要指示。《纲要》指出："要弘扬中华民族传统家庭美德，倡导现代家庭文明观念，推动形成爱国爱家、相亲相爱、向上向善、共建共享的社会主义家庭文明新风尚。"[1] 建设美好的家庭美德能够促进社会繁荣，维持国家稳定。由此可见，国家十分重视和谐家庭建设，并把良好的家风和整个社会风气联系到一起。习近平总书记在 2018 年春节团拜会上的讲话中也强调了家庭的重要性，他指出："千家万户都好，国家才能好，民族才能好。"[2] 孟子也曾讲过："天下之本在国，国之本在家。"（《孟子·离娄上》）可见，中国自古就是一个重视家庭文化的民族。

---

[1] 《新时代公民道德建设实施纲要》，《人民日报》2019 年 10 月 28 日第六版。
[2] 习近平：《在 2018 年春节团拜会上的讲话》，《人民日报》2018 年 2 月 15 日第一版。

中华传统文化就是以家庭文化为起点的，特别强调家庭内部亲情的重要性。《中庸》曰："仁者人也，亲亲为大。"即仁爱之心的起始点即父子之间的亲情。儒家首先强调的就是父子之情，即"父慈子孝"。也就是讲，一方面，父母要爱护子女；另一方面，子女要孝敬父母。双方都要承担各自的道德责任和义务。其次是夫妻之情，即"夫义妇顺"。孟子说："女子之嫁也……必敬必戒，无违夫子。以顺为正者，妾妇之道也。"（《孟子·滕文公下》）也就是讲妻子要顺从丈夫，但同时丈夫必须要善待妻子遵守道义。薄情寡义见异思迁的男性，也会受到社会大众的唾弃。夫妻间同甘共苦、情比金坚也会受到大众赞许。随着社会的发展"男女平等式"的关系模式逐渐取代了传统"夫唱妇随"型的夫妻关系，女性获得了更多的权利和尊重，这是社会的进步。但夫妻之间忠贞的情感和相敬如宾、举案齐眉的相处模式，依旧是应继承和发展的优秀品质。最后是兄弟姊妹之情，即"兄友弟恭"，这里的"兄"与"弟"是广义上的，即指不论男女平辈间的年长者与年幼者的关系。荀子对兄弟姊妹的责任义务做了明确说明："请问为人兄？曰：慈爱而见友。请问为人弟？曰：敬诎而不苟。"（《荀子·君道》）作为兄长，应当爱护弟弟；作为弟弟，应当敬爱兄长，可见兄弟间也是双向关系。只有兄弟之间情同手足、互敬互爱，才能使父母安心，才算尽孝；如果兄弟失和，则会让父母忧伤，那就是不孝。

由此可见，儒家的家庭伦理并非单向关系，而是对关系双方都做了规定。只有家庭关系内部人员都各安其位，做好自己的本分，才能创立一个和谐的家庭氛围。虽然随着现代化的发展，传统的小农经济结构已经发生改变，传统的大家庭模式也已经解体为"原子式家庭"，但父子、夫妻、兄弟间的爱永远是家的主题，是我们应该继承和延续下来的。

二 "礼"文化有助于社会主义核心价值观的践行

党的十八大提出，倡导富强、民主、文明、和谐，倡导自由、平等、公正、法治，倡导爱国、敬业、诚信、友善，积极培育和践行社会主义核心价值观。这24个字是社会主义核心价值观的基本内容。其中富强、民主、文明、和谐是国家层面的价值目标；自由、平等、公正、法治是社会层面的价值取向；爱国、敬业、诚信、友善是公民个人层面的价值准则。习总书记在主持十八届中央政治局第十三次集体学习时提道："培育和弘扬社会主义核心价值观必须立足中华优秀传统文化。牢固的核心价值观,都有其固有的根本。抛弃传统、丢掉根本,就等于割断了自己的精神命脉。"[1] 可见,中华优秀传统文化是社会主义核心价值观的源泉、土壤与基础;社会主义核心价值观是中华优秀传统文化的当代升华。

(一)有助于诚信社会的创建

诚信是人类千百年传承下来的优良道德品质。诚信既是个人道德的基石,又是社会正常运行不可或缺的条件。诚信缺失的个人将失去他人的认可,诚信缺失的社会将失去人与人之间正常关系的支撑。在中国特色社会主义条件下,必须加强公民的诚信品质。

在传统文化中"诚"和"信"是分开讲的。但两者的意思是相通的。按《说文解字》的解释即"诚"者"信"也,"信"者"诚"也。传统文化中也很重视诚信,认为诚信是一个人的立身之本。"子曰:'人而无信,不知其可也。大车无輗,小车无軏,其何以行之哉?'"(《论语·为政》)这句话的意思是,人如果没有诚信就好像大车没有輗、小车没有軏,是无法前行的。比喻一个没有诚信之人在社会上是寸步难行的。《春秋穀梁传·僖公二十二年》指出:"人之所以为人者,言也。人而不能言,何以为人?言之所以为言者,信也。言而不信,何以为言?信之所以为信者,道也。信而不道,何以为道?"这里,完整地阐述了儒家"言而有信"的思想。首先,人之所以成为人,是因为能够言语。言语是人与人之间沟通的媒介,也是人之为人的标志。其次,言语之所以有意义,是因为能够表达承诺。如果言而无信,言语再多也没有意义。最后,信誉之所以可靠,是因为符合道义,如果不符合道义,那么言语和信誉也就没有价值了。

可见,中华民族自古就是一个以诚信立邦的民族。诚信在其文化中有着很重要的地位。在社会主义现代化的今天,我国领导人同样很重视诚信建设。习近平总书记曾讲:"人与人交往在于言而有信,国与国相处讲究诚信为本。"[2] 党的十九大报告明确要求"推进诚信建设制度化"。这意味着,诚信建设由注重教育转向教育与制度建设并重,是我国诚信文化建设实践的一大突破。作

---

[1] 习近平:《习近平谈治国理政》第一卷,外文出版社2018年版,第163—164页。
[2] 习近平:《习近平谈治国理政》第一卷,外文出版社2018年版,第292页。

为当代大学生应继承诚信这一优良品格,做好社会主义接班人。

(二) 有助于和谐社会的构建

中共第十六届中央委员会第四次全体会议上正式提出了"构建社会主义和谐社会"的概念。社会主义和谐社会,是一个社会发展战略目标,指的是一种和睦、融洽并且各阶层齐心协力的社会状态。具体包括五个方面的内容:个人自身的和谐,人与人之间的和谐,社会各系统、各阶层之间的和谐,个人、社会与自然之间的和谐,整个国家与外部世界的和谐。构建社会主义和谐社会,是中国特色社会主义事业的有机组成部分,是推进全面建设小康社会的重大战略举措。它关系到最广大人民的根本利益,关系到巩固党执政的社会基础、实现党执政的历史任务,关系到全面建设小康社会的全局,关系到党的事业兴旺发达和国家的长治久安。

"和"是中国文化中的一个重要概念。《中庸》言:"喜怒哀乐之未发,谓之中;发而皆中节,谓之和。"可见,"和"并不是静止的状态,而是运动恰到好处的一种状态,同时也是不同事物能够"和而不同"相处的状态。正如《中庸》中所描述"万物并育而不相害,道并行而不相悖"的状态。传统儒家侧重强调社会之和,认为可以通过"礼"让人们各安其位最后达到社会整体的和谐。"有子曰:'礼之用,和为贵。先王之道,斯为美,小大由之。有所不行,知和而和,不以礼节之,亦不可行也。'"(《论语·学而》) 儒家的和谐是由个人的修身开始的,之后把这种和谐通过齐家、治国、平天下,由内及外地向外扩展开,最终达到整个社会的和谐。传统道家则侧重人与自然间的和谐。《道德经》言:"人法地,地法天,天法道,道法自然。"这也就是讲,人以地为准则,地以天为准则,天以道为准则,道的准则是自然而然。整个宇宙万物在"道"的统领下达到了高度和谐的统一,以"道法自然"为最高准则构建了一幅自然、人类、社会和谐相处的理想境界。人与自然本就是一体,如果自然环境遭受到破坏,那么人的生存环境也会受到严重威胁。不能走发达国家"先发展后治理"的老路子,只一味追求"金山银山",我们更要注重保护我们的"青山绿水",要"边发展边治理"。要知道"青山绿水"才是真正的"金山银山"。

由此可见,在中国传统文化中,不论儒家还是道家都力求一种"和"的状态,只有在"和"的状态下,社会才能有序运行,人与自然才更做到可持续发展。

三 "礼"文化有助于人类命运共同体的构建

2012年党的十八大报告明确提出:"要倡导人类命运共同体意识,在追求本国利益时兼顾他国合理关切。"[1] 2017年习近平总书记在北京人民大会堂出席中国共产党与世界政党高层会议对话会开幕式,并发表题为《携手建设更加美好的世界》主题发言。讲话指出:"人类命运共同体,顾名思义,就是每个民族、每个国家的前途命运都紧紧联系在一起,应该风雨同舟,荣辱与共,努力把我们生于斯、长于斯的这个星球建成一个和谐的大家庭,把世界各国人民对美好生活的向往变成现实。""当前,世界格局在变,发展格局在变,各个政党都要顺应时代发展潮流、把握人类进步大势、顺应人民共同期待,把自身发展同国家、民族、人类的发展紧密结合在一起。"[2] 由此可见,构建人类命运共同体是历史的必然。

(一)有助于消除文化间隔阂

塞缪尔·亨廷顿在《文明的冲突与世界秩序的重建》一书中提道:"在未来的岁月里,世界上将不会出现一个单一的普世文化,而是将有许多不同的文化和文明相互并存","在人类历史上,全球政治首次成了多极的和多文化的"[3]。可见,多文化并存将成为一种历史必然,作为这个大时代的一员,我们必须顺应这一历史发展趋势,以一种更加包容的姿态融入世界。只有尊重彼此间的差异,平等相待,以开放包容的胸怀相互借鉴、互促共进,才能更好地推动世界和平发展。这也是"构建人类命运共同体"的意义之所在。

中国传统文化是一种极其包容性的文化。孔子讲"君子和而不同",《周易·大传》提到"天下一致而百虑,同归而殊途",这些都是主张思想文化的多元开放。这种开放性文化一方面可以吸收许多其他不同文化来丰富自身文化;另一方面也可以为其他文明的发展提供有价值的参考内容。"沧海不遗点

---

[1] 胡锦涛:《坚定不移沿着中国特色社会主义道路前进 为全面建成小康社会而奋斗——在中国共产党第十八次全国代表大会上的报告》,《人民日报》2012年11月9日第一版。
[2] 习近平:《习近平谈治国理政》第三卷,外文出版社2020年版,第433、435页。
[3] [美]塞缪尔·亨廷顿:《文明的冲突与世界秩序的重建》,周琪等译,新华出版社2010年版,第1—2页。

滴，始能成其大；泰岱不弃拳石，始能成其高"。中国文化绵延不绝，正是中国传统文化本身具有包容、兼收并蓄的结果。在全球一体化的今日，更需要拥有这种包容的胸襟。

文明因多元而丰富，文化因多样而精彩。文明文化的多元多样性是推动人类社会发展进步的不竭动力。

海纳百川、有容乃大。以开放包容的立场态度，面对不同文明间的差异，以相互学习的务实举措，超越不同文明间的冲突，这不仅是世界未来发展的潮流方向，也是符合世界各国各民族共同利益的普遍要求。

（二）有助于促进人类共同发展

生存发展是人类永恒的主题。在全球化发展的今天，人类要继续生存发展下去就必须树立"共存互赢"的一体化思维，超越狭隘的"中心论""优劣论"。不同文明间应该相互学习，彼此借鉴，摒除优劣之分，搁置分歧，存异求同，从共存的角度来看待彼此。

中华传统文化一直很强调团结，《周易·系辞上》言："二人同心，其利断金。"意思是讲两人如果同心协力，其力量可以截断金属。《三十国春秋·西秦录》里也提及"单者易折，众则难摧"。这些都是讲，只有齐心协力才可共渡难关，共同发展。

在全球化的背景下，世界之间的联结越来越紧密，已经没有哪个国家和民族可以孤立生存。这种各民族国家间日益紧密的关系既是机遇也是挑战。这就要求在面对全球性问题上，各方要团结一致相互协作来共同解决问题。正如习近平主席2019年在亚洲文明对话大会开幕式上的主旨演讲所提及的："国际形势的不稳定性不确定性更加突出，人类面临的全球性挑战更加严峻，需要世界各国齐心协力、共同应对。"[1] 只有这样整个人类才可获得长久的生存和发展。

思考题

1. 礼的起源是什么？

---

[1] 习近平：《习近平谈治国理政》第三卷，外文出版社2020年版，第465页。

2. "三礼"分别指什么？

3. 礼与仁的关系是什么？

4. 礼与法的关系是什么？

5. 礼文化的当代价值是什么？

参考文献

1. 蔡元培：《中国伦理思想史》，上海古籍出版社 2005 年版。

2. 东方朔：《合理性之寻求：荀子思想研究论集》，上海人民出版社 2016 年版。

3. （三国）何晏注，（宋）邢昺疏：《论语注疏》，北京大学出版社 1999 年版。

4. 柳肃：《礼的精神——礼乐文化与中国政治》，吉林教育出版社 1990 年版。

5. ［美］塞缪尔·亨廷顿：《文明的冲突与世界秩序的重建》，周琪等译，新华出版社 2010 年版。

第八章　中华传统文化与社会主义核心价值观

　　中华优秀传统文化的创造性转化与创新性发展同社会主义核心价值观的培育和践行都是实现中华民族伟大复兴战略需要解决的重大理论问题。对于两者的关系，我们可从三个层面来理解：其一，从文化渊源来说，社会主义核心价值观必须植根于中华优秀传统文化的沃土，并从这个"文化母体"当中汲取所需的精神养分来充实和培育自己；其二，从文化认同来说，社会主义核心价值观必须立基于中华优秀传统文化的立场，从民族文化当中继承世代积淀在人民大众内心深处的文化基因来凝聚社会共识并强化民族认同；其三，从文化发展来说，社会主义核心价值观是新时代社会条件下对中华优秀传统文化的承接以及创新性发展。对此，中国共产党的重要文件有明确表述，如"党的十八大提出，倡导富强、民主、文明、和谐，倡导自由、平等、公正、法治，倡导爱国、敬业、诚信、友善，积极培育和践行社会主义核心价值观。这与中国特色社会主义发展要求相契合，与中华优秀传统文化和人类文明优秀成果相承接，是我们党凝聚全党全社会价值共识作出的重要论断"[1]。再如，党的十九大称，"中国特色社会主义文化，源自于中华民族五千多年文明历史所孕育的中华优秀传统文化"，"发展中国特色社会主义文化，就是以马克思主义为指导，坚守中华文化立场"[2]。

---

[1] 《关于培育和践行社会主义核心价值观的意见》，人民出版社2013年版，第4页。
[2] 习近平：《决胜全面建成小康社会　夺取新时代中国特色社会主义伟大胜利》，人民出版社2017年版，第41页。

第八章 中华传统文化与社会主义核心价值观

第一节 社会主义核心价值观

一 提出的背景：世界及中国

（一）世界背景

纵观世界历史上不同区域及国家之间的文化交流情况，既有相互间的借鉴与融合，也有相互间的碰撞和交锋，但更常见的是不同文化形态下各种价值观的竞争和较量。

以中印文化的交流为例，汉哀帝元寿元年（公元前2年），源自印度的佛教文化跟随中亚、西域僧人的足迹开始传播到中国本土，与此同时，异质的佛教文化与本土的儒、道文化展开了长达两千余年的交锋、交融。佛教传入中国之初，当时的中国人用传统的宗教观念和神仙方术的思想去理解和接受佛教，结果把佛教变成神仙方术的一种。[1] 魏晋时期，佛教般若学在依附于玄学传播的同时，也对玄学思想产生极大的影响，对于这两大社会思潮的相互融合、相互影响，学者称之为"玄佛合流"。东晋时期，以慧远为代表的佛僧与范缜为代表的士人之间就"形神关系"展开过激烈的辩论，同时还有沙门敬不敬王者以及出家在家等争论。至隋唐二代，佛教在中国的传播已有数百年之久，佛教在此间的发展进入鼎盛期，同时佛教的中国化也基本完成，尤其是禅宗已经实现了佛教的中国化向中国化佛教的华丽转身，有学者称为"六祖革命"[2]。唐宋以后儒、佛、道三教之间的交融更加深入，而当时提倡儒佛交融会通最著名的人物是天台宗的智圆。他认为，儒教修身，释教治心，二者互为表里；儒释二教都能迁善远罪，有益教化；主张儒释道三教合一。[3] 在中国历史上，其他异质文化如基督教文化、伊斯兰教文化在中国的传播时间不可谓不久，但远达不到像印度佛教文化那样中国化的程度而形成中国化佛教。近代以来，源自西方的民主和科学两大社会思潮，自五四运动开始便在中国大地上寻找其生存的土壤，但时至今日我们的社会团体或制度设施也

---

[1] 赖永海：《佛法真意》，商务印书馆2019年版，第181页。
[2] 赖永海：《佛法真意》，商务印书馆2019年版，第22页。
[3] 赖永海：《佛法真意》，商务印书馆2019年版，第323—324页。

还没有将之很好地消化与吸纳。

以当今世界各国的综合国力竞争来说，文化软实力颇能彰显一个国家的国际影响力，尤其是反映其文化精神的核心价值观。有学者指出，在当代的价值观竞争中，各种价值观的冠名出现了两种趋势：一是以某个国家的名称冠名本国的价值观，如"美国价值观""俄罗斯价值观""新加坡价值观"等；二是以某个地区的名称冠名本地区的价值观，如"欧洲价值观""亚洲价值观""东亚价值观""西方价值观""阿拉伯价值观"等。[1] 面对世界范围内思想文化交流、交融、交锋形势下各种价值观较量的新态势，我们提出和使用"中国价值观"的概念无疑更有利于我国价值观与世界各国价值观的对话、交流和互鉴。而且，"中国价值观"概念也有助于在当代世界树立中国形象，传播中国声音，讲好中国故事，从而扩大中国价值观的国际竞争力和影响力，增强中华儿女的价值自信和文化自信。

（二）中国背景

改革开放和市场经济以及与之相伴随的思想解放使中国社会的面貌发生了深刻的变化。一方面，市场经济在使中国迅速强大繁荣的同时，也带来了对以前的主流价值观即传统社会主义价值观的严重冲击，使传统社会主义价值观更加不适应经济和社会生活，同时也使中国人的理想、信念和精神生活出现了前所未有的困扰和混乱。另一方面，伴随改革开放而来的是价值观念的多元化趋势。在今天的中国，与中国共产党所倡导和推行的社会主义核心价值观同时并存和流行的，还有传统价值观、各种西方价值观以及各类宗教价值观。这些价值观的同时存在、流行及碰撞，导致人们思想观念上的混乱，而且它们不同程度地对现行社会制度和政策产生了影响，导致制度和政策存在自相矛盾的现象。在这种情况下，改变价值文化多元对峙甚至冲突的格局，构建主流价值观，使其他各种价值观从属于和服务于主流价值观就显得刻不容缓。[2] 正是在这样的历史背景和社会现状下，中国共产党适时地提出了构建社会主义核心价值体系和培育社会主核心价值观的重大战略任务。

---

[1] 江畅：《中国传统价值观及其现代转换》下册，社会科学文献出版社2020年版，第702—703页。

[2] 江畅：《中国传统价值观及其现代转换》下册，社会科学文献出版社2020年版，第699页。

第八章　中华传统文化与社会主义核心价值观

二　价值观、核心价值观及社会主义核心价值观之间的关系

一般来说，价值观是一个国家和人民的精神家园、一个民族文化的灵魂和精髓。若要给它个下定义，那么价值观（或价值观念）是指："人们从自身需要出发而确立的关于价值追求、价值目标和价值选择的观念，其核心是价值标准。具体地说，价值观是主体对客体有无价值、价值大小以及主体根据什么标准和运用什么方式评估、选择和实现价值的一种稳定看法、观点和态度。"[①]

核心价值观是指在价值观体系中居于核心地位、支配其他处于从属地位的价值观，是一种社会制度长期普遍遵循的基本价值原则，是一种文化区别于另一种文化的基本价值观念。社会主义核心价值观是贯穿于中国特色社会主义理论的核心内容，是中国特色社会主义理论的精神实质和精要表达。从它的体系构成来看，包括终极价值目标、核心价值理念和基本价值原则三个部分。终极价值目标就是党的十八大提出的"实现社会主义现代化和中华民族伟大复兴"，后来习近平总书记将其概括为"中国梦"。其基本含义就是"国家富强、民族振兴和人民幸福"，其中人民幸福又具有更终极的意义。核心价值理念是党的十八大提出倡导的"富强、民主、文明、和谐，倡导自由、平等、公正、法治，倡导爱国、敬业、诚信、友善"。这十二个社会主义核心价值理念"传承着中国优秀传统文化的基因，寄托着近代以来中国人民上下求索、历经千辛万苦确立的理想和信念，也承载着我们每个人的美好愿景"[②]。基本价值原则就是党的十八大报告中提出的八个"必须坚持"。

在核心价值观的三个部分中，核心价值理念是最重要的，具有核心的地位，起着关键的作用。因为核心价值理念的根本性质是社会主义的，是具有中国特色的，同时它也是当代中国价值观区别于其他不同价值观的基本标志。

三　社会主义核心价值观"三位一体"的科学内涵

社会主义核心价值观的内容含括国家、社会及个人三个层面，每一个层

[①] 赵馥洁：《价值的历程——中国传统价值观的历史演变》，中国社会科学出版社2006年版，第1页。

[②] 习近平：《青年要自觉践行社会主义核心价值观——在北京大学师生座谈会上的讲话》，人民出版社2014年版，第5页。

面都有各自的价值要求和价值侧重。国家层面的价值目标是富强、民主、文明、和谐,社会层面的价值取向是自由、平等、公正、法治,公民个人层面的价值准则是爱国、敬业、诚信、友善。

分疏来看,国家层面的价值目标体现了中国共产党领导下的中华民族对国家富足民族强大、民主政治制度、精神文明建设、国族和谐共处的价值诉求。社会层面的价值取向体现了对人的自由全面发展、法律面前人人平等、社会体制更加公正、社会治理完全法治化的追求。公民层面的价值准则体现了公民情感上热爱祖国、职业上能爱岗敬业、做人要诚实守信、待人要与人友善。

总的来看,三个层面的价值理念之间的关系体现了国家、社会与公民的内在统一,形成一个"三位一体"的理论体系结构。它们之间是相互辅助、相互影响及相互转化的关系。每个公民应培养爱国、敬业的核心价值观,建立人与人之间的诚信、友善关系,它有利于促进社会层面自由、平等、公正、法治价值取向的落实,同时也有助于加快国家富强、民主、文明、和谐的实现。同理,国家层面及社会层面的价值观念也分别与其他两个层面的价值观念是一体的关系。

第二节 中华优秀传统文化与社会主义核心价值观的关系

一 中华优秀传统文化是社会主义核心价值观的思想源泉

(一)返本开新的民族精神

社会经济发展与成长,价值观建设如影随形,不可偏废。今日之中国,正行走在繁荣与复兴的艰辛道路上。中华民族的伟大复兴,并不仅仅在于物质的丰足,更在于价值观和民族精神内核的建设与形成。通过了解自己的文化传统,人才能够返回到自我中最深沉的部分。身为中国人,我们要重新生活于中国人的价值当中,在自我的核心寻回价值创造的泉源,首先就必须回去探索中国人在历史中发展形成的价值观。然而,所有的传统本身都需要创造性的诠释,需要随着时代不断地重建,而不能故步自封、食古不化。

（二）悠久丰厚的思想资源

中国是一个具有五千多年悠久历史的文明古国，在思想、道德、学术、教育、文学、地理、医药、科技等各个方面，都有着丰富的内容和鲜明的特色，充分显示出中华民族优秀传统文化源远流长、博大精深的特点，它积淀着中华民族最深层的精神追求，包含着中华民族最根本的精神基因，代表着中华民族独特的精神标识，是凝练社会主义核心价值观的丰厚思想资源。可以说，离开中国传统文化，中国特色社会主义文化就无从谈起；离开中国传统价值观，中国特色社会主义核心价值观就无从培育。

（三）中华文化的立场坚守

习近平总书记在党的十九大报告中指出："中国特色社会主义文化，源自于中华民族五千多年文明历史所孕育的中华优秀传统文化，熔铸于党领导人民在革命、建设、改革中创造的革命文化和社会主义先进文化，植根于中国特色社会主义伟大实践。发展中国特色社会主义文化，就是以马克思主义为指导，坚守中华文化立场，立足当代中国现实，结合当今时代条件，发展面向现代化、面向世界、面向未来的，民族的科学的大众的社会主义文化，推动社会主义精神文明和物质文明协调发展。要坚持为人民服务、为社会主义服务，坚持百花齐放、百家争鸣，坚持创造性转化、创新性发展，不断铸就中华文化新辉煌。"①

（四）价值观事关国家的兴衰存亡

清代学者龚自珍从反面论证了文化之于国家存亡的深刻道理，他说："欲亡其国，必先灭其史，欲灭其族，必先灭其文化。"（《定庵续集》）习近平总书记则从正面阐发了此观点。他在党的十九大报告中说："文化是一个国家、一个民族的灵魂。文化兴国运兴，文化强民族强。没有高度的文化自信，没有文化的繁荣兴盛，就没有中华民族伟大复兴。"② 文化的精神和灵魂又集中体现在其"价值观"之中，所以价值观对于民族和国家的重要性不言而喻。

---

① 习近平：《决胜全面建成小康社会　夺取新时代中国特色社会主义伟大胜利》，人民出版社2017年版，第41页。

② 习近平：《决胜全面建成小康社会　夺取新时代中国特色社会主义伟大胜利》，人民出版社2017年版，第40—41页。

关于价值观对一个国家、民族兴衰存亡的重要性影响，古今贤哲有很多的经典诠释。先秦儒家学派的孟子曾总结夏、商、周三代废灭存亡的道理，他说："三代之得天下也以仁，其失天下也以不仁。国之所以废灭存亡者亦然。"（《孟子·离娄上》）也就是说国家统治者得天下与失天下的关键在于他能否秉持仁道的价值观念，这既是衡量政权合法性的价值标准，也是关乎国家存亡的价值准则。明清之际的大思想家顾炎武对政治性的亡国与文化性的亡天下给予明辨，不仅指出二者在责任主体上的不同，而且痛陈亡天下是事关匹夫匹妇的生死大事。他说："有亡国，有亡天下。亡国与亡天下奚辨？曰：易姓改号，谓之亡国；仁义充塞而至于率兽食人，人将相食，谓之亡天下。……保国者，其君其臣，肉食者谋之；保天下者，匹夫之贱，与有责焉耳矣！"（《日知录·正始》）这句话的意思是说，对于易姓改号的政权更迭来说，亡国的责任在吃俸禄的君王和臣子身上，而不可将这种责任推卸给老百姓；倘若因为天下的人都不按照仁义的价值观念来行事做人而竞相侵凌残杀，那么匹夫匹妇都难逃其责。

现代学者吴德耀对价值观之于国家的重要意义有非常精辟的见解，他说："中华文明之所以长久不衰原因有三：首先是中国人拥有一套完整的、正确的人生价值观，以伦理道德为社会基础，和睦共处为做人之道；其次是自强不息的精神；再次是中国视家庭为社会国家栋梁的人生价值观。"[①] 譬如，中华民族能在长达两千多年的历史长河中以"礼义之邦"著称于世，是因为自先秦儒家孔子、孟子、荀子的思想学说起，"义"不仅是中华传统美德谱系"六德""五常"中最为核心的道德价值观念，也是士君子"杀身成仁""舍生取义"生命实践中最为高贵尊严的价值追求。

先秦儒家后，士君子义以为尚的价值追求，经过历代儒者以"家训""家约""女戒""闺范""训蒙"等方式大力阐扬，及后世俊杰以"义庄""义舍""义田""义学""义山"等载体推广实践，逐渐转化为具有普遍立法效用的道德规范，从而为普罗大众的日常行为抉择提供了价值准则的指导作用。正是士人阶层和广大民间社会对"道义"的这种最诚挚、最深沉的精神追求，才能在中华大地的广袤热土上不断谱写出如周公"大义灭亲"、岳飞"精忠报

---

① 吴德耀：《政治历史文化古今谈》，新加坡胜友书局1987年版，第66页。

国"、文天祥"浩然正气"、史可法"慷慨赴难"等流传千古的动人篇章,及演绎出如"瞽叟底豫""孟母三迁""黄香温席""木兰从军"等可歌可泣的感人故事。这些感天动地而又极富正能量的历史人物形象无一不是出自儒家传统影响之下家庭的孕育和熏陶。可见,家庭是伟大人格的培养所,是社会风化的本源地,是传承文明的活图书馆。

以南宋儒者朱熹的家庭教育为例,他作为理学宗师和教育大家,不仅非常重视童蒙养成的社会教化,也极为重视子弟人格养成的家庭教育。为此,他专门著有《童蒙须知》《训蒙绝句》《小学》等影响巨大的蒙学读物,及写有《训子帖》《戒子帖》《戒子书》《家政》《家训》等影响深远的家教范本。身为父亲的朱熹,对子弟的教育是言传身教并重,如"见不义之财勿取,遇合义之事则从"(《朱子遗集·家训》)的家训就是教导子弟在多识前言往行以蓄其德的过程中涵养义以为尚的君子人格。朱熹通过《家训》培养自己的孩子从小树立起"见利思义""见义勇为"的价值追求,使他们在以后的人生道路中始终能以"惟义所从"作为立身行事的价值原则。无疑,《家训》在"帮助孩子扣好人生的第一粒扣子"及"迈好人生的第一个台阶"方面发挥着不可估量的作用。

儒学大师朱熹在培育子弟君子人格方面所树立的典范性意义,正如习近平总书记在"注重家庭,注重家教,注重家风"的谈话中所言:"作为父母和家长,应该把美好的道德观念从小就传递给孩子,引导他们有做人的气节和骨气,帮助他们形成美好的心灵,促使他们健康成长,长大后成为对国家和人民有用的人。"[1] 总之,充满爱意的家庭,敦厚朴实的家风,良好严格的家教,既能涵养出光明俊伟的君子人格,也能培养出承当使命的社会脊梁,同时能塑造出无私奉献的国家栋梁。此正古贤所谓"天下之本在国,国之本在家"。子弟能成教于家,则家道兴旺;家道兴旺,则国运昌隆。

二 中华优秀传统文化对社会主义核心价值观的涵养

既然,历史悠久的中华传统文化是社会主义核心价值观的重要思想源泉,那么对后者的培育和涵养自然应该借资于前者。同时,后者又将在日新月异的实践活动中不断丰富和充实前者的价值内涵。不过,这里我们重点要讲的

---

[1] 习近平:《习近平谈治国理政》第二卷,外文出版社2017年版,第355页。

是，以儒家文化为核心的中华优秀传统文化如何发挥对社会主义核心价值观的涵养作用？以下分别从个人、社会及国家三个层面来论述这一问题。

（一）个人层面："诚信"价值观的涵养

个人层面的价值观涵养问题，这里我们仅以"诚信"为例，拟从字面意思、价值层次、教学内容、修养工夫、精神境界、社会关系以及国家政治七个方面来论述。

1. 字面意思

很久以来，"诚信"就是中华文化中的传统美德和中华民族的价值追求，历代贤哲尤其是儒学大师对此多有表彰和弘扬。"诚信"一词连用，最早似见于《逸周书·官人解》："乡党之间，观其诚信。"意思是，乡党之间应以诚信相互交往。从单个字来考察，"诚"有不虚伪、真实无妄的意思，如"著诚去伪，礼之经也"（《礼记·乐记》），"真实无妄之谓诚"（《北溪字义·诚》）；"信"有实在、真实的意思，如"有诸己之谓信"（《孟子·尽心下》），"以实之谓信"（《北溪字义·忠信》），"从首至末皆真实，是信"（《北溪字义·仁义礼智信》）。若将"诚信"合看，"诚"的内容可以包含"信"，但"信"却不能包含"诚"，所以张载说"诚故信"（《正蒙·天道》）。简要来说，"诚信"就是真实无妄的意思。

2. 价值层次

从价值层次来说，"诚""信"既有区别又有联系，南宋儒者陈淳对此有精辟的见解。他说："诚字与忠信字极相近，须有分别。诚是就自然之理上形容一字，忠信是就人用工夫上说。"（《北溪字义·诚》）又："诚是就本然天赋真实道理上立字，忠信是就人做工夫上立字。"（《北溪字义·忠信》）这两句是就本体、工夫来言诚、信的价值关系。陈淳说："诚与信相对论……诚是天道，信是人道。"（《北溪字义·诚》）这句则是就天道、人道来论诚、信的价值关系。合起来说，本体、天道之"诚"的特点是自然流行、长久不已、真实无妄；工夫、人道之"信"的特点是勉勉为善、不能无间、不能无妄。可见，在价值层次关系上，"诚"高于"信"，"信"统摄于"诚"；在道德实践中，"信"以"诚"为本体，"诚"以"信"为工夫。

就哲学理论而言，《中庸》《孟子》《正蒙》等儒家经典都将"诚"提升到本体论的高度，并纳入"天人合一"人生境界的实践中来展开论述。虽然各家对为学工夫进路的理解略有差异,却一致认为"诚"作为道德本体是天与人能够合一的价值根据,论析如下。

《中庸》说:"诚者,天之道也;诚之者,人之道也。诚者不勉而中,不思而得,从容中道,圣人也。诚之者,择善而固执之者也。"这句话的意义是说,天道的流行运转,自古及今,无一丝一毫之虚妄,自然而然,因此认为天道是至诚的;圣人从修养上来说,从容中道、践形尽性,亦无一毫之虚妄,所以像天道一样至诚;俗常之人,因欲念繁杂、私心时萌而不能完全践形尽性,但若能做"择善固执"的修养工夫,则与圣人之德、天道之诚也无差异。对于《中庸》的"天人合一"模式,我们可将其简化为:天=圣人(诚者:从容中道、不勉不思)→(合于诚)←常人(诚之者:择善固执)。孟子说:"诚者,天之道也;思诚者,人之道也。至诚而不动者,未之有也;不诚,未有能动者也。"(《孟子·离娄上》)意思是说,天道至诚无息,人道虽不能至诚无妄,却可因思诚的修养工夫逐渐臻于天道之至诚。对《孟子》的"天人合一"模式,我们可将其简化为:天(至诚)→(合于诚)←人(思诚)。张载说:"儒者则因明致诚,因诚致明,故天人合一,致学而可以成圣,得天而未始遗人,易所谓不遗、不流、不过者也。"(《正蒙·乾称》)意思是说,儒者可通过"由明而诚"和"由诚而明"两种工夫路径实现天人合一境界。对于《正蒙》的"天人合一"模式,我们可将其简化为:天道(诚者:不息不已)→(合于诚)←人(诚明者:尽性穷理;明诚者:穷理尽性)。

"诚"的天道本体地位确立后,儒者可经由日用伦常之择善固执、反身而诚、穷理尽性的修养工夫来上达天道本体的至诚不息。儒家哲学这种由下学而上达"至诚"道德本体的形上追求,必然要求学者将其落实于平时的教学活动和身心修养,以及贯穿于各种社会关系活动之中,并发挥价值取向的指导作用。

3. 教学内容

儒者既以"思诚""明诚"作为上合天道本体的修养工夫,那么其施教为学自然是以"诚"为本。被誉为理学开山祖师的周敦颐,其论学主张为:"诚者,圣人之本。"(《通书·诚上》)其受业弟子二程也认同其师的观点,认为曾子之所以能成为孔子学问的传道者,与其人格精神和为学工夫上能真正继承发挥其师的诚笃精神密切相关。程颐说:"曾子传圣人道,只是一个诚笃。"

（《河南程氏遗书》）事实上，以复兴孔孟之道为己任的二程兄弟，不仅视"诚"为儒学的真髓血脉，也自觉以"诚"作为施教的主脑。程颐说："学莫大于平心，平莫大于正，正莫大于诚。"（《河南程氏遗书》）其兄程颢更是如此，其弟子游酢说："大抵先生之学，以诚为本。""先生得圣人之诚者也。自始学至于成德，虽天资颖彻，绝出等夷，然卓约之见，一主于诚。"（《伊川先生年谱》）其后，南宋理学家陈淳撰有《北溪字义》，在学脉上秉承了程朱理学的为学精神，曾专门就"诚"字作专题梳理。

从儒学的核心道德观念来看，"信"则比"诚"更受历代儒者重视。"信"作为道德观念，在孔子之前已在人们作价值选择时发挥着价值导向的作用，如"信，德之固也"（《左传·文公元年》）。其后，孔子在损益夏商周三代文化基础上所开创的儒家学派，也将"信"纳入自己的教学活动之中。《论语·述而》说："子以四教：文，行，忠，信。"孔子教导弟子与人交往时要讲信用、守信用，征之《论语》这样的言论俯拾皆是。在孔门众弟子之中，笃行信德最著名的莫过于曾子。为何这样说呢？因为曾子就以"信"为座右铭来提醒自己要时刻省身，他说："与朋友交而不信乎？"（《论语·学而》）据杨伯峻先生考察，《论语》一书中孔门师徒论"信"之处多达 38 次，足见"信"的道德价值观念在孔门施教、为学、修身中的重要地位。再就《孟子》一书来看，其论"信"之处也有 30 次之多。另根据简帛文献可知，战国晚期的儒者在讲学中称"圣、智、仁、义、忠、信"为"六德"。（《郭店楚简》）汉代时，学者王充视"仁、义、礼、智、信"为"五常。"（《论衡·问孔》）宋代时，学者将"五常"又称为"五性"（《北溪字义·仁义礼智信》）。这些都在在说明了"信"德一直是儒学思想中的核心德目。

4. 修养工夫

从人格修养来看，儒家认为一个人是不是已修养成君子人格，就看他在立身处世中有没有自觉践行"诚信"美德。《中庸》说："诚者物之终始，不诚无物。是故君子诚之为贵。"孟子也说："君子不亮，恶乎执？"（《孟子·告子下》）这是儒学大师从正反两个方面对君子应该具有诚信美德的有力论证。孔子"人而无信，不知其可也"（《论语·为政》）的论断则把本属于君子的具体私德转化为普罗大众应普遍遵循的道德原则，从而使诚信具有了普遍立法的效用，为人们自觉实践诚信提供了价值取向的标准。这种道德实践上的严肃性，用譬喻来说就是：倘若一个人不讲信用，就好比牛车因没有了𫐐𫐄而无法行走一样，从而导致他根本无法在社会中立足。《周易》从天人关系的角度指出，"信"是人立身处世的重要美德，也是人际交往的价值理念，曰："天之所助者，顺也；人之所助者，信也。"（《周易·系辞上》）从身心修养看，儒家认为真诚地尊崇自己的良心或良知并按此行事，则人的内心不仅会没有烦恼、痛苦和累害，而且能够获得安宁、和谐、洒脱、自在。荀子说："君子养心莫善于诚。"（《荀子·不苟》）程颐说："诚则自然无累，不诚便有累。"（《河南程氏遗书》）通常来说，每个人的内心深处都渴望安宁平静，但现实生活中却时常躁动杂乱，导致这种状态的一个重要因素是人们对欲求的过分渴望，以至于心为形役而疲于奔命。孟子告诉我们，要想获得心灵的安宁、和谐，就要善于给自己"减负"，放下不必要的担子。他说："养心莫善于寡欲。"（《孟子·尽心下》）儒家所说的"寡欲以养心"既不同于"清教徒式的压抑欲望"，也不同于后现代解构主义的"过把瘾就死的享乐纵欲"，它是教人通过反躬内省的工夫修养，依照良知的判断从而合理安排自己的生命活动。

5. 精神境界

从精神境界看，儒家认为一个人在日常生活行事中若能经年累月且真实无妄地涵养其赤子之心，那么他所培育出的精诚之心在适当的时机或场合，会在人与人甚至人与物之间形成某种不可言喻、难以预测的极大感动或心灵震撼，而由此产生的"神性"精神力量有助于人生难题的破解或重大事情的达成。这种因精诚之心所引发的莫名震撼或感动情境，正如以下儒家经典所言：

《康诰》曰"如保赤子"，心诚求之，虽不中不远矣。（《大学》）
诚信如神。（《荀子·致士》）
诚信生神。（《荀子·不苟》）
精诚所至，金石为开。（《论衡·感虚》）

精诚之心，不唯能引起人与人之间心灵的共振、感格，而且也使儒者在自尽其才、自遂其性的生命实践过程中致力于民胞万物的自由发展和价值实现。此即孔子所说的"夫仁者，己欲立而立人，己欲达而达人"《论语·雍也》。儒家文化这种以至诚之心参与天地创造化育的人文精神在《中庸》中有十分精辟的阐发，曰："唯天下至诚，为能尽其性；能尽其性，则能尽人之性；能尽人之性，则能尽物之性；能尽物之性，则可以赞天地之化育；可以赞天地之化育，则可以与天地参矣。"这种上参天地、下化万物的精神境界一直是历代儒家学者所孜孜追求的。

6. 社会关系

儒家文化一个重要的特征就是"明人伦"，即人伦之教。所谓明人伦，就是儒家用一套道德观念来安顿各种伦理关系，并为社会的正常、有序、良性、和谐运行提供必要的精神支撑。"诚信"作为儒学的核心道德观念之一和人伦之教的重要内容，所发挥的作用就在于此。

"诚信"在协调人伦关系上所发挥的重要作用，《中庸》《孟子》等儒家经典都言之凿凿。《中庸》认为，一个人能否得上司之任用在于他能否得朋友之信赖，而他能否得朋友之信赖又取决于能否得父母之欢心，而能否得父母之欢心又在于他是否诚心实意地去孝敬他的父母。反过来说，一个对亲人真诚的人，自然会取信于朋友；一个值得朋友信赖的人，也会获得上司的任用。《中庸》如是说："在下位不获乎上，民不可得而治矣；获乎上有道：不信乎朋友，不获乎上矣；信乎朋友有道：不顺乎亲，不信乎朋友矣；顺乎亲有道：反诸身不诚，不顺乎亲矣；诚身有道：不明乎善，不诚乎身矣。"这段话告诉我们："诚信"是维系人伦关系和谐的重要伦理精神，它在伦理实践中遵循由近及远、由亲及疏、由易及难的原则，这和古贤所说的"求忠臣于孝子之家"是同一道理。"诚信"被孟子用来表彰舜与象兄弟之间的诚挚亲情，他说："彼（象）以爱兄（舜）之道来，故诚信而喜之，奚伪焉。"（《孟子·万章上》）

与《中庸》从具体伦理关系来论证"诚信"的重要性相比，宋儒程颐则从抽象层面给予阐释。在其成名著作《程氏易传》中，他解释《周易·比卦》爻辞时说："初六，比之始也。相比之道，以诚信为本。中心不信而亲人，人谁与之？故比之始，必有孚诚，乃无咎。"（《周易程氏传》）意思是说，人与人的交往，相互之间都应诚信以待，否则其行为必有悔咎。儒家哲学所提倡的"诚信为本"的伦理精神，又实践于社会的各个领域。如商业领域中，各类商铺、商店所悬挂的"以诚信赢天下""诚信经营"等匾额；金融领域中，银行正在建设的"征信系统";司法系统中,不断加强的"法律公信";政府部门内,日益重视的"政务诚信"等。

7. 国家政治

关于政府或国家的公信力问题,一直是历代儒家学者关注的核心议题之一。早在春秋时期,孔子曾就政府或国家如何取信于民的问题回答过学生子贡,他说:"自古皆有死,民无信不立。"(《论语·颜渊》)战国时期,荀子发展了孔子的这一主张,他说:"夫诚者,君子之所守也,而政事之本也。"(《荀子·不苟》)这说明,诚信是政府合法性和国家安定的精神根基。唐朝时期,这一伦理精神被正式写入当时国家公务员的必读书目——《贞观政要》——之中,成为影响后世至深至远的政治宝典。该书记载:"臣(魏徵)闻为国之基,必资于德礼;君之所保,惟在于诚信。诚信立则下无二心,德礼形则远人斯格。然则德礼、诚信,国之大纲,在于父子君臣,不可斯须而废也。"①

(二)社会层面:"公正"价值观的涵养

1."公正"释义

何谓"公"?《说文解字·八部》:"公,平分也。从八厶。八犹背也。《韩非》曰:'背厶为公。'"从字源学来说,公是平分、公平,去除偏私。《管子·内业》:"一言得而天下服,一言定而天下听,公之谓也。"从哲理上说,公是人心之所同然。何谓"正"?《说文解字·正部》:"正,是也。从一,一目止。"江沅曰:"一所目止之也,如乍之止亡,毋之止奸,皆以一止之。"又《说文解字·是部》:"是,直也。从日正。"《说文解字·乚部》:"直,正见也。从十目乚。"段玉裁注:"谓以十目视乚,乚者无所逃也。"可见,正有正直、正义的意思。

"公正"一词连用,最早似见于《荀子·赋》,曰:"公正无私"。荀子说:"公义明而私事息矣。"(《荀子·君道》)这里的"公"与"私"是相对反的概念,含有无私的意思。又如"正义直指,举人之过,非毁疵也"(《荀子·不苟》),在此"正"与"邪"又是相对的概念,含有正义、正直的意思。简而言之,"公正"是指无私的价值立场,主要含有公平、公道、正义、正直的意思。

---

① (唐)吴兢撰:《贞观政要集校》,谢保成集校,中华书局2003年版,第308页。

2. 公正是可贵的品格修养

周代先哲皋陶认为，能将刚强与正义两种美德很好地协调统一起来的人物，就可以成为受世人尊敬的君子。皋陶曰："强而义。"（《尚书·皋陶谟》）先秦儒者荀子以公正、正义来评判一个人的品格修养。他大加贬抑那些"不学问，无正义，以富利为隆"的俗人，而极为称赞"法先王，统礼义"的君子。荀子更直接指出，君子之所以为君子的根本就在于他能以公义克治私欲。他说："君子之求利也略，其远害也早，其避辱也惧，其行道理也勇。君子贫穷而志广，富贵而体恭，安燕而血气不惰，劳倦而容貌不枯，怒不过夺，喜不过予。君子贫穷而志广，隆仁也；富贵而体恭，杀势也；安燕而血气不惰，柬理也；劳倦而容貌不枯，好交也。怒不过夺，喜不过予，是法胜私也。《书》曰：'无有作好，遵王之道；无有作恶，遵王之路。'此言君子之能以公义胜私欲也。"（《荀子·修身》）

宋儒陆九渊则以义利、公私来区别和评判儒佛两家学说。他说："某尝以义、利二字判儒释，又曰公私。""惟义惟公，故经世；惟利惟私，故出世。"（《陆九渊集·与王顺伯书》）即认为，儒者应以自觉担负道义以及心怀天下苍生为己任，体现的是天下为公的经世情怀；而佛徒却抛弃人伦之责，逃到山林中求个人的静修，反映的是自私自利的消极遁世之道。这是陆九渊以义利来界说公私。另外，"公"也可以从"仁"派生出来，用来解释仁道的一种状态。宋儒程颐说："仁道难名，惟公近之，非指公为仁也。"（《河南程氏粹言》）此外，他也用公字来形容人格修养所达到的精神境界。程颐说："乐取于人为善，便是与人为善，与人为善，乃公也。"（《河南程氏外书》）其兄程颢也说："君子之学，莫若廓然而大公，物来而顺应。"（《河南程氏文集》）

3. "公正"是处世的人生智慧

从安身立命说，"公正"是指具备高度修养和精神境界的圣贤人物在面对人生诸如荣辱、得失、升黜、利害、生死等两难选择时一种处置得宜的价值原则。《周易·乾卦》说："知进退存亡而不失其正者，其唯圣人乎！"

从臧否人物的角度来看，"公正"是指圣贤在评价人物时因内心持守中正，所以既能看到其优长，也能看到其短缺，从而避免了俗常之人以情感上的好恶来褒贬人物的情况。如孔子说："'唯'仁者能好人，能恶人。"（《论语·里仁》）朱熹注："盖无私心，然后好恶当于理，程子所谓'得其公正'

是也。游氏曰：'好善而恶恶，天下之同情，然人每失其正者，心有所系而不能自克也。惟仁者无私心，所以能好恶也。'"（《论语集注》卷二）程颢则解释道："仁者用心以公，故能好恶人。公最近仁。"（《河南程氏外书》）

从改过迁善来说，"公正"是指具有浩然之气的正人君子不忍心民胞陷入过错、罪恶的深渊，而敢于指正他人之过错、罪恶所表现出的善行义举。不过现实社会往往有其复杂性，当公正之士的正义行为因揭发社会黑幕而使歹人、坏人的利益受损并受到应有的法律制裁时，他们常常将公正之士视为"眼中钉""肉中刺"欲除之而后快。荀子说："公正之士，众人之痤也。"（《荀子·君道》）还有，现实生活中经常会出现一种"避嫌"的病态心理现象，正如程子所说："凡人避嫌者，皆内不足也。圣人自是至公，何更避嫌？"（《河南程氏遗书》）由于一般人因内心没有坚定的操守与涵养，在处理诸如是非、善恶、好坏等价值判断时，常常会表现出盲目从众、从俗跟风等心理失衡状态。

4. 公正是社会交往的价值准则

从社会交往来说，人们普遍渴望得到公正对待而讨厌争名夺利。荀子说："贵公正而贱鄙争。"（《荀子·正名》）"公正"因其符合"人同此心，心同此理"的社会心理，所以为大众所认同，并用以指导他们对是非、善恶、公私、利害等社会行为活动的认知和评判。因为人人有渴望得到公正对待和厌恶争名夺利的心理，有对公平正义的价值追求和呼唤，才能推动社会不断取得健康良性的发展，进而给予人身财产安全等合法权益以保障。正所谓"行义以正，事业以成"（《荀子·赋》）。

5. "公正"是国家治理的价值原则

如果说"内圣"一直是儒者基于为己之学的修养所追求的理想道德人格，那么"外王"则素来是儒者梦寐以求的理想政治人格。也就是说，儒者期望通过内圣开外王来实现"大道之行也，天下为公"（《礼记·礼运》）的社会理想。它深刻揭示了天下是天下人的天下而非任何一个人的私产。这一宝贵的政治理念至少可追溯至上古三代的三王。《礼记·孔子闲居》记载，子夏问："三王之德，参于天地，敢问：何如斯可谓参于天地矣？"孔子说："奉三无私以劳天下。"子夏问："敢问何谓三无私？"孔子回答说："天无私覆，地无私载，日月无私照。奉斯三者以劳天下，此之谓三无私……德也。"这是孔子将三代圣王的政治理念提升到天道的层面。对于"天下为公"的政治实践，在周代的大政治家周公旦那里表现得较为突出。《诗经·鲁颂·有駜》："夙夜在公，在公明明。"意思是说，周公辅佐当时尚年幼的周成王而管理朝政的状态，他从早到晚都在公所勤理政务。亲政后的周成王秉承了叔父周公的政治原则。有一次他告诫各级官员要奉公守法，应以公灭私。他说："呜呼！凡我有官君子，钦乃攸司，慎乃出令，令出惟行，弗惟反。以公灭私，民其允怀。学古入官。议事以制，政乃不迷。"（《尚书·周书·周官》）

周公作为儒学的先驱人物，其公天下的政治风范影响了后来孔子所创立的儒家学派及其他学派的政治主张。孔子说："上好义，则民莫敢不服。"（《论语·子路》）即认为统治者处理政务若行事公正，那么百姓就没有人敢不服从。荀子从用人的角度表达了公正之士若能得到重用，那么朝廷的政务就不会有偏私的情况发生。他说："正义之臣设，则朝廷不颇。"（《荀子·臣道》）荀子也提出公正是君子听政议事能够得当的价值原则，他说："故公平者，职[听]之衡也；中和者，听之绳也。"（《荀子·王制》）此外，荀子进一步阐发了"天下为公"的政治理想，他说："天之生民，非为君也；天之立君，以为民也。故古者列地建国，非以贵诸侯而已；列官职，差爵禄，非以尊大夫而已。"（《荀子·大略》）

法家学者也继承了这一古老政治理想。《慎子·威德》："古者，立天子而贵之者，非以利一人也。""故立天子以为天下，非立天下以为天子也；立国君以为国，非立国以为君也；立官长以为官，非立官以为官长也。"这里的天子、国君、官长都是服务天下的公器，具有"公"的含义。难能可贵的是，慎子还从制度设计的层面，思考如何确保公正理念在各项事务中的贯彻落实问题。《慎子·威德》："故蓍龟，所以立公识也；权衡，所以立公正也；书契，所以立公信也；度量，所以立公审也；法制礼籍，所以立公义也。凡立公，所以弃私也。明君动事分功必由慧，定赏分财必由法，行德制中必由礼。故欲不得干时，爱不得犯法，贵不得逾亲，禄不得逾位，士不得兼官，工不得兼事。以能受事，以事受利。若是者，上无羡赏，下无羡财。"除了在意识层面要求官员奉公守法外，制度层面对他们的约束更能保证公正观念有效切实的落实。

战国末期，由吕不韦组织编撰，体现诸子百家思想的《吕氏春秋》从"行私"的危害谈到"公正"价值观念之于政治的意义。其《序意》篇曰：

"夫私视使目盲，私听使耳聋，私虑使心狂。三者皆私设，精则智无由公。智不公，则福日衰，灾日隆。"《去私》篇可以说是该书论述"公正"思想最为集中的篇章，它通过尧禅让与舜、祁黄羊举贤、墨家巨子杀子三个事例来具体阐明"公正"价值理念是人们做价值判断时应坚持的价值标准。事例一，曰："尧有子十人，不与其子而授舜；舜有子九人，不与其子而授禹：至公也。"这是称赞尧帝能让贤，不将治天下的权力私传给其子而是传给对百姓有恩泽的舜，从而践行了"公"天下的政治理念。事例二，曰："晋平公问于祁黄羊曰：'南阳无令，其谁可而为之？'祁黄羊对曰：'解狐可。'平公曰：'解狐非子之雠邪？'对曰：'君问可，非问臣之仇也。'平公曰：'善。'遂用之。国人称善焉。居有间，平公又问祁黄羊曰：'国无尉，其谁可而为之？'对曰：'午可。'平公曰：'午非子之子邪？'对曰：'君问可，非问臣之子也。'平公曰：'善。'又遂用之。国人称善焉。孔子闻之曰：'善哉！祁黄羊之论也，外举不避雠，内举不避子。祁黄羊可谓公矣。'"祁黄羊作为晋平公的重要谋臣，在用人举贤上一方面他既秉承"公事公办"的理念，不因与解狐有私人仇怨而不尽向国家举荐贤才的职责；另一方面也坚持"举贤不避亲"的思想，适时向国家推荐素有才干的儿子祁午，事实证明祁午确是国之栋梁。事例三，曰：秦惠王曰："先生之年长矣，非有它子也，寡人已令吏弗诛矣，先生之以此听寡人也。"腹䵍对曰："墨者之法曰：'杀人者死，伤人者刑。'此所以禁杀伤人也。夫禁杀伤人者，天下之大义也，王虽为之赐，而令吏弗诛，腹䵍不可不行墨者之法。"不许惠王而遂杀之。子，人之所私也，忍所私以行大义，（钜）子可谓公矣。这则事例旨在告诉人们，法作为治理天下的公器不可因权力和亲人而无约束力，一定程度上强调了法律面前人人平等的可贵精神，所以不允许徇私枉法现象的存在。

汉代时期，儒家学者刘向从职能分工的角度，阐发了"公正"价值观念在不同层面的内涵。《说苑·至公》："《书》曰：'不偏不党，王道荡荡。'言至公也。古有行大公者，帝尧是也。贵为天子，富有天下，得舜而传之，不私于其子孙也。去天下若遗躧，于天下犹然，况其细于天下乎？非帝尧孰能行之？孔子曰：'巍巍乎！惟天为大，惟尧则之。'《易》曰：'无首吉。'此盖人君之公也。夫以公与天下，其德大矣。推之于此，刑之于彼，万姓之所戴，后世之所则也。彼人臣之公，治官事则不营私家，在公门则不言货利，当公法则不阿亲戚,奉公举贤则不避仇雠,忠于事君,仁于利下,推之以恕道,行之以不党,伊、吕是也。故显名存于今,是之谓公。《诗》云:'周道如砥,其直如矢。君子所履,小人所视。'此之谓也。夫公生明,偏生暗,端悫生达,诈伪生塞,诚信生神,夸诞生惑。此六者,君子之所慎也,而禹、桀之所以分也。《诗》云:'疾威上帝,其命多僻。'言不公也。"这段文献,首先褒扬了帝尧的禅让美德,开后世"天下为公"的政治风气,对此后的政治实践影响极大;其次臣子之公表现在公不谋私,执法公正,举贤公正,以恕道处理上下级关系等方面;最后通过区分禹与桀的政治行为,告诫执政者应树立公正胜于偏私的价值理念。

唐朝时期,唐太宗、房玄龄这对圣君贤相在"天下为公"政治理想上达成了高度的价值共识。唐太宗对房玄龄说:"古称至公者,盖谓平恕无私。丹朱、商均,子也,而尧、舜废之。管叔、蔡叔,兄弟也,而周公诛之。故知君人者,以天下为心,无私于物。"房玄龄回答唐太宗说:"臣闻理国要道,实在于公平正直,故《尚书》云:'无偏无党,王道荡荡。无党无偏,王道平平。'又孔子称'举直错诸枉,则民服'。今圣虑所尚,诚足以极政教之源,尽至公之要,囊括区宇,化成天下。"① 两宋是原始儒学再度复兴的时期,有新儒学之称。当时的儒者普遍有"以天下为己任"的崇高政治抱负,如范仲淹说:"先天下之忧而忧,后天下之乐而乐乎!"(《范仲淹全集·岳阳楼记》)程颐说:"圣人以大公无私治天下。"(《周易程氏传》)等等。

(三)国家层面:"和谐"价值观的涵养

"和谐"指事物协调地生存与发展的状态。② 从古至今,无论东方还是西方,人们都渴望"和谐"的精神状态和生活状态,并孜孜探索这一理念。可以说,和谐是全人类的共同美好愿望和共同价值追求。中华民族自上古以来,就是一个崇尚和谐的民族,和谐的价值观念构成中华传统文化的思想精神和内在气质。在中国古代典籍中,"和"的概念出现很早,在甲骨文和金文中都有"和"字。在《易经》"兑"卦中,"和"是大吉大利的征象;在《尚书》中,"和"被广泛地应用到家庭、国家、天下等领域中,用以描

---

① (唐)吴兢撰:《贞观政要集校》,谢保成集校,中华书局2003年版,第253页。
② 黎红雷:《"和谐观"中西合论》,《中国哲学史》1994年第4期。

述这些组织内部治理良好、上下协调的状态。① 中国古代的和谐观主要体现在四个方面：人自我身心的和谐，人际关系的和谐，国家政治的和谐，天人关系的和谐等。

1. 人自我身心的和谐

《说文解字·口部》："和，相应也。从口，禾声。"就"和"的本义而言，是答应、应和、唱和、倡和之意，引申为平和、和顺、协调、和谐、适合、适中、适当、匀称、舒适、温和、和睦、和解、调和、和好之意。《淮南子·俶真训》："治而不能和下。"高诱注曰："和，协也。"《说文解字·劦部》："协，同众之龢也。从劦十。"又《广雅·释诂》："和，谐也。"《说文解字·言部》："谐，詥也。从言，皆声。"这些与"和"合成的词，其基本意义均来自"和"；同时，"谐""协"也本来都有"和"的内容，所以有"和协""和谐""协和""谐和"等词。②

"和谐"一词连用，最早似见于《尚书正义·无逸》。孔颖达说："其不言之时，时有所言，则群臣皆和谐。"从自我修养看，"和谐"主要指通过"未发之中"的为学工夫修养，使情感的抒发与表达能合乎中和之道，这样人就实现了自身的内在和谐。正如《中庸》所说："喜怒哀乐之未发，谓之中；发而皆中节，谓之和。中也者，天下之大本也；和也者，天下之达道也。致中和，天地位焉，万物育焉。"孔子提倡通过内修品德、外修礼仪这种内外交相养的方式实现君子"文质彬彬"的身心和谐。一方面，对于内在德性的追求，他以"为仁由己"为主要修养方式；另一方面，对于外在行为的规范，他以礼乐来安顿人们的视听言动。

身心和谐同样是老庄道家及稷下道家所关注的议题。《庄子·在宥》："我守其一，以处其和。"意思是我能持守天道，则能与天下万物和谐相处。庄子认为，要实现人内心的安宁，更重要的在于精神主体要具有超脱世俗荣辱、得失的人生智慧。《庄子·逍遥游》："且举世而誉之而不加劝，举世而非之而不加沮，定乎内外之分，辩乎荣辱之境，斯已矣。"《管子四篇·内业》："凡心之刑，自充自盈，自生自成。其所以失之，必以忧乐喜怒欲利；能去忧乐

---

① 黎红雷：《"和谐观"中西合论》，《中国哲学史》1994年第4期。
② 方铭：《协和万邦与和谐价值观的中国传统文化基础考释》，《西北民族研究》2018年第2期。

喜怒欲利，心乃反济。彼心之情，利安以宁，勿烦勿乱，和乃自成。"这就是说心以安宁为其本性，但常人往往容易受七情六欲及利害得失的影响而不能获得心灵本身的和谐，因此稷下道家要求人们去除种种侵扰。又曰："凡人之生也，天出其精，地出其形，合此以为人。和乃生，不和不生。察和之道，其精不见，其征不丑。平正擅匈，论治在心，此以长寿。忿怒之失度，乃为之图。节其五欲，去其二凶。不喜不怒，平正擅匈。凡人之生也，必以平正。所以失之，必以喜怒忧患。是故止怒莫若诗，去忧莫若乐，节乐莫若礼，守礼莫若敬。内静外敬，能反其性，性将大定。"稷下道家认为，人是天之精与地之形偶和化生而来的。因为天地是和谐的，由此化生孕育的人在形体精神上也自然是和谐的。但人在后天的生活中，经常受到物欲的侵扰和伤害，因此使原本平正安宁的心灵变得不再和谐，因此人要恢复原本的身心和谐可通过外敬内静的修养工夫，同时借助诗、乐、礼的文化熏陶。可以看出，稷下道家明显吸收了先秦儒家的成分，将《诗》《书》《礼》《乐》经典的文化熏陶作用运用到自己学派的身心及七情的和谐观之中。此外，中国有一副有名的对联："宠辱不惊，任庭前花开花落；去留随意，似天上云卷云舒。"正是对人身心和谐状态的一种写真刻画。

佛教文化对于个体的身心和谐也多有阐发，具有较大的理论贡献。它强调端正身心、广植众德、调伏诸根、身心柔和，从而使内心光明彻照，洞达无极，进而达到身心和谐之境界。[①] 如"心垢灭尽，净无瑕秽，是为最明"（《四十二章经·第十五章》）。"行道守真者善，志与道合者大。"（《四十二章经·第十四章》）"宜自决断，洗除心垢，言行忠信，表里相应"，"至心求愿，积累善本"（《无量寿经·第三十四》）。

2. 人际关系的和谐

从人己关系看，"和谐"是指人在立身处世及待人接物过程中一种恰到好处的状态。首先是家庭伦理关系中父子、夫妻、兄弟的和美状态。孟子说："父子之间不责善。责善则离，离则不祥莫不焉。"（《孟子·离娄上》）意思是，父子之间不应互相责备，当以恩情为主。《诗经·小雅·常棣》："妻子好

[①] 陆伟明等：《和谐思想的传统意蕴及其现代诠释》，《西安交通大学学报》（社会科学版）2013年第1期。

合，如鼓琴瑟；兄弟既翕，和乐且湛。"意思是夫妻之间应如琴瑟之声调相应和，兄弟之间更应相亲相爱。其次是人己关系的温情脉脉与和谐和顺。有子说："礼之用，和为贵，先王之道斯为美。"（《论语·学而》）"和为贵"的意思是，和谐是天底下最珍贵的价值，也是人世间最美好的状态。孔子说："二人同心，其利断金。同心之言，其臭如兰。"（《周易·系辞传上》）说的是两个人同心协力就可发挥出超乎寻常的力量从而克服遇到的困难。孟子认为要实现人际关系的和谐，要能将爱兄弟之心推及旁人。他说："老吾老，以及人之老；幼吾幼，以及人之幼。《诗》云：'刑于寡妻，至于兄弟，以御于家邦。'言举斯心加诸彼而已。故推恩足以保四海，不推恩无以保妻子。古之人所以大过人者，无他焉，善推其所为而已矣。"（《孟子·梁惠王上》）北宋理学家张载创造性继承了孟子的观点，进一步提出"民吾同胞，物吾与也"的哲学命题。再次是长幼关系的和谐。如"凡为人长，殊复不易当使中外谐缉，人无间言"（《梁书·列传卷二十五》）。又次是君臣之间的和谐。晏子说："和如羹焉，水火醯醢盐梅以烹鱼肉，燀之以薪，宰夫和之，齐之以味，济其不及，以泄其过，君子食之，以平其心。君臣亦然：君所谓可，而有否焉，臣献其否，以成其可；君所谓否，而有可焉，臣献其可，以去其否。是以政平而不干，民无争心。"（《春秋左传·昭公二十年》）最后是士君子交相往来中彼此之间的尊重、包容及团结。孔子说："君子和而不同。"（《论语·子路》）所体现出的是士君子之间和睦相处但又不盲从苟同的思想。这里的所谓"和"，指的是由诸多性质不同或对立的因素构成的统一体，这些相互对立的因素同时又相互补充、相互协调，从而形成新的状态，产生新的事物。所谓"同"，则是没有不同的因素、不同的声音、不同的意见，完全相同的事物简单相加，不能产生新的状态、新的东西。由此看来，孔子心目中的"和谐"，是一种有差异的统一，而不是简单的同一。[①] 张载说："有象斯有对，对必反其为；有反斯有仇，仇必和而解。"（《正蒙·太和》），这反映的是和谐高于冲突的价值观念。对此明末清初哲学家王夫之解释道："以气化言之，阴阳各成其象，则相为对，刚柔、寒温、生杀、必相反而相为仇；乃其究也，互以相成，无终相

[①] 黎红雷：《"和谐观"中西合论》，《中国哲学史》1994年第4期。

敌之理，而解散仍返于太虚。"① 因此，二者的对立与斗争，最终必然以"和谐"的方式来解决。这种思维方式，被后人称为"和谐的辩证法"。再如"同寅协恭，和衷哉"，"夫苦匏不材于人，共济而已"所传达的都是同心协力、克服困难的团结精神。

3. 国家治理的和谐

从国家治理看，"和谐"是指分配合理、国泰民安、天下太平、天下为公的美好理想状态。国家要和谐太平，首要的是财富分配必须得当适宜，这有利于人心的安定，国家安定和谐就没有动乱分裂的危险；如果财富分配不公平，以致贫富差距悬殊，很容易引发社会的战争动乱以及国家的分崩离析。孔子说："均无贫，和无寡，安无倾。"（《论语·季氏》）其后，孟子和荀子继承发挥了孔子的和谐思想。孟子提出"天时不如地利，地利不如人和"（《孟子·公孙丑下》）的主张，认为战争的胜负取决于民心向背（"人和"），只要组织内部团结和谐，上下齐心合力，就能无往而不胜。荀子则提出"和则一，一则多力"（《荀子·王制》）的观点，认为在一个组织内部，人们和谐相处就能取得一致，取得一致力量就会增强，力量增强组织就会强大，组织强大就能战胜事物。古人睿智深刻地认识到，作为国家最高统治者的君王，在治理国家听取政见的时候，应善于接纳臣子的不同意见，不至于因一言堂而误国误民。史伯曰："今王（周幽王）弃高明昭显，而好谗慝暗昧，恶角犀丰盈，而近顽童穷固，去和而取同。夫和实生物，同则不继。以他平他谓之和，故能丰长而物归之，若以同裨同，尽乃弃矣。故先王以土与金木水火杂，以成百物。……声一无听，色一无文，味一无果，物一不讲。王将弃是类也，而与专同，天夺之明，欲无弊，得乎？"（《国语·郑语》）周幽王终因听不进去不同意见，致使西周王朝倾覆消亡而为天下笑。

至于如何实现国泰民安，《尚书·尧典》说："克明俊德，以亲九族；九族既睦，平章百姓；百姓昭明，协和万邦。"而"天下为公"的政治理想为儒家创始人孔子所首倡。他说："大道之行也，天下为公，选贤与能，讲信修睦。故人不独亲其亲，不独子其子，使老有所终，壮有所用，幼有所长，矜寡孤独废疾者皆有所养，男有分，女有归。货恶其弃于地也，不必藏于己；

---

① （明）王夫之：《张子正蒙注》，《船山全书》第十二册，岳麓书社2011年版，第41页。

力恶其不出于身也，不必为己。是故谋闭而不兴，盗窃乱贼而不作，故外户而不闭。是谓大同。"此后，儒家学者对这一政治理想多有阐发和弘扬。如荀子说："刑政平，百姓和，国俗节，则兵劲城固，敌国案自诎矣。"（《荀子·王制》）《礼记·昏义》："外内和顺，国家理治，此之谓盛德。"《礼记·经解》："发号出令而民悦，谓之和。"《大戴礼记·礼察》："刑罚积而民怨倍，礼义积而民和亲。"张载说："和乐，道之端乎！和则可大，乐则可久，天地之性，久大而已矣。"（《正蒙·诚明》）不独国家内部的治理追求和谐，国与国之间的交往也应谋求和谐。《左传·襄公十一年》："和戎狄，国之福也。"又《左传·襄公二十七年》："凡诸侯小国，晋楚所以兵威之，畏而后上下慈和，慈和而后能安靖其国家以事大国，所以存也。"此外，古贤先哲将和谐的思想也运用到军事领域，强调作战人员之间的和谐与否将影响战事的成败。三国时期，蜀国丞相诸葛亮说："夫用兵之道，在于人和，人和则不劝而自战矣。若将吏相猜，士卒不服，忠谋不用，群下谤议，逸慝互生，虽有汤武之智，而不能取胜于匹夫，况众人乎。"（《诸葛亮集·和人》）

4. 天人关系的和谐

有学者指出，所谓天人关系的和谐实际上就是天人一体（或天人合一），即要求人与天地（自然界）形成一个和谐统一的有机整体，而不是人与天地相分离，甚至于相对立。[①] 其实，中国文化中的道家、道教主要是从人与自然的和谐共生方面来谈天人合一，而儒家侧重于从天人合德视角来讲天人合一。

就中国文化系统而言，对人与自然和谐关系最早作系统、深入思考的哲学家应该是老子。他认为宇宙万物都是天道所化生的。《道德经·第四十二章》："道生一，一生二，二生三，三生万物。"由此可见，天地万物与人类本身是同一个本原，即所谓天人同源。正因为人类与自然界万物同源，所以老子认为人类应该尊重自然界的万有生灵。《道德经·第二十五章》指出："故道大，天大，地大，人亦大。域中有四大，而人居其一焉。人法地，地法天，天法道，道法自然。"世界作为一个生态系统而必备的三个要素，即天、地、人"三才"。因此，人类要尊重天地，千万不要以为自己作为万物之灵而妄自尊大，人类不是大自然的主宰者或统治者，而只是大自然家庭中的一员。人类

---

① 周高德：《天人和谐思想对创造良好生态环境的现代价值》，《道教论坛》2013年第2期。

应当尊重自然、热爱自然和保护自然,以实现人与自然和谐相处。① 老子所说的"人法地,地法天,天法道,道法自然",其意思是说道性自然,道化生成的天地亦是自然的。只是作为万物之灵或万物之长的人,却往往迷失了自然之性,所以人要法天地之自然、法大道之自然。由于道之自然的体性完全蕴含于天地之中,因此法道之自然,实际上就是法天地之自然。② 要实现人与自然的和谐关系,除了要顺应天道自然的规律外,也要求人类节制自身过分膨胀的欲求、欲望,勉力做到知足、知常、知和、知止。老子还从反面论述了不尊重自然、不按自然规律行事的严重后果。他说:"不知常,妄作凶。"(《道德经·第十六章》)这是警告人类若违背自然规律,就会受到应有的惩罚。在人类生存环境遭到严重破坏、重新尊重自然的思潮日益高涨的今天,重温老子天人和谐(或天人一体)的思想,无疑是意义深远的。③

人们将宇宙天地万物的生化流行所表现出的至高无上的和谐状态称之为"太和"。《周易·乾·彖》:"乾道变化,各正性命,保合太和,乃利贞。首出庶物,万国咸宁。"意思是说,大自然的运行变化,万物各自贞定精神,保全太和元气,以利于守持正固。阳气周流不息,又开始重新萌生万物,天下万方都和美顺畅。北宋哲学家张载继承发展了《周易》的"太和"思想,并将之提升到宇宙本体论的高度。他说:"太和所谓道,中涵浮沈升降动静相感之性,是生絪缊相荡胜负屈伸之始。其来也几微易简,其究也广大坚固。"(《正蒙·太和》)《周易·咸·彖》:"天地感而万物化生,圣人感人心而天下和平;观其所感,而天地万物之情可见矣!"说的是天地交感带来万物化育生长,圣人感化人心带来天下和平顺昌;观察交感现象,天地万物的性情就可以明白了!

道家哲学认为,自然万物处于一种和谐的状态之中,和谐是自然万物生存的根本法则。道家的自然和谐观要旨是冲气之和以及阴阳之和。《道德经·第四十二章》:"万物负阴而抱阳,冲气以为和。"在这里,和谐是阴阳二气相互激荡而产生的状态,而阴阳二气则是和谐状态的内在机制。阴阳二气尽管

---

① 周高德:《天人和谐思想对创造良好生态环境的现代价值》,《道教论坛》2013年第2期。
② 周高德:《天人和谐思想对创造良好生态环境的现代价值》,《道教论坛》2013年第2期。
③ 周高德:《天人和谐思想对创造良好生态环境的现代价值》,《道教论坛》2013年第2期。

相互对立、冲撞、激荡，却始终处在絪缊和谐的"道"的统一体之中。①《庄子·田子方》："至阴肃肃，至阳赫赫；肃肃出乎天，赫赫发乎地，两者交通而成和而物生焉。"这也是从阴阳合和的均调状态来说。可见，老庄道家的和谐观念主要表现在万物生成的一面。春秋战国末期，吕不韦纂集的《吕氏春秋》在继承老庄阴阳合和思想观点的基础上，还将其延伸到政治领域，强调行事以公正为主。其《贵公》篇曰："阴阳之和，不长一类，甘露时雨，不私一物，万民之主，不阿一人。"

在老庄道家及黄老道家基础上发展出来的道教，对天人和谐关系的阐发也多有可借鉴之处。道教经典《老子想尔注》一书"提出和则相生的思想，要求人与自然和谐相处、共生共长"②。《太上洞玄灵宝中和经》称："道以中和为德，以不和相克。是以天地合和，万物萌芽，华果熟成。"它表达了道以中和为其本性，而天地自然万物的和合共生均是遵循道的中和本性的结果。又称："天地合和，万物萌芽"，"天地不和，阴阳失度"。这是一种天、地、人和谐共生的理念，体现了道教天人合一的生态智慧。③《太平经》言："天气悦下，地气悦上，二气相通而为中和之气，相受共养万物，无复有害，故曰太平。天地中和同心，共生万物；男女同心而生子；父母子三人同心，共成一家；君臣民三人共成一国。"《太平经》完整地建构了一种中道圆融的和谐生态伦理理论，它从天地中和之气的化生出发，深刻阐明了万物、家庭、国家三位一体的天地万物同心共生的有机关系。又言："三气合并为太和之气，太和即出太平之气。断绝此三气，一气绝不达，太和不至，太平不出。阴阳者，要在中和。中和气得，万物滋生，人民和调，王治太平。""太和"即太阴、太阳、中和三气的和谐；"太平"指三气和谐而达到平衡，即自然界生态系统的平衡。也就是说，三气的融合达到和谐就是"太和"，进而就可以实现自然界生态系统的平衡。④ 总而言之，"道教的中和之道讲的是一种和谐思想，倡导的是一种人与自然和谐共生的生态理念。中和之道的生态文明观，强调一种人与自然和合共生的生存之道，要求人类社会始终遵循道法自然的生态伦理，

---

① 黎红雷：《"和谐观"中西合论》，《中国哲学史》1994年第4期。
② 丁常云：《中和之道与生态和谐》，《中国宗教》2010年第11期。
③ 丁常云：《中和之道与生态和谐》，《中国宗教》2010年第11期。
④ 丁常云：《中和之道与生态和谐》，《中国宗教》2010年第11期。

遵循天人合一的生态智慧。道教的这种生态文明思想,对于推进生态环境和谐发展,对于构建社会主义和谐社会具有十分重要的现实和指导意义"①。

万物的多样性也是保证天地和谐的重要观念。例如,西周时代的哲人史伯说:"夫和实生物,同则不继。以他平他谓之和,故能丰长而物归之,若以同裨同,尽乃弃矣。故先王以土与金木水火杂,以成百物。"(《国语·郑语》)这里的和谐思想是"统一体内多种因素的差异与协调"②。

综上可知,以儒家文化为核心的中华优秀传统文化对于个人、社会、国家三个层面的社会主义核心价值观都具有涵养和培育的作用。在"三位一体"的核心价值观中,"诚信"既是个体的道德修养,也是社会公正的职业要求,同时也是国家和谐的精神资粮;同理,"公正"既是人性向善恶邪的内在呼声,也是社会治理的内在要求,同时也是国家和谐运行的必然要求;"和谐"既是人内心情感的精神境界,也是人己、人物关系的和美状态,同时也是国家安宁的有序状态。

第三节　培育和践行社会主义核心价值观的途径

对于培育和践行社会主义核心价值观的途径探索问题,学界有不同的见解。如何使中华优秀传统文化更好地融入核心价值观,学者江畅从六个方面对这一课题作了较为系统的探索和思考,具有一定的代表性,有必要引述如下:第一,加强优秀传统价值观融入核心价值观的顶层设计。第二,用优秀传统价值观的内容完善核心价值观理论体系。第三,借鉴传统价值观的话语体系使核心价值观的话语体系更具有中国特色,更适合中国公众的文化心理。第四,修订传统的重要蒙学读物,编写适合不同人群学习优秀传统价值观的通俗读本。第五,让优秀传统价值观进入整个国民教育和职业培训的全过程。第六,利用各种形式和各种媒体传播优秀传统价值观内容。③ 这里的方案只是其中之一。我们认为途径主要有三:根本途径是优秀传统文化,主要途径是实践活动,有效途径是上行下效。

---

① 丁常云:《中和之道与生态和谐》,《中国宗教》2010年第11期。
② 黎红雷:《"和谐观"中西合论》,《中国哲学史》1994年第4期。
③ 陈来:《仁学本体论》,生活·读书·新知三联书店2014年版,第464页。

第八章　中华传统文化与社会主义核心价值观

一　继承和发扬优秀传统文化是培育和践行社会主义核心价值观的根本途径

《关于培育和践行社会主义核心价值观的意见》指出:"中华优秀传统文化积淀着中华民族最深沉的精神追求,包含着中华民族最基本的精神基因,代表着中华民族独特的精神标识,是中华民族生生不息、发展壮大的丰厚滋养。"[①]中华先民很早就认识到,《诗》《书》《礼》《乐》等儒家经典是美好品德的府库。赵衰曰:"《诗》《书》,义之府也;《礼》《乐》,德之则也;德、义,利之本也。"(《春秋左传注·僖公二十七年传》)师乙(对子贡)说:"明乎《商》之音者,临事而屡断;明乎《齐》之音者,见利而让。临事而屡断,勇也;见利而让,义也。有勇有义,非歌孰能保此?"(《礼记·乐记》)以儒家文化为主流的中华传统文化,经过两千多年的历史发展,蕴藏和积淀着内容丰富的"诚信""正义""和谐"等精神价值因子,应深入挖掘、整理有关阐释"诚信""正义""和谐"精神的篇章、格言、成语、典故、谚语等文献资料,将其编入相关教材,并依托课程体系,纳入国民教育当中,然后作出通俗易懂的当代表达,赋予其新的时代内涵。儒家文化的这种丰厚滋养作用是培育和践行社会主义核心价值观的根本途径。因此,我们有必要继承和弘扬古代经典在涵养优秀价值观方面的示范作用。

二　实践活动是培育和践行社会主义核心价值观的主要途径

荀子说:"不闻不若闻之,闻之不若见之,见之不若知之,知之不若行之,学至于行之而止矣。"(《荀子·儒效》)学习儒家文化中"诚信"精神价值的目的是要在身心社会实践活动中落实贯彻它。从个体来说,实践诚信精神有"变化气质""提升品质""滋养德性"的作用;从社会来说,实践诚信有增进"伦理情谊"、有益于"团体和谐"等作用。实践诚信的形式可以是灵活多样的,如传统戏曲中有丰富的诚信人物及伦理思想,具有潜移默化的教育功能,对诚信价值观的培育和践行有莫大助益;如开展组织以"诚信"为主题的征文、演讲比赛、辩论会、学术论坛等活动,以明辨诚信来促进笃行诚信;如开发创制有关诚信典型人物风貌的微视频、微电影等精神文化产

[①]《关于培育和践行社会主义核心价值观的意见》,人民出版社2013年版,第16—17页。

品，以此激励人们向善好德之心等。这些丰富多彩、形式多样的实践活动是培育和践行社会主义核心价值观的主要途径。

三 上行下效是培育和践行社会主义核心价值观的有效途径

儒家认为，在上位的统治者，其行为无论好与坏，对在下位的广大民众来说都具有风向标的导向作用。孔子说："上之好恶，不可不慎也，民之表也。"（《上博楚简·缁衣》）又说："子欲善而民善矣。君子之德风，小人之德草。草上之风，必偃。"（《论语·颜渊》）孟子继承发挥了孔子这一思想，说："君仁，莫不仁；君义，莫不义；君正，莫不正。一正君而国定矣。"（《孟子·离娄上》）党员干部作为中国特色社会主义最先进文化的代表，在培育和践行社会主义核心价值观方面应充分发挥模范带头作用。中共中央办公厅印发的《关于培育和践行社会主义核心价值观的意见》指出："党员、干部特别是领导干部要在培育和践行社会主义核心价值观方面带好头，以身作则、率先垂范，讲党性、重品行、做表率，为民、务实、清廉，以人格力量感召群众、引领风尚。"[①] 历史经验指出，"上正则下亦正"和"上梁不正下梁歪"的正反政治伦理原则，即"上行下效"是培育和践行社会主义核心价值观的有效途径。

总的来说，中华优秀传统文化与社会主义核心价值观的关系可以这样来概括：中华优秀传统文化为培育和涵养社会主义核心价值观提供了丰富的思想资源。培育和弘扬社会主义核心价值观必须立足于中华优秀传统文化的立场。社会主义核心价值观继承和发扬了中华民族的优秀传统文化，它是在建设中国特色社会主义过程中不断形成且具有深厚文化底蕴和精神魅力的价值共识。它们之间是文化根源与继承发展的关系。

第四节 社会主义核心价值观的理论反思

就"社会主义核心价值观"的内容来看，存在概念混淆不清的情况，在培育和实践中容易导致人们意识混乱，以致不能很好落实。正如陈来教授在

[①] 《关于培育和践行社会主义核心价值观的意见》，人民出版社2013年版，第20页。

《仁学本体论》中所说，一个社会的"基本道德"与"核心价值"，在概念上是有所区别的。"核心价值"是团体组织的基本理念，是社会的价值目标和追求，但不一定是个人道德的基本要求。社会的核心价值代表的是国家、社会的目标和导向价值，而当代中国的"基本道德"是要落脚在个人身心实践的道德。①

社会主义核心价值的说法，是倡导富强、民主、文明、和谐；自由、平等、公正、法治；爱国、敬业、诚信、友善。陈来评价说："但这三组十二条二十四字，内容是不一样的，如富强、民主等大多是国家或社会层面的价值取向，爱国、敬业、诚信、友善才是个人层面的价值准则。如果这样来看，很明显，三组价值十二个价值条目，属于个人私德的只有两项，即诚信、友善。这与中国古代特别是儒家的价值体系重视个人道德的重点差别甚大，显示出重政治价值、轻个人道德的倾向，这是几十年来长久形成的一种偏向。"②这就形成一个矛盾而尴尬的局面。陈来说："一方面，我们所强调的道德建设都是与个人道德紧紧相关，而另一方面，我们所说的核心价值体系里面关于个人道德内容又很少，所以，这样一个核心价值体系在道德建设上，无论是培育也好，践行也好，在促进人们讲道德、守道德上很难发挥出作用。"③由于这种文化政策或道德建设上的偏颇，导致现实生活中人们经常把道德当作口号来喊，把道德当作标语来贴，却从不去践行。对此陈来批评说："我们多年来最强调政治价值，不强调个人道德，只要一个人嘴上高喊爱党爱马列，对个人道德就可以不加考究，或只强调公德，不关心私德。在青少年教育中也是如此，只注重政治教育，不重个人基本道德教育，只讲爱学习、爱劳动、爱祖国，而没有传统文化那种对个人道德养成的教育观念，这个流弊对中华民族道德素质的负面影响已经相当深远。这是我们道德建设中的一个具有根本性的问题。不改变这一点，道德建设是不可能见成效的。"④

陈来先生对于社会主义核心价值观在实践中"重政治价值，轻个人道德"以及"只强调公德，不关心私德"弊病的剖陈，对当代中国价值观的构建有

---

① 陈来：《仁学本体论》，生活·读书·新知三联书店2014年版，第464页。
② 陈来：《仁学本体论》，生活·读书·新知三联书店2014年版，第464—465页。
③ 陈来：《仁学本体论》，生活·读书·新知三联书店2014年版，第465页。
④ 陈来：《仁学本体论》，生活·读书·新知三联书店2014年版，第467—468页。

着重要的启示和警醒作用。正所谓"天下之本在国,国之本在家"。由此可见,培育和践行核心价值观作为社会主义道德建设的重要战略任务,只有立基于个人道德的涵养和养成才不至于流于形式和口号。

思考题

1. 如何理解中华优秀传统文化是社会主义核心价值观的思想源泉?
2. 中华优秀传统文化对"诚信"价值观的诠释有哪些层面的内容?
3. 中华优秀传统文化对"公正"价值观的诠释有哪些层面的内容?
4. 中华优秀传统文化对"和谐"价值观的诠释有哪些层面的内容?
5. 培育和践行社会主义核心价值观的途径有哪些?

参考文献

1. 曹础基:《庄子浅注》,中华书局2000年版。
2. (宋)陈淳:《北溪字义》,熊国祯、高流水点校,中华书局1983年版。
3. 陈鼓应:《老子今注今译》,商务印书馆2003年版。
4. 陈来:《仁学本体论》,生活·读书·新知三联书店2014年版。
5. (宋)程颢、程颐:《二程集》,王孝鱼点校,中华书局2004年版。
6. 程俊英等:《诗经注析》,中华书局2017年版。
7. 丁常云:《中和之道与生态和谐》,《中国宗教》2010年第11期。
8. 方铭:《协和万邦与和谐价值观的中国传统文化基础考释》,《西北民族研究》2018年第2期。
9. 顾颉刚、刘起釪:《尚书校释译论》,中华书局2005年版。
10. 江畅:《中国传统价值观及其现代转换》,社会科学文献出版社2020年版。
11. 赖永海:《佛法真意》,商务印书馆2019年版。
12. 黎红雷:《"和谐观"中西合论》,《中国哲学史》1994年第4期。
13. 黎翔凤:《管子校注》,中华书局2004年版。
14. 楼宇烈:《荀子新注》,中华书局2018年版。
15. (宋)陆九渊:《陆九渊集》,钟哲点校,中华书局1980年版。
16. 陆伟明等:《和谐思想的传统意蕴及其现代诠释》,《西安交通大学学报》(社会科学版)2013年第1期。
17. (明)王守仁:《王阳明全集》,吴光等点校,上海古籍出版社2011年版。

18. 王文锦：《礼记译解》，中华书局 2016 年版。

19. 吴德耀：《政治历史文化古今谈》，新加坡胜友书局 1987 年版。

20. 徐元诰：《国语集解》，中华书局 2019 年版。

21. 杨伯峻：《春秋左传注》（修订本），中华书局 2009 年版。

22. 杨伯峻：《论语译注》，中华书局 2009 年版。

23. 杨伯峻：《孟子译注》，中华书局 1960 年版。

24. （宋）张载：《张载集》，章锡琛点校，中华书局 1978 年版。

25. 赵馥洁：《价值的历程——中国传统价值观的历史演变》，中国社会科学出版社 2006 年版。

26. （宋）周敦颐：《周敦颐集》，陈克明点校，中华书局 1990 年版。

27. 周高德：《天人和谐思想对创造良好生态环境的现代价值》，《道教论坛》2013 年第 2 期。

28. 周振甫：《周易译注》，中华书局 2012 年版。

29. （宋）朱熹：《四书章句集注》，中华书局 1983 年版。

第九章　中华传统文化的现代价值

文化，是民族之魂，是一个国家之所以独一无二的精神标识。四大文明古国中，中华文化并不是历史最悠久的，但却是唯一一个绵延不绝、未曾中断的。历经数千年的积淀与发展，优秀的华夏传统文化是中华民族的文化根脉，更是华夏儿女的精神家园，其博大精深的思想内涵已渗透于我们的日常生活、工作中，构成中华民族之魂，并仍然发挥着至关重要的作用。在2019年3月4—13日的全国政协十三届二次会议上，习近平总书记就强调指出："一个国家、一个民族不能没有灵魂。……哲学社会科学工作就属于培根铸魂的工作，在党和国家全局工作中居于十分重要的地位，在新时代坚持和发展中国特色社会主义中具有十分重要的作用。"[1] "培根铸魂"一语，清晰地点明了哲学社会科学在国民的心性塑造、民族精神的弘扬中独特的启迪作用，它是我们在世界文化激荡中站稳脚跟的根基。一个国家、民族不能没有灵魂，博大精深的中华优秀传统文化，不仅是建构中华民族精神家园的源头活水，同时也是马克思主义中国化的文化桥梁，它对世界文明具有独特的贡献作用。

第一节　中华传统文化是建构中华民族精神家园的源头活水

中华传统文化是中华民族精神家园的源头活水，可以从器物层面、制度层面和思想层面三个方面来进行理解和诠释。其中，器物层面主要通过历史上遗留下来的诸多器具和遗迹来展现，这个层面主要立足于文化的最表层；

---

[1] 《坚定文化自信把握时代脉搏聆听时代声音，坚持以精品奉献人民用明德引领风尚》，《人民日报》2019年3月5日第一版。

制度层面主要通过中国传统的风俗习惯、典章制度等了解中国传统的礼制；思想层面是文化的最高层次，包括诸子百家、四书五经、诗词歌赋、书画戏曲剧等，这个层面的文化是中华文化的精髓，儒释道思想贯穿其中。经过漫长的岁月发展逐渐相融，形成了中国特色的传统文化体系，凝练出以儒释道思想精神为主的中华文化精神，更成为中华民族精神家园的源头活水。

相较于古希腊文化对人与物的关系的注重，中华传统文化更注重人与人的关系发展，强调"先做人后做事"，看重伦理道德及个体修养的提升，关注修身和修心、炼形与炼神的有机统一。[①] 中华文化所表现出的人文修养、和谐自然等精神特质都可以从儒释道思想中得到体现。可以说，中国文化是儒道互补、儒释道三教并流的文化。儒家和道家是中国本土性的文化，道家和儒家一起构成中国文化的基本基调，"儒道互补"塑造了中华民族的民族性格。著名学者林语堂先生说，中国人在得意时是儒家，在失意时是道家，很形象地概括了中华民族这种"儒道互补"的传统。

一 以立身为基、修身为本的儒家

作为中华传统文化的思想核心，儒家思想一直以其立身为基、修身为本的仁学思想作为主要标志。从尧舜开始，中华传统文化就已初具道德观和人伦观，孔孟将其进一步传承发扬，形成了中华文化的"德本文化"。从圣人到君子，其成才过程必先基于立身修身，而后推己及人，"己欲立而立人，己欲达而达人"（《论语·雍也》）。可以说，儒家思想能够长期屹立于中华文化之林，正是因为其德文化的先进性所使然。

一直以来，儒家思想以修身为本，而以平天下为终极目标，"礼之用，和为贵。先王之道，斯为美，小大由之。有所不行，知和而和，不以礼节之，亦不可行也"（《论语·学而》），"己欲立而立人，己欲达而达人。能近取譬，可谓仁之方也已"（《论语·雍也》）等论述，都是儒家仁爱之举和修身之道

[①] 德克·卜德（Derk Bodde）曾在其《构成中国文化的主要思想》一文中指出："他们（中国人）并不认为宗教思想和宗教活动是生活中的重要部分，中国文化的精神基础不是宗教，而是伦理。" Derk Bodde：*Dominant Ideas in the Formation of Chinese Culture*，Princeton University Press，1981. p. 132. 德克·卜德的点评非常中肯，中国儒释道精神并非严格意义上的宗教信仰，而倾向于一种哲学式的人生思考，并致力于外在世界的内化。

的体现，同时也是实现修身齐家治国平天下最终理想的途径。可以说，儒家思想在中华传统文化中的方方面面都有所渗透，从个人的道德修养到国家的兴衰存亡，都是以积极的入世心态来践行仁者情怀，体现仁者的胸怀与境界，从曾参"士不可不弘毅，任重而道远"（《论语·泰伯》）的责任意识，到孟子"生于忧患，死于安乐"（《孟子·告子下》）的危机意识，都是儒家修身意识的集中体现，也是儒家思想长期主导中华文化的主要原因。自古以来，古圣先贤就非常注重修身，认为修身是把社会道德规范转变为个体道德品质，并转化为个体道德行为，使之成为意志坚定、人格超拔的君子的关键环节。《大学》中就有"自天子以至于庶人，壹是皆以修身为本"的经典表述，儒家圣贤不仅把修身与齐家、治国、平天下放在一起进行关联，而且把修身看作齐家、治国、平天下的基本前提，认为"身修而后家齐，家齐而后国治，国治而后天下平"（《大学》），儒家强调官员为政必须先修身，通过自我的自觉道德修养，成为心理健康、道德高尚且人格健全的个体，为日后担当治国、平天下的重任打好基础。

正因为如此，儒家思想的开创者孔子主张，为人处世首先应把理想人格的追求作为人生各种需求中最重要的一项。孔子倡导"修己""克己""慎独"的修养工夫，主张："饭疏食，饮水，曲肱而枕之，乐亦在其中矣。不义而富且贵，于我如浮云。"（《论语·述而》）他鄙视不义之财的获取，认为生活的艰苦并不可怕，如果因为艰苦而赚得不义之财，这才是可怕的，孔子更把不义之财的获得看作浮云一般的存在；孔子甚至主张，"一箪食，一瓢饮，在陋巷，人不堪其忧，回也不改其乐，贤哉回也"（《论语·雍也》），强调即使在物质生活极度艰苦的情况下，只要秉持高尚的修身与人格精神追求，一个人依然可以豁达乐观而自得其乐。孟子继承孔子的思想，主张"存心""养性""集义""养气"，并强调，"君子以仁存心，以礼存心"（《孟子·离娄下》），"学问之道无他，求其放心而已矣"（《孟子·告子上》）。孟子非常重视读书人存心养心的工夫，认为存心养心以至尽心，都是为了更好地扩充心之善端，成就一道德的人格世界。在孟子看来，尽管心之善只是"端"，是"几希"，但它是具有无限生命力的种子，只要能"养"、能"存"，便能无限"伸长"，形成一个道德的人格世界。这种伸长，孟子称之为"扩充"，即"尽心"。也就是说，在古代，读书人非常重视和强调修身自律，把检省自己作为每日的必修课，并把外在的"制约"化为内在的"守约"，通过反躬自省来提高自身觉悟和修养。北宋有一个叫赵概的官员，经常在案头摆放一个瓶子、黑白两种豆子，起一善念，则投一白豆于瓶；起一恶念，则投一黑豆于瓶。起初，黑豆非常多，但随着他进行自我内省以磨砺克制，摆在他面前的瓶子中的白豆竟越来越多，而黑豆却越来越少。北宋政治家兼史学家、文学家司马光，每天在就寝时都会反省自己一天的所作所为，若自己的所作所为与所获取的俸禄相当，司马光就会感觉心安，并能安然入睡；若自省时，自觉稍有不及，则会"终夕不自安"。古代读书人正是通过这种严格自律的自省方式，来及时扫除"心魔"，而渐入"臣门如市，臣心如水"的清净心境。

经过长期的文化积累，儒家形成了一套磨炼人的意志、砥砺人的精神的修身功夫，从"格物""致知""守静"，到"慎独""吾日三省吾身""反躬自省""克己""持敬"等，都成为读书人修身的方向和方法，以做到静以修身、俭以养德，"心不动于微利之诱，目不眩于五色之惑"（《佛祖历代通载》），从而保持人生的定力。

中国古代学人正是通过这种修养方式凝练成了立身为基、修身为本的人格修养精神，并长期浸润于这一氛围中，为齐家、治国、平天下做铺垫。这一德性修养主旨为爱国主义和集体主义精神提供了精神根基。

二 倡导游心之说、无为之道的道家

道家思想，最早可追溯至伏羲、黄帝及炎帝等上古时期，以"道"探寻人生与外界。然而，完整的道家思想体系的真正形成则是以春秋时期的老子作为主要标志。

道家思想以道、无、自然、天性等为核心理念，认为天道无为而道法自然，据此，道家提出无为而治、以雌守雄、以柔克刚等思想，对中华文化思想的发展产生了极大影响。道家指出："道生一，一生二，二生三，三生万物。"（《道德经·第四十二章》）认为道无所不在、无处不在，且永恒不灭。道家重视人性的自由与解放，"为学日益，为道日损"（《道德经·第四十八章》），"此亦一是非，彼亦一是非"（《庄子·齐物论》）。在道家看来，解放一方面是针对人知识能力的解放，另一方面是针对人心境的解放。从《道德经》中，我们还读到了老子的生活经验和体会，"人之生也柔弱，其死也坚强。草木之生也柔脆,其死也枯槁。故坚强者死之徒,柔弱者生之徒。是以兵强则灭,木强则折。强大处下,柔弱处上"(《道德经·第七十六章》)。老子认为,一个有生命的身体,一定是韧性的或柔软的,反之,则是僵硬的。也因此,老子体悟到"坚强者死之徒,柔弱者生之徒"的生命智慧,认为兵强则灭,木强则折,木秀于林风必摧之,"强梁者不得其死"(《道德经·第四十二章》)。而老子这种来自"道"或万物存在的"柔弱"性格落实于人生,就是"柔弱胜刚强"的人生哲学智慧,它昭示我们,在生命的拼搏过程中,要以耐心、韧性以及虚灵不昧的心态去接受、包容他人、他物,永怀谦卑恭敬之心,虚怀若谷、收敛锋芒,对他人、他物及家国天下怀有敬畏和感恩。为此,道家呼吁"为而不争""利而不害"(《道德经·第八十一章》)、"修之于身,其德乃真"(《道德经·第五十四章》)、"乘天地之正,而御六气之辩,以游无穷"(《庄子·逍遥游》)、"以朴应冗,以简应繁"(《庄子·逍遥游》)等修养工夫,以及"谦""弱""柔""心斋""坐忘""化蝶"等修养方法来面对社会生活。

人生发展的不同阶段需要不同的文化经典进行滋润和陶冶。当儒家思想重于担当和使命,道家思想则侧重于生活的自在与洒脱。孔孟和老庄,都是中国文化的组成部分。在某种意义上来说,道家强调的更多的是在任何历史情境中都行之有效的生存智慧。也因为道家强调应对智慧,而不以自己的发展规格为主,因此,道家思想有利于人在拼搏途中遭遇磨难、打击、小人暗算的心理调整和休养生息。这一思想倾向有利于安定千百年来中国士大夫失意于儒家本位的官场文化之后的心态调整和良性发展的心性世界,尤其在工具理性日益发达和张扬、各种物质诱惑接踵而至的今天,可以帮助人们,尤其读书人有效地调整自己的精神面貌,积极应对人生。

三 主张生命之悟、因缘之论的佛教

中华传统文化在历史发展的长河中也吸收了外国的优秀文化成分,佛教的融入即是对外国文化的包容和接纳。佛教最初来源于古印度,也被称为"释家"。在汉代传入中国以后依附于黄老之术,后来又依附于玄学。在动荡不安的历史进程中,历经多次更朝换代,与儒道思想经过冲突与碰撞,主动适应了中国社会文化与民俗风情,逐渐与儒道思想交汇,于隋唐时期开始创

宗立派，形成了具有中国特色的佛学理念和教派。隋唐以来，佛教在中华传统文化中的重要位置最终被奠定，天台宗、华严宗，尤其禅宗的创立，标志着佛教中国化的完成，而成为具有中国特色的佛教文化。

佛教否定宿命论，不鼓励人听天由命，而认为人可改变命运。佛教主张诸法"因缘而生"，由此，命运也是因缘生法。然而，坏的命运可以借种植善因善缘而加以引导和改变。也就是说，人的命运可以通过行慈悲、培福德、修忏悔而加以改变，因此，命运并不是必然如此而不可更改的，再糟糕的命运也能透过人的种种修持加以改造和提升。相反，好的命运若不时时以行善加以维护，就会逐渐失却、堕落，乃至消失。这就是所谓的"居安思危"，与儒家所提出的修养工夫有殊途同归之功。同时，佛教还主张万物相互依存，"因缘和合而生"（《偈颂二百零五首》）、"众生即我，我即众生"，在因果循环中相依相存，这一理念在某种意义上正是"人类命运共同体"开展的思想起点。佛教在世界观方面凸显了其超逸的处世态度和无私的精神境界，如，中国化的佛教——禅宗以佛禅心性论为主导，强调其自性意识，激发人的自立自强意识，以促生人不畏强权的坚定信念和不惜牺牲的精神。值得留意的是，佛禅主张随缘任运、处处是禅的禅机观，这在某种意义上可以鼓励人回避对社会的责任，这与儒家积极主动通过修养自身勇于担当的责任意识有某种共识。也正因为如此，南宋时期的高僧大慧宗杲禅师弘扬以"忠义之心"入世，试图通过这一思想来激励世人救国家于危难之中，因此，当时有很多士大夫非常愿意与大慧宗杲禅师交游。佛教的最终宗旨——倡导慈悲为怀、善待万物及众生平等，这些思想对于中华民族的发展和崛起具有伟大卓越的时代意义。

可以说，中国佛教思想的发展与儒道思想不可分割。北宋著名文学家苏轼曾感慨："儒释不谋而同""古来仙释并""江河虽殊，其至则同"（《苏轼文集》）。从苏轼的感慨可以看出，佛学在中国的发展已不仅仅是一种宗教信仰，抑或可以如此诠释：佛教帮助读书人找到豁达通透之法，从而获得对生命、生死的参悟和通达。在中国传统社会，佛教是文人墨客入世拼搏途中遭遇磨难和挫折时得以重新崛起的精神寄托，更是脱离苦海的途径之一。

中华传统文化作为中华民族的血脉，自古以来代代相传、一以贯之，是中华民族独特的精神标识和精神家园。中华民族在儒家思想的引导下，以德为先，与人为善；在道家思想的影响下，不肆意妄为而顺应自然；在佛教思想的感召下，讲求善缘，并追求精神解脱，等等。尤其中华传统文化中"天人合一"的哲学理念，更体现了中国人对和平、和谐的向往，《中庸》中"中也者，天下之大本也；和也者，天下之达道也"，正是这一主旨精神的展现。著名国学大师汤一介先生曾指出，中华传统文化最为显著的一个特点和优势就是追求"普通和谐""普遍和谐"，这体现在儒释道三家中，既包括自然万物之间的和谐、人与自然的和谐，也包括人与人之间的人际和谐及人与自我身心内外的和谐。汤先生的这一观点鲜明且较全面地凸显了中华文化的本质。可以说，中华文化五千多年的发展历史，除了无与伦比的艺术成就，其德本、和谐（和合）①、爱国、爱民意识、耐心、韧性、包容意识，以及自性意识等文化内涵，与现代文明社会发展中的自由、平等、民主等理念是相契合的，"天下情怀"和"为人之道"的思想理念更应成为现代人类文明发展的普世之道。

以现代视域来看，中华传统文化不仅依然是建构中华民族精神家园的源头活水，同时更为时代发展所需要。

第二节 中华传统文化是马克思主义中国化的文化桥梁

中华传统文化体现了中华民族的精神品质，是中华民族经过长年累月的历史积淀积累的宝贵的精神财富。在不同的历史时期，中华传统文化遭遇不同的经历和考验。近代以来，中华传统文化遭遇了外来文化的冲击，尽管几经转型与尝试，但都没能及时实现文化转型和重构的时代目标。随着马克思

---

① 张立文先生指出，和合思想是中华民族人文精神核心理念和首要价值之一，是中华传统文化思想的精粹和生命智慧，是中华民族精神的精华和道德精髓，也是中华心与体、根与魂的表征，是中华民族一以贯之的文化理念、思想实践、理想追求的目标。现代意义上的所谓和合，是指自然、社会、人际、心灵、文明中诸多形相、无形相的互相冲突、融合，与在冲突融合的动态变易过程中诸多形相、无形相和合为新结构方式、新事物、新生命的总和。尚和合作为中华优秀传统文化，以其悠久、博大、精深的内涵，具有持久的民族凝聚力、向心力、亲和力，唤起民族的认同感、归属感、安顿感，是中华民族建设精神家园的需求，是滋养当下我国社会主义核心价值观的重要源头活水。张立文先生的这一点评非常中肯，指出了中华传统文化的基本思想宗旨。参阅张立文《尚和合的时代价值》，《浙江学刊》2015年第5期。

主义传入中国，也伴随着该思想理论被应用于解决中国实际问题，马克思主义科学理论逐渐渗透和植根于中华优秀传统文化中，为中国革命、建设以及改革提供了科学的理论指导，这一过程也同时实现了中华优秀传统文化与时俱进式的飞跃。马克思主义在指导中华传统文化转型的过程中实现了与中华优秀传统文化的有机结合，这一结合同时也是马克思主义中国化的过程，二者互促共进，共同推动了中国革命与社会主义建设事业的顺利和快速发展。马克思主义中国化，简言之，即为将马克思主义基本原理同中国革命、建设和改革的实际情况相结合，植根于优秀的中华文化之中，同中华民族的优秀历史传统和优秀文化结合起来，既坚持马克思主义，又发展马克思主义。与中国革命与建设的实际情况相结合，找出适合中国国情的社会主义革命和建设道路，不断形成具有中国特色的马克思主义思想理论成果的过程，同时，反过来又把中国革命、建设和改革的具体实践、历史经验上升为马克思主义理论的过程。

一 中华传统文化与马克思主义中国化融合的逻辑意蕴

中华优秀传统文化不仅为马克思主义中国化提供了坚实的文化根基，成为马克思主义中国化源源不断的本土性内部动力，同时也是马克思主义与中国化相互作用的间接纽带。

（一）中华传统文化与马克思主义中国化融合的历史逻辑

思想文化的选择往往同一个民族社会发展道路的抉择紧密联系在一起。文化理论在一个民族发展中的实现程度取决于该文化理论满足民众现实需要的程度。中国近代社会的民族危机和社会动荡将马克思主义和以儒家文化为核心的中华传统文化两大思想体系推向了革命的历史舞台。哪种文化思想能解决民族解放、国家独立的时代课题，哪种文化思想就能成为重振国家理想信念的指导思想。显然，被封建传统知识分子视为圭臬的儒家文化在"中体西用"的洋务运动和推行君主立宪的改良浪潮中，无法满足提振民心、指导革命的现实需要。五四运动中，封建传统文化的权威地位一度被"民主"和"科学"的新文化理念所驱逐和取代，封建官僚专制的文化观念已经落后于时代发展和社会改造需求。

在这一动荡的民族危机中，俄国的红色十月革命给中国送来了马克思主义。俄国十月革命的胜利不仅开创了人类发展历史的新纪元，同时为世界各国的无产阶级革命、殖民地和半殖民地的民族解放运动开辟了胜利前进的道路。作为一种先进的救国思想，马克思主义传播到中国大地之时，中国共产党的先驱者们对国内流行的各种主义和社会思潮进行比较之后，坚定地选择了马克思主义作为批判封建文化落后性思想的理论利器。事实上，这一批判并非彻底否定和抛弃中华传统文化，而是在批判、慎思中汲取中华文化中的优秀文化思想精髓。从近现代史上中国革命道路的历史选择来看，中华传统文化既有作为封建制度意识形态的落后腐朽性，也有可以利用并改造为新时期民族文化的先进内容。中华文化所既有的包容开放、与时俱进以及其中的内圣外王之道、家国情怀意识及修齐治平等思想智慧，都在先驱者们的慎思中被适时地汲取和吸收，并用至马克思主义中国化的理论建构与革命实践中，成为马克思主义与中华传统文化融合的思想契机。中国共产党的先驱者们强调用马克思主义的立场、观点和方法，对中华传统文化的思想遗产进行总结并予以理性反思，以剔除其糟粕，汲取其思想精华和智慧。不仅如此，党的先驱者们更依据当时时局的变化形势及革命实践斗争的需要，以马克思主义的立场、视域对中华优秀传统文化予以重新审视，以进一步促进中华传统文化有益思想的发展，并用中华传统文化能够与时俱进的积极思想对马克思主义作出新的思想诠释，让中国化的马克思主义在中国的传播更加接近中国的民俗风情，以进一步吻合中国国情而深入人心，由此而使得中国化的马克思主义成为加速中国改革进程、推动中国社会进步的文化力量。

（二）中华传统文化与马克思主义中国化的融合

从中国近代革命的现实选择来看，中国化的马克思主义已经成为指引中国革命道路并进而实现中华民族复兴的思想行动指南。马克思主义与中华优秀传统文化一样，同样具有包容开放、与时俱进的思想理论特质，马克思主义的发展从来没有脱离世界文明的发展道路而独立发展，相反，其发展是在广泛汲取人类文明优秀成果的基础上，在各国社会发展的真实实践中丰富、发展马克思主义自身的思想理论内涵，从而针对各国发展的具体实际情况，变通地成为指导各国无产阶级政党革命建设的行动指南。在指导中国革命的过程中，马克思主义实现了中国化，并与中华传统文化汇聚融合。中华传统文化在数千年的历史发展长河中历经演变，在经历了儒释道的纷争与合流之后走向汇聚融合，由此成为四大文明古国中唯一一个持续发展未曾中断的古典文明。在时代发展的革命进程中，中国化的马克思主义与中华传统文化都以植根于中国特色社会主义的伟大实践作为基本的前提条件，同时，两者都有其一定的功能与作用，然而又各有不同。坚持马克思主义中国化思想理论的指导地位，并非否定、忽视中华传统文化能够与时俱进的价值意蕴和时代精神，如果说马克思主义思想理论倾向于对社会发展道路与制度选择方面予以引导的话，那么，中华传统文化则更"关注"中华民族精神的涵养、民族凝聚力的提升、国民品性的陶冶、公民价值取向的引导、民族审美品位的提升以及公民健全人格的塑造与完善等方面。中华优秀传统文化在源远流长的历史长河中所积淀的深层次的民族精神和理想追求，如自强不息的龙马精神、厚德载物的重道指向、经世致用的淑世取向及开朗豁达的乐观精神等文化思想传统，依然被社会公众所推崇、践行，并长期发挥着重要的价值引导作用，它们是中华民族的根和魂，更是我们屹立于世界民族之林最直接的民族文化标识。在马克思主义中国化与中华传统文化的相融中，中华传统文化中的很多人文精神，如治国智慧、人格理想、家国意识以及生态和谐发展观等思想，都在马克思主义中国化的思想理论中，以社会和谐发展观、生态文明观以及社会主义核心价值观等思想体现出来。也因此，中华民族伟大复兴的中国梦，在中华民族持续稳步发展的今天，迫切需要我们坚定不移地坚持马克思主义中国化的思想理论在中华民族当代发展意识形态方面的主导地位，坚持社会制度的进一步完善，以促进社会主义先进文化的创新发展，更需要我们倡导中华传统文化的多元创新与发展，实现中华优秀文化的创造性利用、创新性发展与转化，以达到与时俱进，发展出进一步与时代主题相契合的先进文化，更好地服务于当今中华民族伟大复兴的中国梦的实现。

因此，基于中国近代革命和现代建设的实际，实现马克思主义中国化与中华传统文化的有效融合，突破中华传统文化发展的历史局限，发挥其优势，承载更多的民主、科学、理性和文明发展的基因，成为中华传统文化现代转型的一个发展趋势，也是马克思主义思想意识形态下中华民族思想精品的传承和民族文化的复兴，而非落后复古主义的"文化翻新"。可以说，中华传统文化的复兴是在马克思主义中国化的历程中实现的优秀先进文化的复兴，两者共同统一于中国革命与建设的历史征程和伟大实践中。

二 中华传统文化与马克思主义中国化的辩证关系

中华传统文化与马克思主义中国化之间存在着对立统一的辩证关系。尽管两者在产生的思想渊源、理论建构及服务功能等方面存在非常大的差异,然而,在中华民族精神的塑造、核心价值理念的树立及民族思维方式的思考等方面,两者契合点却非常多。也就是说,两者并非相互冲突的矛盾关系,也并非可以简单类比的相互替代关系,而是各有长短,各有各自不同的特色和优势及时代价值。在中华民族伟大复兴中国梦的实现历程中,中华优秀传统文化与中国化的马克思主义相互促进、取长补短。

(一)中华传统文化促进马克思主义中国化的发展

经过五千多年的历史积淀,中华优秀传统文化中的许多思想精髓已成为中华民族发展的深层次基因,并渗透到新时代马克思主义中国化的思想理论成果中。从习近平主席所提出的新时代中国特色社会主义思想关于全面建成小康社会和实现两个一百年奋斗目标的规划,我们可以看到,这一规划不仅加大了马克思主义的中国化进程,更继承发扬了中华传统文化中的许多精髓思想。中华传统文化的优势就在于,它从哲学和科学的角度对宇宙、社会和人生的本质、意义予以揭示,既充分说理,又进行实证,它比一般的宗教更具有说服力。中华传统文化中"先天下之忧而忧,后天下之乐而乐"(《岳阳楼记》)的政治抱负,"位卑未敢忘忧国"(《病起书怀》)、"苟利国家生死以,岂因祸福避趋之"(《赴戍登程口占示家人二首》)的报国情怀,"富贵不能淫,贫贱不能移,威武不能屈"(《孟子·滕文公下》)的浩然正气,以及"人生自古谁无死,留取丹心照汗青"(《过零丁洋》)、"鞠躬尽瘁,死而后已"(《后出师表》)的伟大献身精神等,都体现了中华儿女忧国忧民的向心力、凝聚力和中华民族向往建成大同社会的理想气概,这既是一个民族对所选择的发展道路的写照,也展示了中华文明发展的历史延续性和民族传承性。也就是说,社会发展目标的实现,往往与民族历史文化的发展传承密不可分。从这一意义上来说,独特的中华传统文化决定了中华民族伟大复兴"中国梦"的目标定位和实践路径,同时也成为新时代马克思主义中国化可资借鉴的历史文化资源。可以说,对于马克思主义思想理论而言,构建何种社会,实现怎样的转换和社会治理,都需要结合中华民族具体发展的实际国情来探寻和汲取合乎社会发展变化的思想理论。无论是治国理政，还是发展路径，抑或是改革开放等方面，马克思主义的中国化都离不开对中华优秀传统文化中相关智慧思想的汲取。中华优秀传统文化中勤政爱民、廉政尚德的管理智慧，"民惟邦本，政得其民"（《孟子·离娄上》）、"水可载舟，亦可覆舟"（《荀子·哀公》）、"生于忧患，死于安乐"（《孟子·告子下》）、"居安思危"（《丁未之冬营房告成有亭翼然名之曰劝功且为歌》）、修齐治平、"公生明，廉生威"（《官箴》）、"无教逸欲，有邦兢兢业业"（《尚书·虞书·皋陶谟》）的反腐倡廉教育和廉政文化建设的思想等，都为当代中华民族如何更好地治国理政提供了丰富的治理经验，为马克思主义执政党全面落实从严治党提供了丰富的思想文化资源，更为马克思主义中国化提供了思路。不仅如此，中华优秀传统文化中的哲学思维也为马克思主义的中国化提供了很多有益的思维方法，如中华传统文化中"天人合一"的整体和谐统一宇宙观，"和实生物""和而不同"、海纳百川、博施济众及维新变革的文化发展观等，与马克思主义的哲学世界观及辩证思维方法在很大程度上具有一定的契合度；中华传统文化中更有积淀数千年历史的中华传统美德思想，"己所不欲，勿施于人""与人为善""推己及人""君子忧道不忧贫""俯仰无愧"的做人道德底线，"大道之行也，天下为公""天下兴亡，匹夫有责""止于至善"的社会责任感，"兼善天下""利济苍生""修身齐家治国平天下""见贤思齐焉，见不贤而内自省也"的成圣成贤君子人格要求，以及重仁义、守诚信、扶正扬善、扶危济困、见义勇为、孝老爱亲的思想理念和道德规范等，都是中华民族在长期实践中培育和形成的永不褪色的价值资源，这些思想与我国当前提高社会大众的道德水平和社会主义核心价值观的培育具有密不可分的相连关系，并成为涵养当代社会主义核心价值观的重要思想渊源。这些思想为当代中国的发展提供了大量的文化资源和思维借鉴模式。

总而言之，中华民族的当代发展离不开马克思主义的理论支撑，而马克思主义的中国化也离不开中华优秀传统文化的充实和"滋养"。

(二) 马克思主义中国化促进中华传统文化的传承与转型

马克思主义的中国化既是马克思主义思想理论与中国革命、建设的具体实际相结合的结果，也是同中华民族历史传统和优秀文化结合的结果，更是马克思主义理论发展的内在要求。恩格斯曾明确指出："马克思的整个世界观不是教义，而是方法。它提供的不是现成的教条，而是进一步研究的出发点和供这种研究使用的方法……"① 也就是说，马克思主义思想理论的主要任务为，各个国家结合自己不同发展时期的具体实际情况，将马克思主义进一步具体化，并开辟符合自身发展的独特道路。这是马克思主义思想理论的应有之义。在某种意义上来说，中国化的马克思主义为马克思主义思想理论增添了新的特色内容，而在中国最大的成果就是开创了马克思主义中国化的新境界，建构了中国特色的社会主义理论体系，并与时俱进。反过来，则体现为思想上不断对马克思主义中国化的推进。马克思主义在中国的拓展和深化，就是要将马克思主义的立场、方法、观点同中国发展的具体实际及中华民族的历史传统和时代文化相融合，以进一步推进马克思主义的中国化，践行现阶段我国特色社会主义建设的规划和蓝图。

为了推进马克思主义中国化与新时代中国特色社会主义伟大事业的进展，必须加大传承和弘扬中华优秀传统文化中的有益思想要素。千百年来，中华传统文化的思维方式和行为规范已经过长年累月的积淀，在中华儿女的思想观念和行为规范、模式等方面起着重要的引导作用，中华传统文化更因其历史上的农耕文化、宗法家庭背景，以及以儒家文化为核心理论的典型思想特征，具有明显的大众性、共享性、和谐性、融洽性及凝聚性，而这些都为马克思主义与中华传统文化的有机融合提供了根基。中华传统文化的现代化转型既顺应了时代发展的要求，同时又促成了从传统模式向现代类型转换的文化形态；马克思主义的中国化反过来进一步促进了中华传统文化的现代转型，以进一步提升中华民族发展的文化软实力，增强民族凝聚力和团结和谐力。这是中华民族对外文化交流顺利开展的需要，也是世界文明和谐发展的需要。从某种意义上来说，马克思主义中国化为中华传统文化的现代转型提供了方法和价值论层面的科学指导，它以系统继承中华优秀传统文化中的有益思想元素为基本内容，以文化整合与创新为根本方法，以促进人的全面发展、实现社会终极关怀为根本目标，从而实现整体转化。这是中国化的马克思主义对人类社会历史和社会主义建设发展的基本规律的理解和把握，这一特性具

---

① ［德］恩格斯：《致威纳尔·桑巴特》，《马克思恩格斯全集》第39卷上，人民出版社2016年版，第406页。

有非常典型的与时俱进的思想理论品质。而中华传统文化的现代转型正是要建设一种凸显中华民族的文化特色，并体现时代精神、符合中华儿女需求的特色社会主义先进文化。

马克思主义的中国化与中华传统文化的契合性特征，使得它能够为中华传统文化的现代转型提供方法论上的科学指导，在反思、批判继承并融汇创新的文化转型原则及发展模式的基础上，进一步做到古为今用、洋为中用，从而实现中华传统文化的传承与现代转型。

三 中华传统文化与马克思主义中国化融合的复兴之道

中华民族的革命历史证明，中国的变革和进步离不开马克思主义，反之，马克思主义中国化的进程又离不开与中华传统文化的双向融合发展。中华民族的当下发展，中华民族伟大复兴中国梦的实现，必须同中华文化的发展复兴紧密联系。充分认识到伟大复兴的中国梦实现的征程，同样也是中华文化复兴的光明之道。这就需要我们进一步关注两种文化在融合、转化发展中的差异性，把握中国化的马克思主义在思想领域的一元主导地位，同时关注文化样态的多样化特征和发展趋势，以推动中华优秀传统文化的持续创新。

（一）加强用马克思主义的立场、观点和方法对中华传统文化加以判断、扬弃

我们应认识到马克思主义诞生的时代背景和思想理论渊源与中华传统文化产生的具体背景、思想渊源及国情、内容形式等具有较大的不同与差异，这就要求我们在高度关注两种文化的现实差异时，须注重两种文化的互融双向发展，我们不能忽视对马克思主义中国化文化内涵的解读，更不能割裂中国化的马克思主义同中华优秀传统文化之间的关系。中华传统文化在其形成和发展过程中，不可避免地会与其陈旧过时，甚至有害的糟粕性思想同在共存，这就需要加强用马克思主义的立场、观点和方法对其加以判断、扬弃。可以说，以马克思主义的基本立场科学地诠释中华传统文化是马克思主义中国化与中华传统文化融合的基本出发点。马克思主义中国化，是将马克思主义的基本精神与中华民族的民族精神融为一体，并使马克思主义的基本精神内化为中华民族的灵魂，进一步给中华民族精神增添新的内容与活力。同样地，中华传统文化中所蕴藏的许多珍贵思想与智慧，如"君子当自强不息"

的龙马精神,"厚德载物"的德行指向,"耕读传家"的生产、教育理念,以及岳飞的精忠报国等思想,都需要在马克思主义的视野和方法指导下进一步进行深入发掘和提炼,以对其中的概念、范畴及思想加以与时俱进式的批判汲取,以赋予其新的时代文化内涵、魅力和风采,走向中华民族的复兴之道。中华传统文化内容丰富、样式繁多,涉及社稷民生等日用常为的方方面面。正因为如此,它既能满足中国先进知识分子的精英文化需求,也适合普通大众的文化需求。同时,需要留意的是,中华传统文化与中国化的马克思主义在其政治功能方面也存在较大的差异。就目前的中国现实发展要求来看,中华传统文化显然在承担强大的社会政治功能方面是无法与马克思主义思想理论相媲美的。在这种意义上来说,两者融合的重要方式更应在马克思主义方法、原则、路径的指导下,借用中华传统文化的优秀精髓内容、语言表达方式等,对中国化的马克思主义进行解读,从而使其以符合中国大众的思维、交流方式,转化成能够真正被中国大众理解、认可的大众化力量,以及早实现中华民族伟大复兴的中国梦,建设中国特色的社会主义。

(二)用中国特色的社会主义思想理论体系推动中华优秀传统文化的发展

尽管中华传统文化有其多元样式及丰富的审美内容,却又因其在数千年历史发展进程中不可避免地具有历史和阶级的局限性,中华传统文化目前无法在中华民族主流意识形态方面做出政治理论功能上的指引。因此,对中华传统文化的传承,我们既不能不加遴选而全盘继承,更不能对其消极落后的内容转为今用。我们不仅要坚持用马克思主义思想理论审视、反思中华传统文化的具体内容和表现方式,牢牢树立和坚信马克思主义在思想文化、意识形态领域的指导地位,同时还应该通过中国特色的社会主义思想理论体系推动中华优秀文化的发展。先进的政治思想理论要想在新时代得到创新发展和大众化传播,就必须关注它与中国本土文化的融合,尊重和承认文化的差异性与多元发展性。中国特色的社会主义思想理论体系为我们指明了思想文化领域的一元主导性与文化多样化的统一,它坚持以马克思主义思想理论为指导方针,弘扬和传承中华传统文化,以进一步提升社会主义特色文化的精神内涵和审美品位。社会主义特色的先进文化与中华传统文化在内涵上具有互补性,要充分认识和传承中华传统文化中与中国特色社会主义文化具有互补性和贯通性的元素,批判性地继承和融合民族传统文化。中华传统文化因长期的历史发展,不可避免会存在诸多不足,这就需要以当今社会主义先进文化建设的理念和实践来予以匡正,对传统文化中的宝贵思想要素和艺术精品加以提炼、加工,突出传统文化的民族特色及社会主义性质,打造和凝练出能够融入中国特色社会主义先进文化中的有益内容,使其在新时代的中国社会主义建设中得到更加广泛的传播和发展。当然,需要注意的是,在对中华传统文化的传承中,还应回避和抵制文化思想领域可能出现的历史虚无主义、文化霸权主义和文化保守主义,真正做到取其精华、去其糟粕,以中国特色社会主义思想理论体系来推动中华优秀传统文化的发展,建设社会主义先进文化,并进而实现民族文化的伟大复兴。

在传承和弘扬中华传统文化上,既要坚持马克思主义科学世界观、方法论的指导作用,倡导社会主义核心价值观的践行,又要推动社会主义先进文化"百花齐放、百家争鸣"的文化发展格局,以促成文化的多样性发展。

第三节 中华传统文化对世界文明发展的独特贡献

在现代文明社会的发展进程中,"人类面临五大冲突,即人与自然、人与社会、人与人、人与自我心灵以及不同文明之间的冲突,由这五大冲突,造成了生态、社会、道德、精神以及价值的五大危机。五大冲突和五大危机时时刻刻在困扰着我们的社会,困扰着这个世界的每一个人"[1]。而中华传统文化最基本的特点是以"德"为价值引领,其中,"士"则成为引导人们修身进德而构拟的道德对象,并被赋予种种人格内涵,最终凸显为天下而奋斗奉献的责任担当精神,并由此而成为中华民族始终立于不败之地的文化基因之一。

中华文明独特的文明发展理念和模式,恰恰能够在解决这些矛盾冲突和危机方面为人类文明的发展提供一些有益的帮助和启迪。

一 当代西方文明面临的困惑与难题

文明是由政治、经济和文化构成的有机整体。在当代多元文明视域下的

---

[1] 李宗桂等:《中国优秀传统文化的现代价值》,人民出版社2019年版,第497页。

世界中，西方文明可谓是最浓墨重彩的一笔。自17世纪以来，西方文明已逐渐成为世界上最先进的文明，并将其文明成果散播于世界的大部分国家和地区。可以说，西方文明以其丰富的成果，包括经济体制、文化价值、宗教、艺术、道德、法律、物质产品以及科学技术等主宰了整个世界。无论异质文明是否愿意接受，西方文明一如既往地持续向异质文明出口并推广其文明成果，甚至以近乎强迫的手段和方式向异质文明施加压力以逼迫对方接受，按照西方文明的社会发展模式来进行，以将对方改造为与西方文明相似的社会文明（西方文明相信自己是最"文明"的社会发展方式，并认为自己有义务将文明带给全世界）。目前，在西方文明的渗透与主宰下，没有哪个文明中不存在丰富的西方元素。

然而，事物都有其产生、发展、衰落和灭亡的规律，西方文明的支配力量也是如此，它并非坚不可摧，尤其在进入21世纪以后，人们兴起了对西方文明的忧虑，他们认为西方文明逐渐走向衰落，"如今西方社会处于亚当·斯密所称的发展停滞的静止状态"[①]，西方已经丧失了以往强势而势不可当的上升活力，取而代之的是死气沉沉。

第一，西方文明在政治、经济和社会发展方面出现了严重的问题。西方文明在这方面的严重问题主要表现在经济增长的滞缓、失业人口的增加、社会福利的削减与社会道德的滑坡、政府赤字的持续增长以及犯罪率的持续上升等方面。许多学者正在尝试从多方面，如对西方式民主、西方的资本主义制度及公民社会、法治等方面进行反思，以寻找"拯救"西方文明的良药。当然，需要注意的是，西方文明的衰落并非瞬间轰然倒塌，而是一个缓慢的过程，如，在1900年西方文明对世界总人口的占有达到44.3%，对世界领土的控制达到了38.7%，而到2010年对世界人口的占有只有11.5%，对世界领土的控制只占有24.2%[②]；同时，在1999年世界经济大国排名中，占前10位有7个西方文明国家，而到2014年西方文明国家则减少到了5个（中国、日本、俄罗斯、印度和巴西分别代表了5个不同的文明）。

[①] 参阅［英］弗格森《西方的衰落》，米拉译，中信出版社2013年版，第111页。也有很多学者认为西方文明将走向衰落或许只是一种对未来的悲观主义哀叹，或者是一种强烈的忧患意识，抑或是一种自我反省。不过，这样的担忧并非空穴来风，当代西方的确面临许多困境。

[②] ［美］亨廷顿：《文明的冲突与世界秩序的重建》，周琪等译，新华出版社2009年版，第65页。

第九章　中华传统文化的现代价值

第二，除政治、经济和社会方面，西方文明出现的困惑和难题还表现在其日渐丧失的对世界其他文明（包括异质文明）的文化控制力。西方文明的软实力，其影响范围和影响力受到了较大的阻碍。与全球化势头同样强劲的是，西方文明在衰落中迎来了其他文明的自我觉醒。其他文明的自我觉醒促进了本土的经济增长，加快了本土化进程。随着经济的发展，西方文明外的其他文明兴起了对本土本身具有古老漫长的文明历史、种族、民族文化及其价值观等方面的认同和寻求，并依据本土的文明历史标准进行"我们"与"他们"的划分，在某种意义上来说，这一划分带来了对西方文明在一定程度上的排斥与否定，逐步降低了本土对西方文明各种资源的依赖。事实上，长期以来，西方文明一直尝试提出具有"普世性"的价值观念和伦理体系，并将之强加于整个世界，却忽略了非西方文明所接受的西方文明的价值观、文化体制本身就与西方文明所推崇的民主与自由中天然蕴含的每一种文明有自主选择文化制度和价值观念的权利相悖谬。严格地来说，非西方文明的这一模式是在西方文明坚船利炮威慑下的委曲求全，甘地就将西方文明称作"'瘟疫'和'祸根'"①。因此，西方文明的文化控制力与普世宣传注定不能成功，甚至会引起其他文明的抗议。

第三，西方文明面临着在解决全球化带来的人类共同问题中所表现出来的乏力。全球化进程的加快使得许多属于地区性的、国家内部乃至文明内部的棘手问题，如经济发展不平等问题，物欲追求的奢华无度与个人主义恶性膨胀的问题，世界人口的超负荷增长与贫穷饥饿问题，地区之间的冲突与战争、恐怖主义问题，歧视与奴役、难民问题，社会诚信的不断削减问题，以及环境污染问题和流行性疾病问题，伦理道德每况愈下的问题，人与自然关系日趋紧张的问题等，都转变成了全球性问题。西方文明在解决这些棘手问题中不乏优秀资源，并及时提供了可能的资源支持，然而，从世界各国的现实发展状况来看却明显不足。也就是说，西方文明并不能给出积极有效且具有说服力的解决方案，更多的文明国家开始转向自身的历史文化传统以寻求解决问题的有效资源。这些问题的出现影响着整个人类文明的进步与发展，

---

① 尽管印度在成为殖民地以后接受了西方的政治文明模式，同时接纳了西方大量的文明资源和成果，甚至将英文作为官方语言，然而甘地还是将西方文明比作瘟疫。转引自［英］弗格森《文明》，曾贤明等译，中信出版社2012年版，第131页。

若单靠西方文明明显势单力薄,这就需要我们运用人类历史上积累和储存的智慧和力量,需要运用人类今天发现和发展的智慧和力量,需要各个不同的文明携手合作共同解决相关问题。

二 中华传统文化对人类文明的发展具有启迪意义

任何一个国家、民族都是在各种文明的交流、交融中,在承先启后、继往开来中发展的。当今世界各国文明的发展,无论是在物质方面,抑或是在精神方面,都取得了非常大的进步,尤其在物质资料的丰富方面,这在古代社会是无法想象的。推进人类各种文明的交流交融、互学互鉴,是让世界各国变得更加美好和谐的必由之路。当今多元文明视域下的世界正朝着多极化的方向发展。然而,各文明之间发展力量的分布并不均匀,地位也并非对等。各个不同文明之间的发展有文明交往中处于核心地位的引领者,也有文明的追随者,更有处于边缘地带的边缘发展者。当今,西方文明的逐步衰落也伴随着东方文明的日渐复兴和崛起。随着东方文明的复兴和崛起,中华文明在多文明的世界文明交往与实践中,其文化吸引力大大增强。中华民族正在努力实现伟大复兴的"中国梦",这一实现过程伴随着中华文明的复兴与实力增强,中华文明将同时为世界各文明的发展带来新的发展机遇,创造更好的发展条件。

习近平主席曾强调:"中国全面深化改革,不仅将为中国现代化建设提供强大推动力量,而且将为世界带来新的发展机遇。"[①] 同时又指出,中华民族的崛起"不仅造福中国人民,而且造福世界人民"[②]。在"纪念孔子诞辰2565周年国际学术研讨会暨国际儒学联合会第五届会员大会"开幕式上,习近平主席更强调中华优秀传统文化中的优秀智慧,他指出:"包括儒家思想在内的中国优秀传统文化中蕴藏着解决当代人类面临的难题的重要启示……中华优秀传统文化的丰富哲学思想、人文精神、教化思想、道德理念等,可以为人们认识和改造世界提供有益启迪。"[③] 习近平总书记肯定中华优秀传统文化中

[①] 习近平:《在布鲁日欧洲学院的演讲》,《人民日报》2014年4月2日第二版。
[②] 习近平:《习近平谈治国理政》第一卷,外文出版社2014年版,第57页。
[③] 习近平:《在纪念孔子诞辰2565周年国际学术研讨会暨国际儒学联合会第五届会员大会开幕会上的讲话》,《人民日报》2014年9月25日第二版。

的优秀文化因素，并呼吁、欢迎世界各国搭上中华民族复兴和崛起的便车一起更好地发展。

走向世界的中华优秀传统文化在构建世界伦理、探索人类命运共同体等方面是走在世界前列的，它展现出其时代发展的思想活力，并对其他文明发挥其促进和引导作用，尤其在西方文明处于世界文明发展中的困境时。事实上，在跨文明合作的"一带一路"项目中，不同的文明，如伊斯兰、东正教、非洲等文明已开始接受中华民族中国特色社会主义文明在国际交往中所倡导的交流原则、价值理念等，在某种意义上来说，当前，中华文明的确已从文明交往的边缘地位逐渐转换为前列乃至中心地位。中华民族在发展中不断拓展文明视野，并进一步加深对当前世界文明发展形势的认识，调整对自身的定位，同时也贡献自身的力量以促进世界其他文明的发展，并因此而承担起对其他文明的世界责任；中华文明既从世界各国的文明发展成果中汲取积极的发展养分，同时又担当世界文明良性发展的责任。中华文明被公认为解决整个人类文明所面临种种困境和难题的有益思想文化资源。

第一，中华优秀传统文化倡导"天人合一"，蕴含极其丰富的生态自然观，这为解决当今社会人与自然之间关系失衡的矛盾以及所出现的生态危机问题提供了可资借鉴的有益思想资源。中华传统文化中的生态智慧丰富而又精深，集中体现在中华传统文化的主流思想儒、释、道三家思想中，这三家思想各有特色且相辅相成，如天人合一的生态伦理思想，仁民爱物的德性生态观念，尊重生命、保护环境的生态伦理精神，道法自然、顺应自然的朴素生态理念等，这些生态智慧以其独有的人与自然如何和谐相处的哲学思维，为当今世界各文明实现现代化并推进生态文明建设和可持续发展提供了重要的现实价值和借鉴意义，是当今乃至未来世界可持续发展的重要借鉴资源。

儒家文化倡导天人合一的生态和谐思想，主张尊重生命、仁民爱物、保护环境。这一德性生态观念在处理人与自然关系的时候，是以其博大的人文情怀将万物看成有机联系的统一体，"天地变化，圣人效之""与天地相似，故不违"（《周易·系辞上》），儒家主张尊重天地在自然中的自身价值，并珍惜自然万物。同时，儒家倡导以天道观人道、以人道合天道，"诚者，天之道也；诚之者，人之道也。惟天地至诚，故能尽其性。能尽其性，则能尽人之性。能尽人之性，则能尽物之性。能尽物之性，则可以赞天地之化育。可以赞天地之化育，则可以与天地参矣"（《中庸》）。《中庸》强调人与自然的相互作用，主张人要与自然和生态环境保持良性互动，以促进相互之间的和谐，而两者的相互和谐正是良性生态环境得以持续的基本前提条件，因此，孔子呼吁"钓而不纲，弋不射宿"（《论语·述而》），强调将物的品性与人的品性相辉映而仁民爱物。孟子强调"亲亲而仁民，仁民而爱物"（《孟子·尽心上》）。荀子继承孔孟的天人合一观，指出："天有其时，地有其财，人有其治，夫是之谓能参。"（《荀子·天伦》）在荀子这里，能明显地看出，自然万物有其特有的运行规律，人也可以把握其运行规律，并充分利用这一规律，最终形成天、地、人三者和谐共处之境。西汉时期的思想家董仲舒也指出："质于爱民以下，至于鸟兽昆虫莫不爱，不爱，奚足谓仁？"（《春秋繁露·五行相生》）他提出要将人类的需求和自然万物的发展原则结合起来，推仁爱情感于世界万物中。北宋初年的张载更以"民胞物与"阐释天人合一思想，并提出："因明致诚，因诚致明，故天人合一，致学而可以成圣，得天而未始遗人"（《正蒙·乾称篇》）认为人类与万物有机联系，万物皆为人类的朋友和同胞，所以，他主张人类与万事万物应该和谐相处，通过人的德行修养的提升来关爱世界万物。在儒家文化中，类似的思想很多，如朱熹、王阳明等都有类似的提法。

　　道家文化也强调天人合一，主张道法自然、顺应自然，这一朴素的生态理念呼吁以自然平等的方式对待自然，以平和慈善的心态哺育万物共同成长，利而不害万物，反对以人灭天，"故道生之，德畜之；长之育之；亭之毒之；盖之覆之"（《道德经·第五十一章》）。道家还从本源出发，"道生一，一生二，二生三，三生万物。万物负阴而抱阳，冲气以为和"（《道德经·第四十二章》），认为道是世界万物的源泉，是人类和自然得以生发的原动力。故而，道家主张人类应该寻找与自然界运行规律得以契合的融合点，以天道来启示人道，反之，用人道来映射天道，两者相资为用，从而实现天、地、万物的和谐共荣。庄子承继并发展了老子的这一思想，认为："天地有大美而不言，四时有明法而不议，万物有成理而不说。圣人者，原天地之美而达万物之理。是故至人无为，大圣不作，观于天地之谓也。"（《庄子·知北游》）呼吁人类不要根据自己的欲求去打破自然万物的运行规则，"不伤物者，物亦不能伤也。唯无所伤者，为能与人相将迎"（《庄子·知北游》），他认为人类生活所需的自然资源并非用无不尽,而是有可能被消耗殆尽的。所以,庄子呼吁人类节约自然资源,避免奢侈浪费和过度消耗自然资源。也就是说,道家主张从人类与自然界、人类与万物的关系层面来处理人与自然相处时所出现的矛盾,从万物自身的自然合理性来利用资源,并平等地看待自然万物,在自我的修炼和体悟中,将人性和人心融入自然中,达到人心、人性和自然之心、自然之性的有机统一,从而达到人与自然万物合一的最高生存理想和境界。

佛教文化在人与自然的关系方面也强调天人合一,它反对杀生,主张众生平等,呼吁以尊重、慈悲之心对待所有生命,以向善之德行善待万物以普度众生。如禅宗以参究的方法彻见心性本源、参悟万物本真,主张"菩提本无树,明镜亦非台,本来无一物,何处惹尘埃"(《菩提偈》),弘扬"直指人心,见性成佛"(《坛经》)的顿教法门,并认为众生皆有佛性,由此道出禅宗的至高境界。在协调人与自然的关系方面,它倡导"众生平等、生命轮回"的哲学思维,主张"不杀生"的佛教戒律,承认万物都有生存权利,并彰显其普度众生的慈悲情怀,强调人类不仅应该一心向道,尊重、关爱一切生命并以普度众生,同时也应该珍惜自然,由此感悟人与自然之间的关系。禅宗也倡导人与自然之间的相互依存、转化,将人与自然的关系上升至伦理层面,主张以人的慈悲情怀善待自然万物,认为诸法无生无灭,又何来来去?"不生亦不灭,不常亦不断,不一亦不异,不来亦不出。"(《中论》)禅宗认为"生、灭、常、断、一、异、来、出"都因世人各种各样的执着而产生,故而,禅宗直指人心,强调佛家弟子不得随意砍伐林木、焚烧山林,赋予自然与人类平等的地位。从禅宗的思想主张中,我们可以看到,禅宗提倡人与万物的协调发展,主张通过慈悲心的弘扬不使万物失去其自身在宇宙中的特殊地位和意义。禅宗的这一观念深刻体现了禅宗的辩证思维和浑厚的生态伦理底蕴。

第二,中华优秀传统文化中的"天下情怀"意识和理念为人类命运共同体的构建提供思路,更为现代人类文明的发展提供普世之道。中华优秀传统文化中的"天下情怀"意识强调天下一家,主张以"和"为贵。在中华文化发展的漫长历史上,"和"文化源远流长,它是中国古代先哲的生命信仰和思维基础,更是中华文化的典型特征之一。在中国早期的经典著作《尚书》《周礼》中,古圣先哲就已提出"协和万邦""以和邦国"的思想;西周时期的太史官史伯就提出"和实生物"(《国语·郑语》)的主张,认为事物具有多样性;后来,孔子又提出"天下大同"的社会理想,这些思想都为人类命运共同体的构建提供了基本思路。

人类命运共同体理念以保持世界多样性统一为基本前提,植根于中华优秀传统文化"和"文化这一宝贵的人文资源土壤,让全球各国共享中华优秀传统文化智慧;它是全球社会发展的崭新理念,是对可持续发展和全球治理的中国智慧及方案。习近平主席指出:"人类文明多样性是世界的基本特征,也是人类进步的源泉。世界上有 200 多个国家和地区、2500 多个民族、多种宗教。不同历史和国情,不同民族和习俗,孕育了不同文明,使世界更加丰富多彩。"[①] 习近平主席强调人类文明的多样性,主张构建人类命运共同体要以建立一个开放包容、百花齐放的世界共同体作为前提条件,让世界各民族、各文明在全球共同的大家园中和谐相处以共谋长期发展。在某种意义上来说,人类命运共同体是一个休戚与共的整体,构建人类命运共同体,就是要建设一个开放包容、求同存异的世界。

当今,和平与发展已成为世界各文明国家共识的时代主题,这是世界不同文明共同发展、繁荣的必由之路。中国自古以来就秉持以"和"为贵、"和而不同"等发展理念,"和"就是求同存异、开放包容。也就是说,中华优秀传统文化可以为人类命运共同体的构建提供深厚的思想历史基础,人类命运共同体是对中华优秀传统文化成果的创造性转化,是中华优秀传统文化在当代发展的体现。中国的"和"文化是一个综合性的概念,它经过长期的发展衍发出"和实生物""保合太和"的物质发展观、"协和万邦""以和为贵"的人际发展观等和谐理念和思想,这些理念共同构成了中华民族"和"文化的基本思想内涵,并保持着较强活力,发展为中华优秀传统文化的核心组成部分,一直流传至今。这一文化为人类命运共同体的构建提供积极有益的思路。

"和实生物""保合太和"的物质发展观。西周末年著名太史官史伯针对事物的多样性与差异性问题提出其看法,"夫和实生物,同则不继。以他平他

[①] 《习近平出席"共商共筑人类命运共同体"高级别会议并发表主旨演讲》,《人民日报》2017 年 1 月 20 日第一版。

谓之和，故能丰长而物归之。若以同裨同，尽乃弃矣。故先王以土与金木水火杂，以成百物"（《国语·郑语》）。很显然，史伯主张事物发展的多样性，否定同一性，认为不同事物的"和"才能促使新的事物产生并共存，而相同的事物则不能促使新的事物产生，且难以为继。道家老子主张"道生一，一生二，二生三，三生万物。万物负阴而抱阳，冲气以为和"，他以形而上的高度指出万物达致和谐的途径是通过阴阳二气的交互运动所达致，这与史伯"和实生物"的思想主张同出一辙。儒家从一开始产生就非常重视"和"，在《论语》中有大量的阐述，如"礼之用，和为贵。先王之道，斯为美，小大由之，有所不行，知和而和，不以礼节之，亦不可行也"，（《论语·学而》）"君子和而不同，小人同而不和"（《论语·子路》）等思想，可以看出，儒家强调事物是多样性的统一，认为万事万物只有差异、共存，并在对立面的冲突中实现融洽，才能和谐发展。荀子更提出，"万物各得其和以生"（《荀子集解》），他赋予了"和"以积极向上的生命力。在《周易》中还有"大哉乾元，万物资始，乃统天。云行雨施，品物流形，大明终始，六位时成，时乘六龙以御天。乾道变化，各正性命，保合太和，乃利贞。首出庶物，万国咸宁"（《周易全解》）的阐述，"保合太和"之说是对太史伯"和实生物，同则不继"思想的承续和发展。这里，《周易》同样重视事物之间的差异性和不同性，强调世界万物之间的"太和"，认为"太和"使得万物得以相资相成，并保持和谐之态。

"和"作为中华优秀传统文化的重要特征和思想内核，它倡导兼容并包，承认差别与不同，主张互相尊重与互济互补，这是中华民族能够屹立世界民族之林经久不衰的基本前提。

"协和万邦""以和为贵"的人际发展观。"协和万邦"的和谐观念早在《尚书》中就有明确的记载："克明俊德，以亲九族。九族既睦，平章百姓。百姓昭明，协和万邦。黎民于变时雍。"（《尚书·尧典》）关于这一记录，孔颖达解释为："此经三事相类，古史交互立文。以亲言，既睦；平章言，昭明；协和言，时雍。睦即亲也，章即明也，雍即和也。"（《十三经注疏》）"和"即为求同存异之意，能看出，这一思想与"和实生物，同则不继"的事物发展观是一脉相承的，后者继承了前者，并进行了发展。"协和万邦"（《尚书·虞书·尧典》）是中华民族最早、最原始的思想理念之一，并在此基础上发展出了

"以和为贵"的文化观念,"礼之用,和为贵。先王之道斯为美,小大由之。有所不行,知和而和,不以礼节之,亦不可行也"(《论语·学而》)。孔子的弟子有若强调"和"的重要性,并指出"和"要与"礼"结合才能发挥更好的效果。孟子进一步发展和传承孔子关于"和"的思想,提出"天时不如地利,地利不如人和"(《孟子·公孙丑下》)的思想,他认为在"天时""地利"和"人和"三个要素中,"人和"是最重要的要素,它是人处世制胜的法宝。儒家经典之一《中庸》更提出:"喜怒哀乐之未发,谓之中;发而皆中节,谓之和,中也者,天下之大本也;和也者,天下之达道也。致中和,天地位焉,万物育焉。"在这里,"中"是做事的原则,而"和"则是由坚守"中"这一原则而产生的结果。也就是说,《中庸》强调做人的基本原则,认为做事有礼有节、刚正不阿,始终保持不偏不倚的"中和"原则才是正道。

"中和"观念成为中华优秀传统文化的重要思想观念,构成了中华传统文化的主要核心价值,并对当今国家与国家之间关系的和谐发展具有重要的借鉴意义。

第三,中华优秀传统文化主张"身心"合一,这在调节自我身心矛盾,解决身心安顿方面提供了有益的思想资源。[①]中华文明倡导以人为中心,主张通过礼乐双修、内外兼具及知行合一来涵养人的文化内涵,以躬行践履的切身体悟更好地践行仁义礼智信的基本内涵,为成长为人格良善、健全的君子儒做准备,更为进入婚姻家庭、国家社会做长期准备。在儒家主要的经典文献之一《大学》中就有著名的"格物""致知""诚意""正心""修身""齐家""治国""平天下"的修齐治平要求,这一要求正是"三纲八目"之文化发展理念与基本原则的典型体现。自古以来,中华文化就非常重视家庭的文化建设,它通过格致修齐之学把家庭的建设建立在一个人"格物致知"的修养功夫上,由此通过"正心诚意"来提升其内在修养和人文内涵,并以此"齐家",即成为家庭和谐的必备因素,这一点也是国家良性发展的根本元气之所在。正是在这一意义上,"齐家"成为国家和谐健康发展的支撑要素。反观西方文明,它以宗教文明为主要发展特质,由此倡导以神为中心。在某种

[①] 李宗桂等:《中国优秀传统文化的现代价值》,人民出版社2019年版,第501页。

意义上来说，宗教具有排他性的特征，因此，宗教的局限性也显而易见。正因为西方文明的这一导向，长期以来，欧洲年轻人深受宗教文化的熏陶和影响，当今正面临如何安置自己灵魂的严峻问题。作为中华文化，它独特的人文内涵使其超越了宗教信仰的局限性，更倾向于通过生命个体"格致诚正"的自我身心涵养和修养的提升，以及在学习中的自我受用来对自己的灵魂予以安顿。

中华优秀传统文化的这一修养观可以为西方文明下的年轻人所面临的困惑问题提供一种启迪和契机。

未来世界的发展已呈现出合作共赢、休戚与共的发展趋势，而当今世界面临的诸多挑战和难题，要求各文明国家之间通过合作才能解决。人类命运共同体思想的提出正是解决这一难题的契机，它以包容普惠、合作共赢、和平发展为核心理念，以解决人类社会发展出现的难题。人类命运共同体思想是推动人类社会发展的中国智慧和中国方案。华夏文明、中华传统文化历经数千年的积淀与发展，在很大程度上已经超越了一定的时空局限，并彰显于世界文化发展之林，其博大精深的思想文化内涵及时代价值构成了中华民族的根和魂，也成为中华民族文化的自信之基，渗透于中华儿女的日常生活和工作学习中。任何一种文明，不管其产生于哪个国家、哪个民族，都将在流动和开放中发展，这是文明传播和发展的基本规律，世界各国的不同文明因交流而多彩，因互鉴而丰富。中华文明在与其他文明的交流中获得了丰富的营养元素，同时也为世界其他文明的进步作出了重要贡献。从历史上丝绸之路的开辟，隋唐遣隋使遣唐使的大批来华，法显、玄奘的"西天"取经以及郑和七下西洋等，无一不是中华文明和其他异域文明互通有无、交流互鉴的写照。当今的文明发展同样不例外，"独学而无友，则孤陋而寡闻"（《礼记·学记》），无论是古代的中华文明、希腊文明、罗马文明、埃及文明、两河文明、印度文明等，抑或是当今的亚洲文明、非洲文明、欧洲文明、美洲文明、大洋洲文明等，各文明之间都应跨越时空、超越国度，维护各国各民族文明的多样性，加强相互交流、相互学习、相互借鉴，取长补短、择善而从、兼收并蓄、去粗取精、去伪存真，积极吸纳其中的有益成分，而不应相互隔膜、相互排斥、相互取代，甚至相互仇视。只有如此，世界文明的发展才能万紫千红、生机盎然。

总而言之，中华优秀传统文化对于人生问题的思考、人与自然生态关系的平衡以及人际关系，包括国际关系的调和等方面具有有益的借鉴作用，"尽管现代人的问题应该从现代人自身中去寻找原因，未来的世界必然是综合治理的社会，任何一派学说都不能解决现代社会的所有问题"①，然而经过现代化转型的中华优秀传统文化中的精髓智慧能为人类文明所面对的难题以及和谐发展提供批判性的有益的借鉴资源和发展路径，以进一步适应文明社会现代人的需要。中华优秀传统文化中还有许多调理社会关系和鼓励人们积极向上、向善的思想，如自强不息、厚德载物的龙马精神，以民为本、安民、富民、乐民的民本思想，"苟日新，日日新，又日新"（《大学》）的与时俱进思想，脚踏实地、实事求是的求实思想，经世致用、知行合一、躬行实践的践行思想，集思广益、博施众利、群策群力的群众思想，以诚待人、讲信修睦的诚信思想，俭约自守、力戒奢华的节俭思想等，只要文明结合时代要求加以现代转型和继承发扬，赋予其新的含义，就一定能让经过现代化转型后的中华优秀传统文化同世界各文明、各国的优秀文化一起造福于人类。

思考题

1. 为什么说中华传统文化是建构中华民族精神家园的源头活水？
2. 如何理解中华传统文化是马克思主义中国化的文化桥梁？
3. 当代西方文明面临的困惑和难题主要表现在哪些方面？
4. 试评析中华传统文化对世界文明发展的独特贡献。

参考文献

1. 陈炎：《文明与文化》，山东大学出版社2006年版。
2. ［美］亨廷顿：《文明的冲突与世界秩序的重建》，周琪等译，新华出版社2009年版。
3. 金景芳、吕绍刚：《周易全解》（修订本），上海古籍出版社2017年版。
4. 李宗桂等：《中国优秀传统文化的现代价值》，人民出版社2019年版。
5. 马振铎等：《儒家文明》，中国社会科学出版社1999年版。
6. （清）阮元校刻：《十三经注疏》，中华书局1980年影印本。

---

① 参阅李宗桂等《中国优秀传统文化的现代价值》，人民出版社2019年版，第505页。

7. 孙进己、干志耿：《文明论：人类文明的形成发展与前景》，人民出版社2011年版。
8. ［英］汤因比：《历史研究》，曹未风等译，上海人民出版社1986年版。
9. （清）王先谦撰：《荀子集解》，沈啸寰、王兴贤点校，中华书局2016年版。
10. 易中天：《文明的意志与中华的位置》，浙江文艺出版社2013年版。
11. （南宋）朱熹撰：《四书章句集注》，金良年今译，上海古籍出版社2006年版。

后 记

"中华优秀传统文化"课程教材《中华优秀传统文化精讲》终于修改定稿并交付出版社。本教材是在以前我校为本科生所开设的"中华优秀传统文化专题"课程讲义的基础上反复修改、补正、完善而成。该教材的一级大纲和思路都由我校资深教授赵馥洁先生把关并敲定[①],并由赵先生担任学术顾问。

赵先生毕生致力于中国传统文化与哲学的教学、研究,开创和建构了中国传统哲学价值论的理论体系和演变历史。正是在赵馥洁先生的关心和督促下,该教材的修改、完善得以提上日程。

该教材是西北政法大学本科生通识必修课教材,同时也是在主编兼参编作者多年研究和教学的基础上完成。在该教材出版之前已经有《中国传统文化及其人文精神》作为研究基础(该著作也已在修改完善中),而该教材正是在前期研究积累的基础上展开的。我们依靠团队集体的力量,完成了这部教材。参与该教材编写的主要有西北政法大学哲学与社会发展学院的杜君璞博士(第一、七章)、张磊博士(第二章)、李勇副教授(第三章)、俞秀玲副教授(第四章、第九章)、马亚雄博士(第六章)、张浩博士(第八章),浙江工业大学马克思主义学院的李红丽博士(第五章)。由于这部书稿由团队多

[①] 赵馥洁,1940 年生,陕西省富平县人,现任西北政法大学资深教授,校学术委员会名誉主任,博士生导师,兼任陕西省社会科学界联合会名誉主席、陕西省哲学学会名誉会长、陕西省价值哲学学会名誉会长、中国价值哲学学会学术顾问、中国哲学史学会理事、中国实学研究会学术顾问、国际中国哲学会中国大陆学术顾问等职。长期在高校从事哲学教学和研究,是著名的价值哲学和中国哲学史专家,主要学术贡献是开拓性地研究了中国传统哲学价值论,建构了中国传统哲学价值论的理论体系和演变历史。先后主持国家社科基金项目、陕西省社科基金项目、教育部重点项目等。出版著作多部,公开发表学术论文 300 多篇。曾荣获国家教委全国高等学校人文社会科学研究优秀成果二等奖、陕西省政府社科优秀成果一等奖等多项奖励。1992 年被评为享受国务院政府特殊津贴专家,1995 年被国家人事部、司法部联合授予"全国司法行政系统英雄模范"称号,2004 年 9 月被授予"全国师德先进个人""陕西省师德标兵"称号,2010 年 8 月,荣膺"陕西省首届社科名家"荣誉称号。

人执笔进行编写,所以文字、写作风格不尽一致、内容交叉重复在所难免,期待各位读者阅读指正以待日后修订时进一步修改深化。

在该教材即将出版之际,我要感谢西北政法大学的赵馥洁教授,德高望重的赵先生对该课程教材的编写非常支持,并提出了非常中肯的修改意见和建议;感谢西北政法大学教务处、教材科领导为本教材的出版提供的支持和鼓励;感谢西北政法大学哲学与社会发展学院领导对该教材进展情况的多次关心与支持;此外,本教材的出版得到了中国社会科学出版社的大力支持,编辑部的副编审韩国茹为本教材的编辑和出版给予了多方帮助,并付出了辛劳。在此,我代表该教材编写团队向他们表示真诚的感谢!

在此,我还要感谢在该教材编写过程中一起"奋战"的团队同仁、同事们,辛苦了!

俞秀玲
2021 年 12 月 3 日于博雅斋